LE GRAND GUIDE DU CHEVAL

LE GRAND GUIDE DU CHEVAL

Les races – Les aptitudes
Les soins

JUDITH
DRAPER

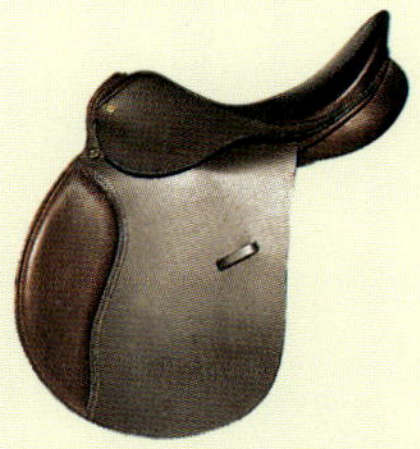

Photographies
de Kit Houghton

Éditions de
L'OLYMPE

Titre de l'ouvrage original :
The Book of Horses and Horse Care
publié par Barnes & Noble, Inc.

Direction éditoriale : Joanna Lorenz
Édition : Clare Nicholson
Maquette : Michael Morey
Illustration : Rodney Paull

Traduction : Sophie Smith
Réalisation de la version française : Proédition

ISBN 2-7434-1222-4

Imprimé à Singapour

Sommaire

LES RACES

LES SOINS

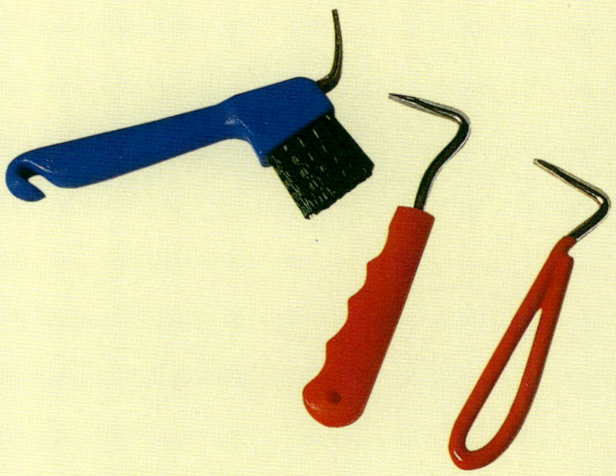

Les Races

Introduction

L'histoire de l'homme et celle du cheval sont étroitement liées depuis des milliers d'années. Les ancêtres du cheval étaient autrefois chassés comme n'importe quel animal sauvage, car ils n'étaient qu'une simple source d'alimentation. Avec le temps, les peuples nomades se mirent à rassembler les chevaux en troupeaux, comme les chèvres ou d'autres animaux ; et le processus de domestication commença. Mais cet animal fut réellement apprécié à partir du moment où les hommes s'en servirent en tant que moyen de locomotion rapide. Ils apprirent à le monter, et leur vie en fut totalement transformée. Le cheval fut le moyen de locomotion principal jusqu'au début du XXe siècle. Deux choses annoncèrent pourtant la fin du vrai cheval sauvage : la domestication et l'accroissement constant de la population humaine. On trouve aujourd'hui encore des troupeaux de chevaux ; ils vivent dans les rares étendues de véritable prairie qui restent ; mais même ceux-là ne sont plus véritablement sauvages car l'homme les « entretient » d'une manière ou d'une autre. Quoi qu'il en soit, les chevaux ont gardé une partie de cet instinct qui leur a permis d'exister sans l'intervention de l'homme. Si l'on veut pleinement apprécier une longue association avec eux, il faut donc apprendre à comprendre ce qui les « pousse ».

L'histoire du cheval

Le cheval, *Equus caballus*, appartient à la famille des équidés. Elle comprend aussi les zèbres, et est de l'ordre des périssodactyles (comme les tapirs et les rhinocéros). Ceux-ci descendent des condylarthres, mammifères primitifs disparus il y a fort longtemps, et ancêtres de tous les animaux à sabots.

On a pu retracer certains aspects de l'évolution du cheval, sur une période d'environ soixante millions d'années, grâce à des restes fossilisés. Ils montraient en effet son adaptation graduelle aux lentes mutations de l'environnement. L'histoire du cheval commencerait avec l'éohippus, le cheval des tourbières. Il vécut en Amérique du Nord pendant l'ère éocène (il y a cinquante-quatre à trente-huit millions d'années). L'éohippus avait tout juste la taille d'un petit chien ; il était fait pour brouter dans la forêt et se déplacer sur un sol mou. Ses pieds avant comptaient quatre doigts, ses pieds arrière trois seulement, et ses coussinets ressemblaient à ceux du chien. Ses petites dents étaient faites pour manger des feuilles et autres végétaux mous. Il devait certainement avoir une robe de camouflage pour échapper aux prédateurs. Pendant l'oligocène (il y a trente-sept à vingt-six millions d'années), le mésohippus puis le mérychippus montrèrent des signes évidents d'évolution : les pattes étaient plus longues, le dos plus droit (l'éohippus avait un dos convexe) et l'animal était globalement plus grand. Un doigt ayant disparu des pieds avant, tous les pieds avaient désormais trois doigts. Les dents changèrent aussi : les prémolaires devinrent de vraies molaires.

PAGE PRÉCÉDENTE, À GAUCHE
Un bai de Cleveland.

PAGE PRÉCÉDENTE
Un furioso.

CI-CONTRE
Le zèbre est l'un des autres équidés.

EN BAS À GAUCHE
Le highland ressemble sans aucun doute au poney de type 2.

EN BAS À DROITE
L'akhal-teke est un cheval très fin qui ressemblerait au cheval de type 3.

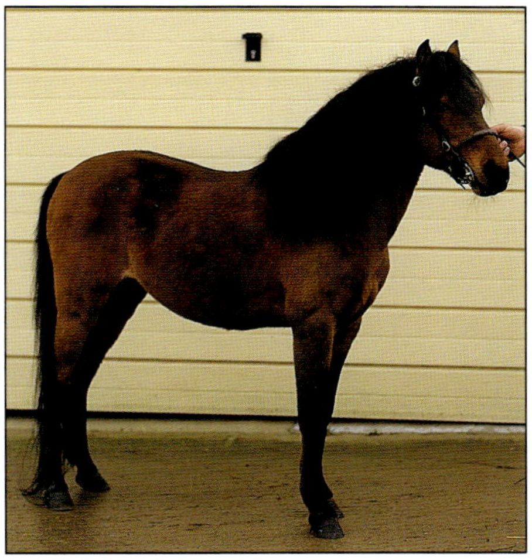

CI-CONTRE
Le cheval de type 4 ressemblait à ce petit caspien raffiné. La race fut « redécouverte » en 1965.

CI-CONTRE (bas)
Le poney de type 1 vivait en Europe du Nord-Ouest et ressemblait à l'exmoor actuel.

Le changement le plus significatif eut lieu pendant l'ère miocène (il y a vingt-cinq à sept millions d'années) : la forêt céda la place aux prairies, et les ancêtres du cheval devinrent donc des habitants des plaines.

Ce changement significatif de l'environnement nécessita des dents faites pour brouter de l'herbe et non plus de jeunes pousses, une encolure plus longue pour faciliter le broutement, des membres plus longs pour mieux échapper aux griffes des prédateurs, et des pieds mieux adaptés à un sol dur. Pendant cette période, l'orteil unique (ou sabot) évolua ; les doigts extérieurs se raccourcirent pour ne plus toucher le sol, et le doigt central devint plus grand et plus fort. Puis l'histoire du cheval se complique quelque peu à cause du développement de sous-familles, mais celles-ci disparurent un peu plus tard. Le prochain maillon de la chaîne entre l'éohippus et l'équus moderne fut donc le pliohippus. Il vivait il y a cinq à dix millions d'années, et avait de longues pattes terminées par un seul sabot. Son successeur direct, l'équus, apparut enfin il y a un million d'années. Pendant l'ère glaciaire du pléistocène, l'équus traversa des ponts terrestres (ce sont aujourd'hui le détroit de Gibraltar et le détroit de Béring) pour se diriger vers l'Europe, l'Asie et l'Afrique. En Amérique, pour une raison encore inconnue, le cheval disparut. Il n'y revint que des milliers d'années plus tard avec les colons européens.

Tous les membres de la famille des équidés modernes sont de rapides coureurs, à un seul orteil (l'ergot du cheval moderne – la corne, située à l'arrière du boulet, serait un reste du coussinet de son ancêtre l'éohippus). Ils sont tous grégaires et ont tous des dents adaptées au broyage d'une alimentation végétale.

Les chevaux et les poneys modernes seraient issus de trois types distincts, produits par les variations de l'environnement. L'Europe du Nord fournit un cheval lourd et lent (*Equus silvaticus*), dont toutes les races de chevaux lourds de la planète sont issues. Il y eut le cheval sauvage d'Asie, le cheval de Prjevalski, dont on trouva encore des spécimens en liberté en 1881 ! Et enfin il y eut le très élégant tarpan, venu d'Europe de l'Est.

Plus tard, à l'époque où l'homme commença à domestiquer le cheval, quatre sous-espèces avaient évolué, donnant deux types de poneys et deux types de chevaux. Le poney de type 1 habitait le nord-ouest de l'Europe et ressemblait à l'exmoor actuel. Le poney de type 2, plus grand et plus lourd, vivait en Eurasie du Nord : le highland est le poney moderne qui lui correspond le mieux. Le cheval de type 3 était un peu plus grand mais beaucoup plus léger, et adapté aux climats chauds : l'akhal-teke doit être le cheval moderne qui lui ressemble le plus. Le cheval de type 4, en Asie occidentale, était le plus petit mais le plus raffiné : c'était le précurseur du caspien.

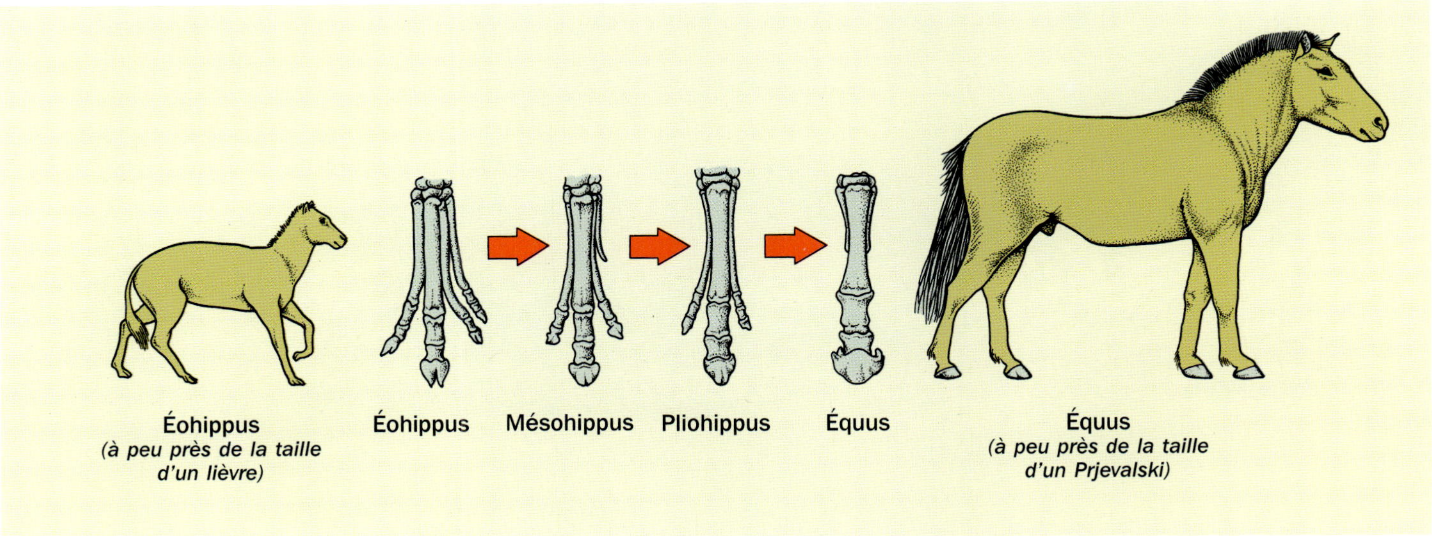

Chevaux en liberté

CI-CONTRE
De nombreuses races de poneys ont été domestiquées pendant très longtemps, mais elles ont gardé leur aptitude à vivre en semi-liberté. Le dartmoor en est un bon exemple.

Le cheval mange des plantes, il est herbivore. Comme tous les autres herbivores, il mange principalement de l'herbe. À l'état sauvage, c'est un brouteur itinérant qui passe parfois vingt heures sur vingt-quatre à brouter. Quand il a beaucoup de nourriture, le cheval s'en trouve bien et prend du poids ; quand il en a peu et que le climat est rude il reperd du poids. La nature a fait en sorte que les poulains naissent au printemps, quand le climat est doux et l'herbe luxuriante. Elle s'assure ainsi que les juments aient beaucoup à manger, et donc beaucoup de lait pour leurs poulains. Les juments sont en chaleur tous les vingt et un jours pendant le printemps et l'été, jusqu'au mois de septembre ou d'octobre ; la période de gestation dure environ onze mois.

Les chevaux sont des animaux grégaires. À l'état sauvage, ils vivent dans des groupes sociaux à l'intérieur d'un plus grand groupe, le troupeau. Chaque petit groupe comprend un étalon, quelques juments, les poulains et les yearlings, et parfois un ou deux jeunes de deux ans. Le troupeau entier compte généralement une douzaine de têtes. Comme les chevaux n'aiment pas rester seuls, les jeunes étalons trop timides et les vieux étalons sans juments vivent dans des groupes de célibataires. Pour ces animaux la vie de famille est certes importante, mais l'amitié aussi. Ils se pansent mutuellement avec les dents, jouent ensemble, se détendent et dorment ensemble. Un étalon pansera sa jument préférée même si elle n'est pas en chaleur (le pansage s'utilise aussi pour stimuler une jument sexuellement). Il jouera avec les poulains, et en profitera alors pour chasser les mâles les plus âgés et les obliger ainsi à rejoindre un groupe de célibataires, ou à rassembler leur propre bande de juments.

Les chevaux communiquent entre eux par plusieurs moyens vocaux et physiques. Leur « vocabulaire » comprend le hennissement, l'appel de contact, le couinement et, plus rarement, le hurlement. Le cheval hennira bruyamment pour renouer le contact avec une bête dont il aura été séparé ; l'étalon utilisera l'appel de contact avec une jument, car c'est un langage plus doux ; la jument s'en servira avec ses poulains, et les amis

CI-CONTRE
Les chevaux sont tout le temps sur le qui-vive. Ces juments camarguaises, qui vivent en semi-liberté, sentent tout ce qui se passe autour d'elles.

pour se saluer. Les couinements sont un signe d'excitation ; les chevaux utilisent ce langage quand ils sont en contact étroit, en particulier lors d'un contact sexuel. Enfin, ils peuvent émettre des cris et des hurlements puissants lors de véritables combats ; en effet ce n'est pas le cas lorsqu'ils s'affrontent par jeu, comme les poulains mâles. Une jument hurlera son désaccord à un étalon qui l'importune alors qu'elle n'est pas prête à s'accoupler.

La position du corps est un autre moyen de communiquer. Quand un cheval est détendu, il a un postérieur au repos, la tête baissée, les yeux mi-clos et la lèvre inférieure tombante. Un étalon excité caracole, la tête rentrée, la queue en l'air ; sa silhouette tout entière dit « regardez-moi ». Un cheval alarmé semblera tendu et sur le qui-vive, indiquant ainsi aux autres qu'il y a quelque chose d'inquiétant dans les environs.

L'odeur est très importante : les juments et les poulains se reconnaissent à l'odeur ; les chevaux qui se rencontrent rapprochent leurs bouts de nez, se soufflent dans les naseaux puis décident s'ils sont amis ou non ; un étalon va renifler la vulve et l'urine d'une jument en chaleur, ou saura différencier le crottin d'une jument de celui d'un autre étalon (il urinera sur le crottin de la jument mais déposera son propre crottin sur celui de l'étalon).

Les oreilles des chevaux sont très mobiles. Elles en disent long sur leur état d'esprit. Des oreilles tombantes signifient que le cheval est somnolent, et des oreilles alertes signalent que quelque chose a attiré son attention. Des oreilles portées vers l'arrière peuvent indiquer plusieurs choses : que son attention est attirée derrière lui, ou qu'il est soumis, ou qu'il a peur ; quand elles sont franchement couchées, c'est qu'il a peur ou qu'il est en colère.

Comme le cheval a les yeux placés sur les côtés de la tête, il voit presque tout autour de lui. Il n'a que deux angles morts : derrière lui, et juste un peu devant. Mais il n'a qu'à tourner légèrement la tête pour garder un œil sur quelque chose qui approche. Le cheval a un sens du toucher développé grâce à ses moustaches. Elles lui permettent de définir à quelle distance du bout de son nez se trouve l'objet, ou de reconnaître une texture (par exemple quand il broute).

Le cheval a de longs membres qui lui permettent de se déplacer rapidement ; c'est un point important pour tout animal qui n'a que la fuite pour se protéger.

À GAUCHE
Les chevaux et les poneys vivent en troupeaux composés d'un étalon, de juments et de plusieurs rejetons.

À DROITE
Le shetland est naturellement équipé pour supporter les hivers rigoureux. Son pelage épais le garde bien au chaud.

Morphologie

La morphologie du cheval varie énormément d'une race à l'autre. La conformation « idéale » varie en fonction du travail auquel la bête est destinée. On peut malgré tout s'appuyer sur certains critères lorsque l'on recherche une bonne conformation : les proportions. Un cheval bien proportionné aura un meilleur équilibre, sera plus maniable et aura plus de facilité à faire ce qu'on lui demande. En effet, beaucoup de chevaux ont été qualifiés à tort de « difficiles », car en réalité ils ne pouvaient accomplir leurs tâches à cause d'une mauvaise conformation.

Un cheval a des proportions « correctes » quand certaines de ses mensurations sont en harmonie : la longueur de la tête, la profondeur du corps au passage de sangle, la distance entre la pointe du jarret et le sol, entre la châtaigne de l'antérieur et le sol, entre la croupe et le pli du grasset et entre le pli du grasset et la pointe du jarret.

On demande au cheval domestiqué de travailler, certains aspects de sa morphologie sont donc très importants. S'il a un passage de sangle profond (du haut du garrot jusqu'au-dessous du coude), alors ses poumons pourront se gonfler largement, ce qui est essentiel pour tout animal qui travaille. La longueur du dos est importante aussi, en particulier chez le cheval de selle. Trop long il sera faible ; trop court cela entravera son action.

Commençons par l'avant. Il faut que la tête du cheval soit bien proportionnée par rapport à sa taille globale. Une grosse tête trop lourde diminuera l'équilibre du corps, car il y aura alors un excès de poids sur des antérieurs qui supportent déjà soixante pour cent du poids de l'animal. Inversement, une tête trop petite affectera également l'équilibre. Les mâchoires supérieure et inférieure devraient se rencontrer de façon uniforme à l'avant – si ce ne n'est pas le cas, le cheval aura du mal à mordre l'herbe. Les naseaux devraient être grands et bien ouverts, et de grands yeux valent mieux que des petits : ils se sont avérés être le signe d'un tempérament moins généreux. Le port de la tête est important aussi. S'il n'y a pas assez de liberté entre la mandibule (mâchoire inférieure) et l'atlas (première vertèbre cervicale), le cheval aura du mal à arrondir la nuque, point exigé pour les allures ramassées. Il devrait y avoir la largeur de deux doigts quand le cheval lève le tête.

L'encolure d'un cheval de selle devrait être longue et courbe. Il ne devrait pas y avoir trop de chair autour de la gorge, car là encore l'inflexion de la tête en serait restreinte. C'est un point particulièrement important pour le cheval de

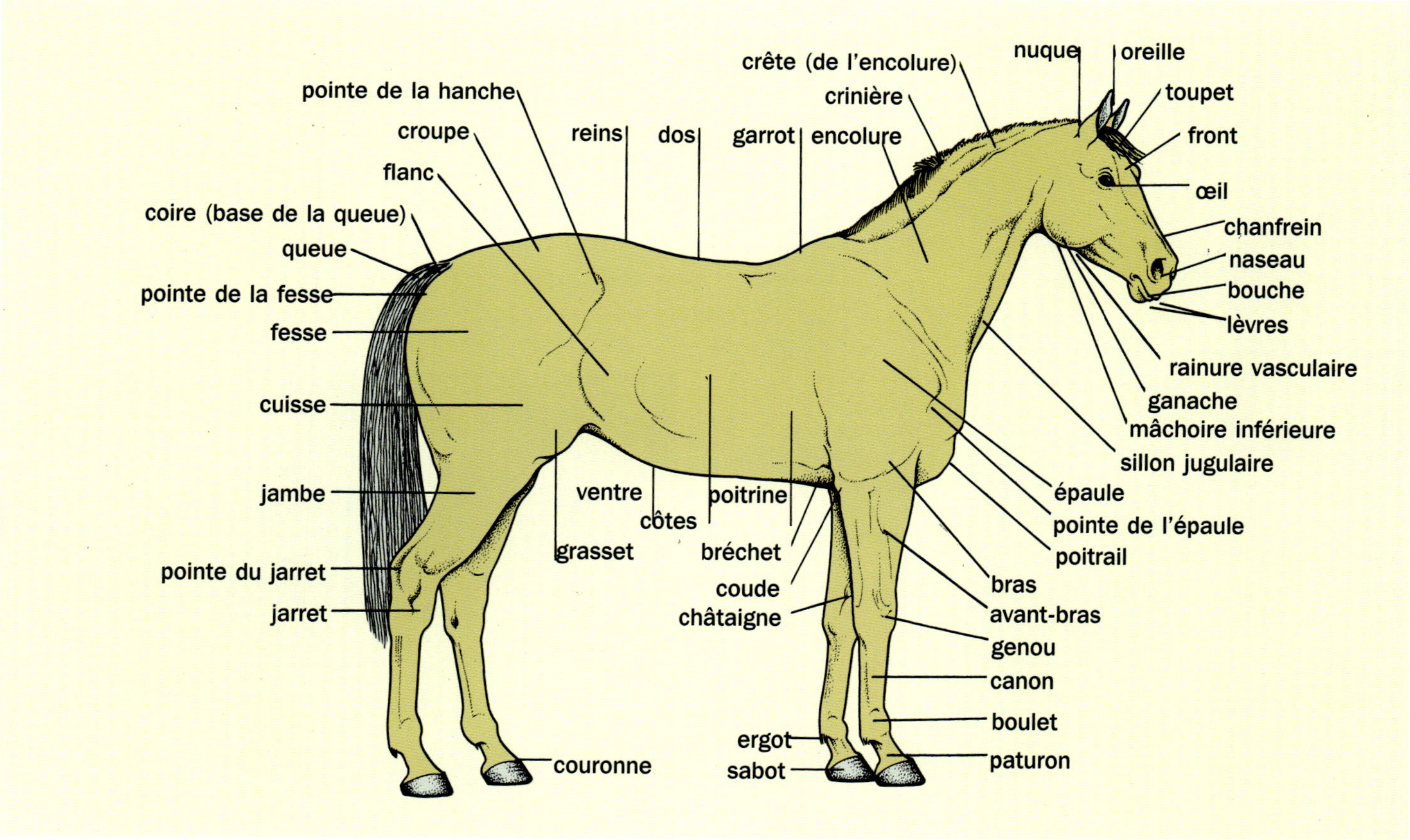

CI-CONTRE
La longue encolure et l'épaule oblique du pur-sang sont synonymes de vitesse.

Le paturon devrait avoir une longueur et une inclinaison moyennes. Les pieds avant devraient être arrondis. Des pieds trop droits et « carrés » sont sujets aux chocs. Des pieds larges et plats sont plus facilement sujets aux contusions de la sole et aux bleimes. Les pieds arrière, qui supportent moins de poids à l'arrêt, devraient être de forme plus ovale que les pieds avant. Vus de côté, les pieds avant comme arrière devraient être dans le prolongement du paturon. Les pieds devraient pointer directement vers l'avant.

selle. On associe une longue encolure avec la vitesse, et une encolure plus courte avec la force. D'où l'encolure très courte des chevaux de trait lourds, contrairement à la longue encolure du pur-sang, par exemple. L'épaule devrait avoir une bonne oblique (l'angle de l'omoplate donne l'inclinaison), car cette caractéristique permet à l'animal d'avoir de plus grandes foulées ; en effet, une épaule droite entraînera une action courte, réduite. Une épaule droite peut aussi produire des secousses nuisibles aux antérieurs. De plus, les chevaux avec les épaules droites sont souvent inconfortables. L'épaule devrait être musclée mais pas « noyée » (c'est-à-dire trop charnue). Le garrot devrait avoir une bonne hauteur et être bien sculpté : trop saillant on aura du mal à mettre une selle, et trop plat on aura du mal à faire tenir la selle en place. Le cheval de trait doit porter un collier (ou bricole), et sa puissance est plus importante que la longueur de ses foulées. On peut donc accepter une épaule un peu plus droite.

La poitrine et le corps devraient être assez larges mais pas trop, car les mouvements du cheval s'en trouveraient gênés. Un cheval serré du poitrail donnera l'impression que les antérieurs « sortent tous du même trou » : c'est un défaut sérieux dans lequel les articulations se touchent. Le dos devrait s'élever doucement au niveau de la croupe, et être bien musclé. Il est essentiel que les reins soient courts, et eux aussi bien musclés : en effet, les vertèbres lombaires ne reçoivent aucun support des côtes, mais les reins doivent pourtant transférer la poussée du « moteur » (les membres postérieurs) au corps. La croupe du cheval adulte devrait être à niveau avec le garrot, et ne pas être trop inclinée. Associée à une queue attachée bas, cette caractéristique est synonyme de faiblesse. Les chevaux à dos en brouette envoient un surplus de poids vers l'avant-main, demandant aux antérieurs de fournir des efforts supplémentaires.

Le « moteur » des chevaux est à l'arrière, dans les postérieurs. Ceux-ci devraient donc être forts et musclés. À l'arrêt, les postérieurs ne devraient pas s'inscrire trop à l'intérieur ou à l'extérieur de la ligne d'aplomb. Si on traçait cette ligne verticale de la pointe de la croupe jusqu'au sol, elle devrait toucher le jarret et descendre le long du canon.

Les antérieurs devraient être droits et longs, avec des avant-bras musclés et de gros genoux plats. Des canons courts sont signes de force et il devrait y avoir une ossature assez grosse (on prend le diamètre du canon sous le genou). Ce diamètre détermine le poids que le cheval pourra porter. Il varie selon le type de cheval, mais pour en avoir une idée, un cheval de selle léger de 1,62 m devrait avoir un tour de canon d'au moins 20 cm, et un cheval de trait de la même taille un tour de canon de 23 cm minimum.

DÉFAUTS COURANTS DE CONFORMATION

Genoux creux : vus de côté, les genoux sont trop en arrière.

Genoux de mouton : genoux peu profonds de l'avant vers l'arrière.

Jarrets de vache, ou jarrets clos : vus de derrière, les jarrets convergent l'un vers l'autre, comme chez la vache.

Encolure de cerf : la ligne supérieure de l'encolure est concave et la ligne inférieure convexe.

Ventre de levrette : le cheval a la ligne inférieure du ventre qui remonte vers le haut à l'arrière.

Genoux brassicourts : les genoux dépassent trop vers l'avant.

Pieds cagneux : les pieds sont tournés en dedans.

Dos de mulet : la colonne a une courbe convexe exagérée.

Jarrets coudés : vus de côté, les jarrets ont une ligne concave à l'avant, et le canon est trop incliné.

Efflanqué : les côtes sont plates au lieu de donner du coffre.

Pieds panards : pieds tournés en dehors.

Dos fortement ensellé : le dos est exagérément creux.

Poignets étranglés derrière : le tour du canon, juste en dessous du genou, semble plus petit que lorsque l'on regarde plus bas.

Couleurs et marques

La couleur des robes est contrôlée par des gènes qui se combinent afin de produire une multitude de variations dans la pigmentation. Ces gènes héréditaires se situent sur des structures en paires, appelées chromosomes. Le cheval moderne a soixante-quatre chromosomes, dont une moitié est héritée du père et l'autre de la mère. Certains gènes sont dominants, d'autres récessifs. L'alezan est récessif vis-à-vis de toutes les autres couleurs, le bai est dominant vis-à-vis du noir, et le gris est dominant vis-à-vis du bai et du noir. Le gène gris dominant peut donner des chevaux qui naissent avec une robe foncée mais qui devien-

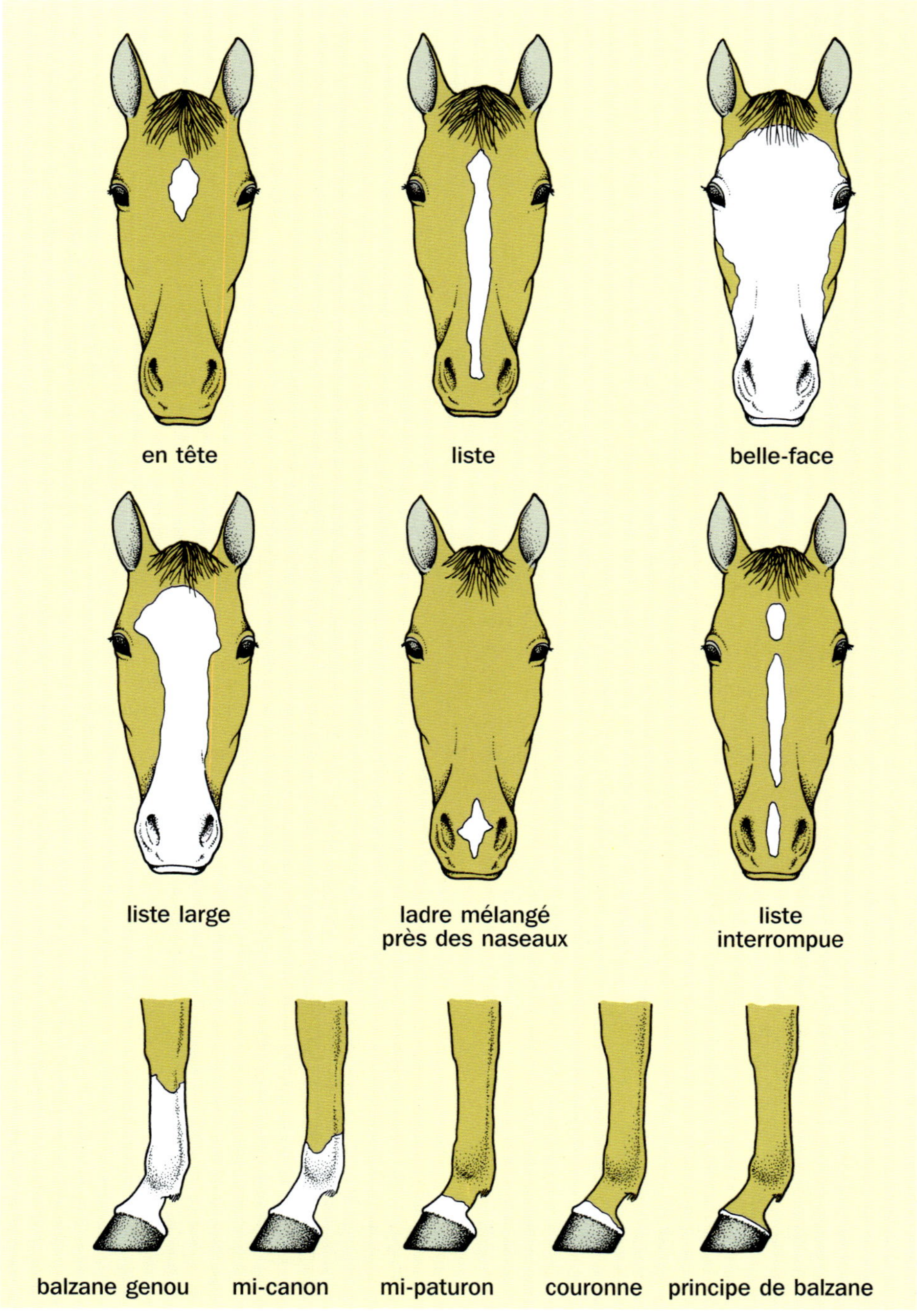

MARQUES FACIALES

En tête, liste et liste interrompue, ladre mélangé près des naseaux, liste large, belle-face, cheval qui boit dans son blanc.

BALZANES

Pour des raisons d'enregistrement, les balzanes sont décrites en détail. On utilise les points de l'anatomie, par exemple : balzane boulet, balzane genou, balzane jarret, etc.

On utilise aussi deux termes moins spécifiques : grande balzane (de la couronne au genou), balzane très haut chaussée (de la couronne et au-delà du genou ou du jarret).

COULEUR DES SABOTS

La corne des sabots varie du bleu ou du noir au blanc, et peut être marquée de rayures foncées.

nent de plus en plus gris au fil des ans. On remarque surtout cela chez les poulains lipizzan qui naissent foncés mais deviennent gris en grandissant, sauf rares exceptions. L'albinos survient quand il y a déficience congénitale des pigments. Les poils sont alors blancs, la peau rose et les yeux souvent bleus.

Un cheval est toujours décrit par la couleur de sa robe et d'autres traits distinctifs, comme les marques blanches ou la couleur des crins.

Certains chevaux ont plus d'une couleur de robe. Les bigarrés, comme les chevaux pie avec noir et sans noir (appelés pintos en Amérique) ont des taches irrégulières de deux couleurs différentes. Les chevaux tachetés montrent une grande variété de petites marques. Les membres noirs accompagnent une robe baie.

Les yeux des chevaux sont généralement foncés, et parfois bleus.

ROBE DES CHEVAUX

Gris : mélange uniforme de poils noirs et blancs. La robe varie du gris clair au gris de fer (très foncé). La peau est noire.

Gris moucheté : robe grise tachetée de bai-brun.

Gris pommelé : robe gris clair avec des taches arrondies d'un gris plus foncé

Bai : robe rougeâtre ; crins et « pointes » noires (les membres). La couleur de la robe varie : rouge, brun, jaunâtre.

Noir : tout noir sauf marques blanches occasionnelles sur les membres, la tête.

Alezan : du jaune au roux, les couleurs sont : fauve, rougeâtre, cuivré, doré. Crins de la même couleur mais plus ou moins foncés.

Alezan brûlé : robe alezane la plus foncée.

Alezan clair : alezan pâle, roux clair.

Bai-brun : un mélange de poils noirs et bruns, membres et crins noirs. Un cheval bai-brun très foncé semble presque noir.

Aubère : une robe simple parsemée de poils blancs qui allègent l'ensemble.

Gris-bleu : robe noire ou bai-brun avec des poils blancs, d'où une teinte bleutée.

Isabelle : robe sable clair et crins noirs, souvent accompagnés d'une raie de mulet foncée ou de zébrures sur le garrot et les membres – vestiges d'une forme primitive de camouflage. Varie du café au lait au souris, selon la diffusion du pigment. La peau est noire.

Palomino : robe alezan doré et crins blancs.

Tacheté : petites taches de poils différents de la robe de fond plus ou moins circulaires, et dispersées sur tout le corps.

Pie noir : grandes taches noires et blanches irrégulières.

Pie : grandes taches blanches et d'autres couleurs, excepté le noir.

Alezan soupe au lait : café au lait très clair. Robe jaunâtre et peau sans pigments.

Marques blanches : les marques blanches sur la tête et les membres, et parfois sur le corps, sont un bon moyen pour différencier les chevaux. Elles sont donc détaillées sur les certificats vétérinaires et sur les papiers d'enregistrement.

Bringé : bai-brun ou gris, marqué ou strié d'une couleur plus foncée.

CI-DESSUS À GAUCHE
Le gris est la couleur dominante de la robe du lipizzan, mais les poulains naissent foncés. Il faut plusieurs années à la robe pour acquérir la « blancheur » caractéristique de cette race.

CI-CONTRE
La robe tachetée existe – et a souvent été récompensée – depuis le début de la relation entre hommes et chevaux. On l'associe surtout aux Indiens Nez Percé d'Amérique du Nord.

Les Chevaux

Il existe plus de 150 races et types de chevaux différents dans le monde, et l'homme a influencé le développement de chacun d'eux. La domestication amena la sélection des accouplements et, souvent, une meilleure alimentation. La taille ou la qualité du cheval s'en trouvèrent donc améliorées, et parfois les deux. Mais c'est le travail que les hommes attendaient de leur animal qui fut le facteur décisif. S'ils avaient besoin de chevaux qui puissent tracter de lourdes charges, ils les accouplaient dans le but d'augmenter leur force ; s'ils avaient besoin d'un moyen de locomotion rapide, ils le faisaient dans le but d'augmenter leur vitesse. Les termes « sang froid » et « sang chaud » n'ont rien à voir avec la température de l'animal. Ceux à sang froid sont des races de chevaux lourds qui descendent des chevaux préhistoriques du nord de l'Europe ; ceux à sang chaud sont des chevaux plus légers du type cheval de selle. De nos jours, le terme « sang chaud » désigne les chevaux de selle élevés pour la course. Les races que vous trouverez dans ce livre sont classées par pays.

Chevaux « sauvages »

LE CHEVAL DE PRJEVALSKI

Il n'existe plus à l'état sauvage, mais on le rencontre dans plusieurs zoos du monde. Le cheval de Prjevalski (*Equus prjevalskii*) serait l'un des précurseurs du cheval domestiqué. Il a été « découvert » tardivement, en 1881, par le colonel N.M. Prjevalski. Cet explorateur russe le trouva dans les montagnes qui bordent le désert de Gobi. Avant cela on croyait la race éteinte, décimée pour sa viande par les chasseurs mongols. Le cheval de Prjevalski diffère génétiquement du cheval domestiqué car il a soixante-six chromosomes et non soixante-quatre. Son apparence révèle plusieurs traits « primitifs » : une grosse tête, des yeux placés en hauteur et non sur les côtés, de longues oreilles, une encolure épaisse, un gros corps avec une raie de mulet foncée et des zébrures sur les membres. Le cheval de Prjevalski mesure environ 1,20 – 1,30 m et a toujours une robe café au lait avec les extrémités foncées, un bout du nez clair et des crins foncés. La crinière pousse toute droite et mue chaque année ; il n'y a pas de toupet.

CI-DESSUS
Ces kaimanawas vivent en troupeaux sauvages en Nouvelle-Zélande. Comme les brumbies d'Australie, les éleveurs de bétail ne les aiment pas car ils se battent avec les animaux domestiques pour la nourriture.

PAGE PRÉCÉDENTE, À GAUCHE
Un mustang.

PAGE PRÉCÉDENTE, À DROITE
Un trakehner.

CI-CONTRE
Le cheval de Prjevalski est la seule race appartenant à l'ascendance du cheval moderne et qui survit encore de nos jours. Son nombre de chromosomes diffère de celui du cheval domestiqué.

FAITS INTÉRESSANTS

On trouve des chevaux et des poneys en liberté dans différentes parties du monde. En Amérique du Nord il y a les mustangs, mais aussi deux types de poneys insulaires. Le premier est le Sable Island, qui vit en petits groupes sur les côtes venteuses d'une île du même nom au large des côtes de la Nouvelle-Écosse. Et il y a l'assateague, qui vit sur les îles au large du Maryland et de la Virginie. Les chevaux dont ils descendent ont été libérés il y a plus de deux cents ans, mais les poneys de Sable Island ne sont pas domptés. Les assateagues sont, quant à eux, rassemblés chaque année pour recevoir des soins vétérinaires. Leur population est contrôlée. En Europe, les chevaux de Camargue vivent en semi-liberté dans le sud de la France, et plusieurs races de poneys britanniques vivent plus ou moins libres, ainsi que certaines races de chevaux de l'ex-URSS.

Impossible à discipliner par nature – il ne peut être ni dressé ni monté – le cheval de Prjevalski survit sur de très maigres rations et peut supporter des extrêmes de chaleur et de froid.

LE TARPAN

Il vient d'Asie occidentale, et serait lui aussi un ancêtre du cheval moderne. Il vécut à l'état sauvage jusqu'au XIXe siècle, et un expert affirme que le dernier véritable tarpan en captivité mourut en 1919. Le tarpan qui vit actuellement en Pologne en semi-liberté est une « reconstruction » élaborée à partir du konik, auquel il ressemblait énormément.

On croisa des étalons tarpan et des juments konik, et il en résulta un cheval très similaire au tarpan d'origine. Ce dernier était (et est) plus léger que le cheval de Prjevalski. Il mesure environ 1,30 m, a une robe bai-brun ou souris, des crins foncés, et souvent une raie de mulet et des zébrures.

LE BRUMBIE

C'est le cheval sauvage australien. En fait il ne peut pas être réellement sauvage car il n'y eut pas de chevaux en Australasie jusqu'à l'arrivée des Européens, il n'y a de cela que quelques centaines d'années (l'hypothèse est que l'éohippus et les autres primitifs n'ont pas pu émigrer en Australie par manque de ponts terrestres avec l'Amérique). Certains brumbies vivent en troupeaux sauvages dans le nord et le centre de l'Australie.

Ce sont les descendants de chevaux amenés par les colons et qui, s'étant échappés dans la brousse, laissèrent derrière eux des petits en liberté. Une fois rabattus et domptés, certains brumbies ont parfois été utiles aux hommes ; mais aujourd'hui on les considère comme des animaux nuisibles et on les élimine car ils se battent avec les animaux domestiques pour la nourriture.

Voir aussi camargue, mustang, sorraia.

CI-DESSUS
On trouve le konik en Pologne. Ce poney a un aspect primitif et descend du tarpan. Croisées avec des étalons Prjevalski, les juments konik produisent des « simili » tarpans.

CI-CONTRE
Le sorraia aurait des origines très anciennes. On en trouve au Portugal, en troupeaux semi-sauvages.

L'Arabe

La plus pure et la plus ancienne des races de chevaux. L'arabe est considéré par beaucoup comme le plus beau cheval du monde. Tête raffinée et profil concave, œil expressif, fougue, action flottante unique en son genre, c'est une créature véritablement merveilleuse. Sa reproduction est soigneusement contrôlée depuis des siècles, mais ses origines exactes n'en restent pas moins obscures.

FAITS INTÉRESSANTS

La ligne d'ensemble de l'arabe est unique. Elle dérive de la formation de son squelette, qui est différent des autres races de chevaux. En effet l'arabe a dix-sept côtes (les autres dix-huit), cinq vertèbres lombaires (les autres six), et seize vertèbres caudales (les autres dix-huit).

La représentation des chevaux dans l'art ancien suggère que cette race vécut déjà sur la péninsule d'Arabie en 2000 – 3000 av. J.-C. Les chevaux arabes se sont parfaitement adaptés à des conditions de vie difficiles, tout comme les tribus du désert avec lesquelles ils vivent depuis si longtemps. Ils ont une résistance incroyable, une santé excellente, et se contentent de maigres rations.

L'arabe a influencé le développement des races cheva-

DESCRIPTION DE LA RACE

Hauteur 1,42 – 1,50 m.

Robe Généralement alezan, gris, bai et noir.

Conformation Petite tête large au front, bout du nez fin et profil concave, grands naseaux ouverts et petites oreilles ; ganache profonde et bien délimitée, belle gorge courbe ; encolure courbe et très gracieuse ; longues épaules obliques, garrot bien sculpté ; grand corps spacieux, poitrail large et profond, dos court et droit ; queue haut placée ; membres propres, tendons bien sculptés, ossature fine et dense ; pieds durs et bien formés ; crins fins et soyeux.

CI-DESSUS
Les grands yeux et les grands naseaux ouverts du cheval arabe sont caractéristiques. Les chevaux de cette race ont une tête courte et raffinée avec un profil concave.

CI-CONTRE
L'arabe est relativement petit mais il n'en n'est pas moins puissant. En effet, il ne mesure pas plus de 1,50 m au garrot, mais il peut porter un adulte sans effort.

lines du monde entier, plus que tout autre cheval. Cette influence arabe a commencé fin VIIe – début VIIIe siècle, lorsque les musulmans envahirent l'Afrique du Nord et débarquèrent en Espagne. Leurs chevaux étaient déjà bien supérieurs aux souches locales des autres pays. C'est ainsi que commença le processus d'amélioration, par l'apport de sang arabe. On le fit pendant des centaines d'années, et on le fait aujourd'hui encore.

À l'heure actuelle, on élève des pur-sang arabes dans le monde entier. On en voit sur des parcours d'obstacles, mais ils sont cependant particulièrement adaptés aux épreuves d'endurance.

CI-DESSUS À GAUCHE
Le cheval arabe a souvent l'air de flotter au-dessus du sol. Cette action remarquable et un tempérament doux en font un cheval de selle très apprécié dans le monde entier.

CI-DESSUS À DROITE
La résistance de l'arabe est légendaire, c'est donc un cheval idéal pour l'endurance. À très haut niveau, il peut parcourir 161 km en une seule journée !

CI-CONTRE
Élégance, fougue et beauté, on comprend facilement que beaucoup considèrent l'arabe comme le plus beau cheval du monde.

Le Barbe

CI-DESSOUS
Le barbe n'a pas le raffinement et l'élégance du cheval arabe, mais il a sa vigueur et sa résistance.

Le barbe vient d'Afrique du Nord : Maroc, Algérie, Tunisie. Les régions côtières de ces pays étaient autrefois appelées la Barbarie. Ce terme signifie « étranger », ou plus exactement « terre non chrétienne ». Il existe plusieurs hypothèses sur les origines du barbe, car on manque ici de preuves concrètes. Il a donc fallu supposer, ou émettre des hypothèses avisées. Une des écoles dit que le barbe descendrait d'un groupe isolé de chevaux sauvages, rares survivants de l'ère glaciaire. Dans ce cas, le barbe serait une race encore plus ancienne que l'arabe. Une autre théorie relie le barbe à l'akhal-teke, le cheval turkmène.

Il est peu probable que l'on connaisse un jour les véritables origines du barbe. Par contre, on sait de source sûre qu'il a eu plus d'influence dans le développement des races chevalines que n'importe quel autre cheval, l'arabe mis à part. Comme pour ce dernier, les précurseurs du barbe actuel arrivèrent en Europe au VIIIe siècle, avec l'invasion musulmane (la première armée, forte de sept mille soldats, débarqua en Espagne au printemps de l'an 711). Une fois établi sur la péninsule Ibérique, le barbe joua un rôle majeur dans le développement du cheval andalou, qui eut par la suite une influence prépondérante dans l'élevage des chevaux du monde entier. Le cheval de « Barbarie » a souvent été remarqué au cours de l'histoire. Le plus fameux est sans doute Roan Barbary, appartenant au roi anglais Richard II (1367 – 1400). Au XVIe siècle, Henry VIII importa un grand nombre de chevaux de Barbarie en Angleterre, et un siècle plus tard le barbe joua un rôle important dans l'évolution du pur-sang. Ailleurs, l'influence du barbe est toujours évidente dans le criollo argentin et le mustang américain.

Malgré cette importance en tant que producteur d'autres races, le barbe est moins connu que l'arabe. C'est sans doute parce qu'il n'a pas sa splendide silhouette. Il est en effet beaucoup moins raffiné, et globalement moins majestueux. Cela dit, il a la même résistance, la même capacité à vivre sur de maigres rations et la même sûreté de pied. De plus, il est d'une rapidité fulgurante sur de courtes distances.

DESCRIPTION DE LA RACE

Hauteur Environ 1,42 – 1,52 m.

Robe Généralement gris, bai, bai-brun et noir.

Conformation Tête étroite et profil convexe ; encolure en col de cygne ; épaules plates et garrot bien sculpté ; corps court et fort ; arrière-main inclinée et queue attachée relativement bas ; membres assez minces mais forts ; pieds étroits, mais durs.

CI-DESSOUS (haut)
Parés pour la cérémonie lors d'une fantasia, ces chevaux barbes et leurs cavaliers marocains offrent un spectacle magnifique.

FAITS INTÉRESSANTS

Les barbes les plus fameux de notre époque étaient ceux des spahis, soldats des cavaleries algérienne et tunisienne de l'armée française. Les spahis étaient originaires de Turquie mais avaient été incorporés dans l'armée française lorsque celle-ci occupa Alger et Tunis. Les barbes sont toujours en vedette dans des spectacles magnifiques qui racontent le passé militaire de l'Afrique du Nord.

CI-DESSOUS (bas)
Les barbes font la démonstration de leur vitesse impressionnante lors des charges armées reconstituées dans les festivals d'Afrique du Nord.

L'Andalou

Comme son nom l'indique, l'andalou vient des régions ensoleillées du sud de l'Espagne, non loin de l'Afrique du Nord. C'est une race très ancienne, mais ses origines restent obscures malgré tout. Il y avait déjà des chevaux en Espagne lorsque les musulmans débarquèrent en 711 ; on ne sait pas lesquels, mais on pense qu'ils ressemblaient aux sorraias, une race de poneys que l'on trouve encore au Portugal. Quoi qu'il en soit, ces chevaux ont sans doute été croisés avec le barbe des envahisseurs.

Le dernier État musulman, Grenade, fut repris par les chrétiens en 1492. Après cela, l'Espagne reprit de l'importance aux yeux du monde occidental, et avec elle ses chevaux.

À GAUCHE
La jolie tête de l'andalou, une version plus raffinée du barbe, est à sa façon aussi accrocheuse et distinctive que la tête du cheval arabe.

Amenés aux Amériques par les conquistadores du XVIe siècle, les chevaux espagnols furent la souche de la plupart des nouvelles races développées par les colons. Pendant ce temps, en Europe, le cheval espagnol devint la monture préférée des monarques et des grands maîtres en équitation, dont William Cavendish, duc de Newcastle, qui, au XVIIe siècle, écrivit : « S'il est bien choisi, c'est le plus noble cheval qui soit ; le plus magnifique qui puisse être. Il est fougueux, robuste et très docile ; il a un pas très fier, un trot très fier… un galop altier, et c'est le plus affectueux et le plus doux des chevaux, le mieux adapté qui soit pour un roi au Jour du Triomphe. » Le lipizzan est un descendant direct de l'andalou, mais ce dernier a influencé d'autres races européennes connues : le

À DROITE
L'andalou n'est pas particulièrement grand, mais sa musculature compacte est synonyme de grande force.

DESCRIPTION DE LA RACE

Hauteur 1,50 – 1,52 m.

Robe Généralement bai et gris (dont un gris violacé pommelé).

Conformation Jolie tête large au front et grands yeux aimables ; encolure assez longue et épaisse mais élégante ; longues épaules avec une bonne oblique et un garrot bien sculpté ; corps court et robuste, poitrail large, coffre, arrière-main très large, robuste et arrondie, queue attachée assez bas ; membres de longueur moyenne, nets et raffinés mais robustes ; crins longs et très abondants.

À GAUCHE
Service de surveillance à Barcelone de nos jours. Le tempérament excellent et la générosité de l'andalou en font un cheval de selle idéal en toutes circonstances.

CI-DESSOUS
Le gris est la couleur prédominante chez l'andalou, avec le bai. On appréciait autrefois les lignées tachetées, qui furent à la base de l'appaloosa en Amérique.

FAITS INTÉRESSANTS

Certains ordres monastiques aidèrent l'andalou à traverser les siècles, parfois agités. Les chartreux, en particulier, devinrent très habiles dans l'art d'élever les chevaux. En période de danger, les chevaux étaient évacués des grands haras et mis à l'abri dans des monastères isolés. Ils contribuèrent au maintien de la pureté de la lignée, et produisirent uniformément des animaux de grande qualité.

frederiksborg, le frison (qui influença à son tour l'oldenbourg), le holstein et le connemara.

L'andalou est l'un des chevaux les plus raffinés qui soient. Il a une présence magnifique et des pas élevés ; il est agile, doux et généreux. Toutes ces qualités en font un excellent cheval de selle, et il est particulièrement bien adapté aux mouvements de la *haute école*. Il est également magnifique lors des ferias colorées de son Andalousie natale.

À DROITE
Le port altier et l'action élevée de cette race se prêtent parfaitement aux mouvements de la *haute école*.

Le Pur-sang

DESCRIPTION DE LA RACE

Hauteur Variable. En moyenne 1,60 – 1,62 m.

Robe Toutes les robes simples, plus couramment bai, alezan et bai-brun. Marques blanches acceptables.

Conformation Variable, mais les plus beaux spécimens ont une excellente conformation : tête raffinée et intelligente ; encolure élégante ; épaules bien obliques ; corps court et fort, passage de sangle très profond ; quartier arrière puissant et musclé avec une queue bien attachée ; membres propres et durs, jarrets bien descendus et un minimum de 20 cm de tour de canon.

La vie des hommes et celle des chevaux s'entrecroisent depuis plus de quatre mille ans, mais durant tout ce temps aucune réalisation n'a surpassé l' « invention » du pur-sang. Mis à part le fait que c'est le cheval de course suprême, le pur-sang a joué un rôle vital dans l'amélioration de nombreuses races de chevaux et de poneys, et dans la fondation d'autant de nouvelles races.

Henry VIII initia le processus au XVIe siècle, en créant les fameux Royal Paddocks à Hampton Court. Sa fille, Élisabeth Ire, fonda un autre haras à Tutbury, dans le Staffordshire. Les deux monarques importèrent des chevaux d'Italie et d'Espagne pour les croiser avec ceux du pays. Sous les règnes suivants, de Jacques Ier, Charles Ier et Charles II, l'élevage et les courses de chevaux prirent encore plus d'essor. Au début du XVIIe siècle, on organisa régulièrement des courses à Newmarket, Chester, Doncaster et Lincoln. De

CI-DESSUS À DROITE
La tête du pur-sang est raffinée, avec de grands yeux et de grands naseaux ouverts. Le pur-sang n'a pas le profil concave si caractéristique de ses ancêtres arabes.

CI-CONTRE
Avec ses épaules obliques, son arrière-main puissante et ses longs membres, le pur-sang est la « machine de course » ultime. Son passage de sangle profond laisse beaucoup de place au cœur et aux poumons.

CI-CONTRE
Le pur-sang est un cheval de steeple-chase de premier choix. Cette épreuve demande de la résistance, de la vigueur et de la vitesse, toutes les qualités qui font la renommée de la race.

CI-DESSOUS
Grâce à des recensements bien gardés (dans le *General Stud Book*), et qui remontent à deux siècles, on peut retracer le pedigree de ce poulain jusqu'à l'un des étalons fondateurs de la race.

nombreux nobles se mirent à élever des chevaux pour la course, et envoyèrent des agents à l'étranger pour dénicher les bons étalons. On peut souvent lire Barbe, Barbarie, Arabe, Hobby et Galloway sur les documents de l'époque (le hobby irlandais et le galloway écossais étaient à l'époque des « coureurs » fameux). Et c'est avec eux que l'on créa le pur-sang moderne.

On ne connaîtra jamais la race exacte des ancêtres du pur-sang, car les chevaux changeaient souvent de nom avec le propriétaire. Les termes « arabe », « barbe » et « turkmène » étaient souvent utilisés de façon inappropriée. On sait cependant que des nobles anglais ou leurs agents achetèrent beaucoup d'étalons orientaux entre 1675 et 1825, qu'ils les croisèrent avec des juments anglaises de pedigree mixte, et qu'ils commencèrent ainsi une dynastie de grands chevaux de courses. Parmi ces étalons, les plus fameux étaient Byerley Turk, Darley Arabian et Godolphin Arabian, reconnus comme les étalons fondateurs de la race du pur-sang. *Une introduction au General Stud Book* fut publiée en 1791, et après plusieurs autres éditions préliminaires, le volume I du *General Stud Book* parut en 1808. Un cheval est classifié comme pur-sang si ses deux parents sont dans le *General Stud Book* (ou dans les stud-books officiels équivalents du pur-sang dans d'autres pays).

Le pur-sang est beau, éveillé, fougueux et fier. Au galop il a des foulées amples et coulantes ; sa résistance et sa vigueur sont sans bornes. Toutes ces qualités le mettent en bonne position pour la course, la chasse à courre et le concours complet de trois jours.

EN BAS
Pur-sang sautant des haies à Cheltenham, patrie de l'épreuve de course de haies. Les prouesses athlétiques du pur-sang le rendent apte aux sports tels que la chasse à courre et le concours complet de trois jours.

FAITS INTÉRESSANTS

Byerley Turk fut capturé par le capitaine Byerley à Buda, dans les années 1680. Ce dernier le monta lors de la bataille de la Boyne et l'envoya ensuite en Angleterre pour la reproduction. Son arrière-petit-fils Tartare produisit Herod, l'un des plus grands reproducteurs dans l'histoire du pur-sang. Darley Arabian, né en 1700, fut acquis par Thomas Darley et envoyé en Angleterre depuis le port syrien d'Alep. Il produisit la lignée Eclipse. Eclipse fut l'un des plus grands chevaux de course de tous les temps. Godolphin Arabian naquit au Yémen en 1724, fut exporté à Tunis via la Syrie et, plus tard, offert au roi de France par le bey de Tunis. Il fut ensuite vendu à Edward Coke, du Derbyshire, et enfin acquis par lord Godolphin. Il fonda la lignée Matchem. Les lignées Herod, Eclipse et Matchem, plus celle de Highflyer (l'un des « fils » de Herod) sont les quatre principaux fondateurs du pur-sang moderne.

L'Anglo-arabe

C'est un cheval plus robuste que le pur-sang arabe. L'anglo-arabe est produit par le croisement de l'arabe et du pur-sang. Il peut résulter d'un premier croisement entre un étalon pur-sang et une jument arabe ou vice versa. Il peut aussi être produit en accouplant un pur-sang et un anglo-arabe, un arabe et un anglo-arabe, un anglo-arabe et un anglo-arabe. Résultat de ces différentes permutations, la quantité de sang arabe varie énormément, et avec elle la taille et l'apparence du cheval. Les plus grands d'entre eux sont produits par l'accouplement d'un étalon arabe et d'une jument pur-sang. Les meilleurs anglo-arabes auront la résistance et la vigueur de l'arabe, et la vitesse et l'amplitude du pur-sang (sans toutefois hériter du tempérament nerveux de ce dernier).

La France est un grand producteur d'anglo-arabes depuis le début du XIXe siècle. L'anglo-arabe français remonte à deux étalons orientaux, Massoud (un arabe) et Aslam (qui serait d'origine turque). Ils furent importés de Syrie et accouplés avec trois juments pur-sang importées d'Angleterre, Daer, Comus

DESCRIPTION DE LA RACE

Hauteur Environ 1,53 – 1,63 m.

Robe Généralement alezan, bai ou bai-brun.

Conformation Variable, mais les plus beaux spécimens ont la très belle conformation du pur-sang : tête intelligente et profil rectiligne, œil expressif et oreilles alertes ; longue encolure, garrot plus proéminent que chez l'arabe ; épaules obliques ; corps court et fort – plus fort que celui du pur-sang – et poitrail profond ; arrière-main assez longue ; membres sains et bien faits ; pieds robustes et bien formés.

CI-DESSUS
La tête de l'anglo-arabe ressemble plus à celle du pur-sang qu'à celle de l'arabe. L'anglo n'a pas le profil convexe du pur-sang.

CI-CONTRE
La conformation d'ensemble est de toute évidence celle du pur-sang plus que celle de l'arabe. Beaucoup d'anglo-arabes sont malgré tout plus robustes que le pur-sang classique.

CI-CONTRE
Le croisement du pur-sang et de l'arabe a produit des chevaux exceptionnels dans les disciplines olympiques comme le dressage.

Mare et Selim Mare. Leurs trois filles Delphine, Clovis et Danaë devinrent les génitrices de la première race de chevaux de sport en France. À une certaine époque, l'anglo-arabe était très utilisé pour l'armée, l'équitation classique et les concours. Plus récemment, il a été l'un des facteurs dominants dans le développement du cheval de sport moderne, le selle français.

CI-DESSOUS
Les anglo-arabes français comme celui-ci ont remporté de grands concours complets de trois jours, se battant contre les meilleurs pur-sang et autres chevaux de sang.

FAITS INTÉRESSANTS

Avant le développement du selle français, l'anglo-arabe français avait beaucoup de succès en concours, plus particulièrement en saut d'obstacles. Le double champion olympique, Pierre Jonquères d'Oriola, monta beaucoup d'anglo-arabes, dont les plus fameux étaient le petit hongre Marquis III (un cheval qui réussit très bien dans les Grand Prix et les Prix des Nations) et Ali-Baba, sur lequel d'Oriola remporta sa première médaille olympique à Helsinki, en 1952. Plus récemment, les anglo-arabes français ont eu beaucoup de succès dans l'équipe française de concours complet de trois jours. Il y a Twist la Beige (champion d'Europe en 1993), et Newport et Newlot (tous deux médaillés d'argent par équipes aux championnats d'Europe).

Le Norique

Élevé et développé pendant des milliers d'années dans les régions montagneuses d'Autriche, le norique est un joli cheval de trait léger, fort et résistant. Il a un tempérament calme, des membres sains et le pied sûr. Ces caractéristiques font de lui le cheval de travail idéal sur des terrains de montagne difficiles.

Comme c'est le cas pour la plupart des chevaux, son programme d'élevage formel est relativement récent. On attribue au prince-archevêque de Salzbourg la mise en place, il y a quatre cents ans, de son registre généalogique. C'est alors que les critères de sélection des juments et des étalons furent élaborés, et que des haras furent créés.

Le norique devint populaire dans toute l'Europe pour sa résistance au travail dur, et sa force. Différentes lignées évoluèrent dont le bavarois, que l'on trouve en Bavière mais qui n'est pas aussi connu que le cheval allemand du Sud à sang froid. Des lignées à robes différentes, remontant aux chevaux andalous et napolitains, eurent aussi une influence sur la race d'aujourd'hui. Elles produisirent des robes pommelées et bringées.

DESCRIPTION DE LA RACE

Hauteur Étalons 1,60 – 1,70 m.

Juments 1,53 – 1,70 m.

Robe Bai-brun, alezan, noir, gris et bringé. Marques blanches sur le corps non acceptables. Marques blanches trop nombreuses ou trop grosses sur la tête et les membres non désirables.

Conformation Profil rectiligne, grands naseaux ouverts, œil de taille moyenne ; encolure de longueur moyenne avec une épaisse crinière frisée ; épaules bien obliques ; poitrail large et profond ; dos de longueur moyenne et bien musclé ; membres longs et avant-bras puissants, articulations grosses et propres.

FAITS INTÉRESSANTS

Cette race tire son nom de l'ancienne province de Noricum (sous l'Empire romain, c'était presque le territoire de l'Autriche actuelle). On retrouve cependant la trace du norique avant l'Empire romain, quand un cheval de guerre lourd fut développé à Thessalonique. Les chevaux de ce type furent amenés dans le Noricum par les Romains. Ils furent accouplés avec des chevaux de la région et s'adaptèrent aux conditions difficiles de leur nouvel environnement.

CI-DESSUS
La plupart des noriques sont bai-brun, mais la race comporte une grande variété de robes, dont ce très bel alezan brûlé à crins lavés.

CI-CONTRE
Le norique a une conformation puissante, de bons membres et de bons pieds. Cela fait de lui le cheval idéal pour le travail dans les montagnes. Comme la plupart des races de montagne, c'est un bon moteur avec un très joli trot.

Le Cheval de trait belge

L'un des meilleurs chevaux de trait du monde, très important d'un point de vue historique. Le cheval de trait belge est une race ancienne, très proche du cheval ardennais. Le cheval des Flandres, comme on disait au Moyen Âge, eut une influence sur le développement de plusieurs autres « lourds » fameux : le shire, le suffolk et surtout le clydesdale. De nos jours, le cheval de trait belge est aussi dénommé « brabant », d'après sa zone d'élevage principale au centre de la Belgique.

Malgré une mécanisation répandue, on en trouve toujours quelques-uns en Belgique, mais aussi en Amérique du Nord où ils sont très appréciés. Ces géants sont reconnus pour leur amabilité et leur générosité au travail.

Au fil des années les éleveurs ont réussi à maintenir la perfection de ces chevaux grâce à une politique de sélection très stricte et quelques accouplements consanguins. Le résultat est un bel individu – encolure courte, épaules puissantes, membres courts, passage de sangle profond et énorme arrière-train. Tout ceci, plus un tempérament des plus dociles, fait de lui le cheval idéal pour travailler la terre.

CI-DESSUS
Le cheval de trait belge est un cheval impressionnant, qui combine une force énorme avec un tempérament doux et de la générosité au travail. Malgré sa taille, il n'est pas cher à entretenir.

DESCRIPTION DE LA RACE

Hauteur 1,62 – 1,70 m.

Robe Généralement rouan à taches noires, alezan et café au lait. Parfois aussi bai, isabelle et gris.

Conformation Petite tête assez grossière mais à l'expression intelligente ; encolure courte et musclée ; épaules massives ; corps court, profond et compact ; arrière-train arrondi et puissant ; membres courts, robustes et bien formés, avec des fanons abondants ; pieds de taille moyenne.

FAITS INTÉRESSANTS

Vers la fin du siècle dernier il y avait trois types de brabants, chacun basé sur une lignée différente. Ceux qui descendaient du célèbre étalon Orange I, la lignée du Gros de la Dendre, étaient principalement bais. Un étalon dénommé Bayard fonda la lignée du Gris du Hainaut, avec ses gris, ses rouans et ses alezans café au lait. Une troisième lignée, le Colosse de la Méhaigne, descend de l'étalon bai Jean I. Aujourd'hui les descendants de ces lignées sont tous regroupés sous le nom générique de cheval de trait belge ou brabant.

CI-DESSUS À GAUCHE
La tête est assez grossière mais les yeux ont cette expression de bonté propre à toutes ces races de chevaux lourds.

CI-CONTRE
L'arrière-train massif est caractéristique chez cette race. Ces chevaux ont la queue coupée.

Le Frederiksborg

CI-CONTRE
Le frederiksborg a une tête assez grossière mais un regard intelligent. La plupart des chevaux de cette race, comme celui-ci, sont alezans.

Le haras d'après lequel ce cheval a été nommé fut fondé par le roi Frédéric II au cours des années 1560. Il fournissait des chevaux de bonne qualité à toutes les cours d'Europe. La souche de ce haras fut importée d'Espagne, puis croisée avec l'un de ses proches parents, le cheval napolitain. Les chevaux ainsi produits étaient à la fois élégants et fougueux, et donc bien adaptés à la double exigence de l'époque : être une monture pour le travail en manège, et un cheval de remonte. La race continua de se développer avec l'arrivée d'étalons orientaux et anglais demi-sang, et pendant plusieurs siècles le frederiksborg fut l'un des chevaux les plus recherchés d'Europe.

Mais il y eut tant d'exportations de frederiksborgs que la souche s'en trouva fortement épuisée : pendant la première moitié du XIXe siècle, le haras se mit donc à élever des pur-sang. Cette entreprise hasardeuse ne fut pas un grand succès, et en 1871 le haras fut dispersé. Fort heureusement le frederiksborg ne disparut pas complètement, car des éleveurs privés continuèrent à en produire, principalement comme chevaux légers d'attelage.

On élève toujours des frederiksborgs au Danemark, bien que le besoin récent d'un grand cheval de sport ait mené au développement d'un nouveau cheval, le danois à sang chaud (danish warmblood). Ce dernier est essentiellement basé sur des étalons suédois, allemands et polonais.

DESCRIPTION DE LA RACE

Hauteur 1,53 – 1,60 m.

Robe Alezan

Conformation Tête intelligente mais un peu grossière ; encolure courte et droite ; épaules robustes mais assez droites ; dos fort qui a tendance à être long ; queue haut placée ; pieds solides.

FAITS INTÉRESSANTS

Le frederiksborg joua un rôle important dans le développement d'une race fameuse, le lipizzan, connue pour son association avec l'École espagnole de Vienne. L'étalon blanc Pluto, du Haras royal de la cour danoise, était l'un des six étalons fondateurs du lipizzan. Pluto naquit en 1765, le premier des six. Plus de deux siècles se sont écoulés et ses descendants sont toujours présents à l'École espagnole de Vienne, où ils peuvent être identifiés grâce au préfixe « Pluto » accolé à leur nom.

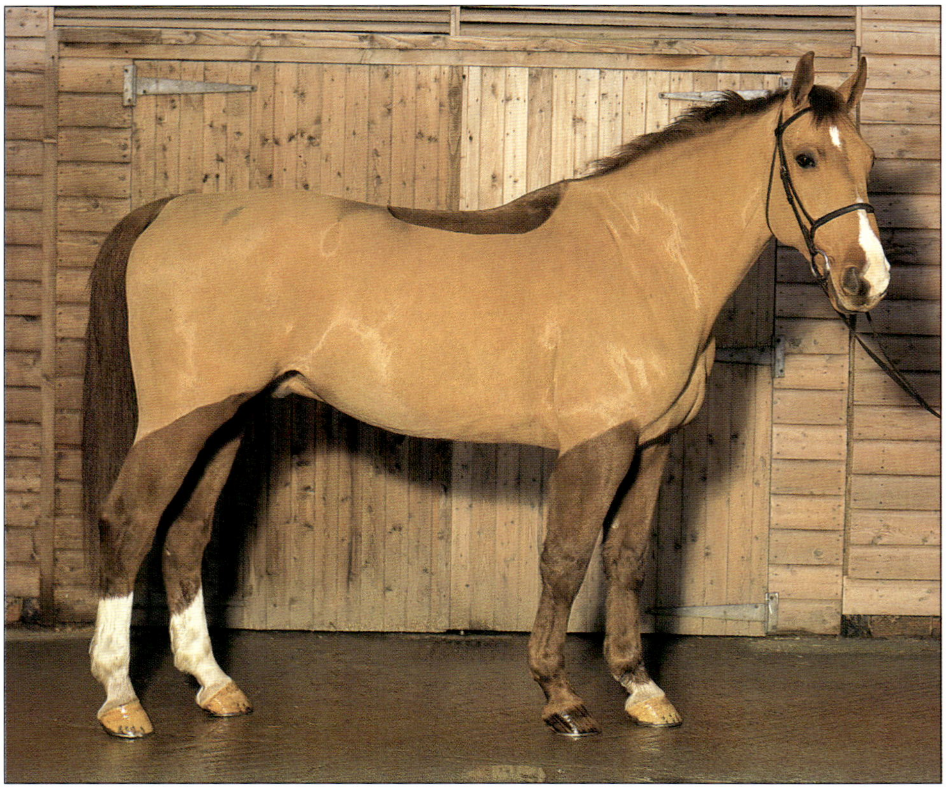

CI-CONTRE
Le dos assez long, l'encolure courte et les épaules droites sont plus caractéristiques du cheval léger d'attelage que du cheval de selle.

Le Jutland

Mis à part ses fanons abondants, le cheval lourd du Danemark ressemble étrangement au suffolk britannique. Cette ressemblance n'a peut-être rien de surprenant, car le jutland actuel a été très influencé par le suffolk. En effet, un étalon anglais dénommé Oppenheim LXII fut en haras au Danemark dans les années 1860.

La race remonte cependant beaucoup plus loin que cela. On élève des chevaux lourds sur la péninsule du Jutland depuis plusieurs siècles, sans doute dès le XIIe siècle, époque où ils étaient très demandés comme chevaux de remonte. Combinant une force énorme avec la plus grande des générosités, le cheval du jutland était la monture idéale pour les chevaliers du Moyen Âge et leurs lourdes armures. On a aussi utilisé le bai de Cleveland et le yorkshire d'attelage dans le développement du jutland, mais c'est incontestablement le suffolk qui ici a été le plus influent.

La mécanisation a réduit le nombre de ces chevaux mais on peut toujours en voir quelques-uns dans des concours, ou en ville en train de tirer des camions, ou plus rarement, dans les labours.

DESCRIPTION DE LA RACE

Hauteur 1,50 – 1,60 m.

Robe Généralement alezan foncé à crins clairs.

Conformation Lourde tête assez grossière mais à l'expression aimable ; encolure courte et épaisse ; épaules fortes et musclées ; corps exceptionnellement profond, et poitrail large ; arrière-train arrondi et musclé ; membres courts et bonne ossature.

FAITS INTÉRESSANTS

Le jutland fut un facteur influent dans le développement du schleswig, un cheval de trait qui tire son nom de la région la plus nordique de l'Allemagne. Il était très demandé à la fin du XIXe siècle pour tracter les trams et les bus. Les éleveurs allemands utilisaient encore le jutland (qui vient de la péninsule voisine) assez récemment. Le schleswig ressemble beaucoup au jutland et au suffolk, car il a pratiquement la même constitution et la même robe. L'utilisation d'étalons boulonnais et bretons soigneusement sélectionnés produisit cependant quelques gris et bais.

CI-DESSUS
Comme pour toutes les races de chevaux lourds, le joli jutland a été la victime de la mécanisation. On en trouve encore quelques-uns au travail.

CI-CONTRE
Le jutland est généralement alezan, une robe qu'il a héritée de son ascendance suffolk.

Le Danois à sang chaud

Il fait partie de ces chevaux qui ont été développés tout spécialement pour les disciplines modernes ; en particulier les concours de dressage et de saut d'obstacles, et le concours complet de trois jours. Les Danois ont une longue tradition équine, car leurs premiers haras organisés datent du XIVe siècle. Mais le marché des chevaux a énormément changé au XXe siècle, depuis quelques dizaines d'années surtout. Dans beaucoup de pays la mécanisation avait progressivement transformé le cheval, faisant de ce moyen de locomotion indispensable un simple animal de « loisirs ». À la lumière de cette transformation, les Danois trouvèrent que leurs races (le frederiksborg et le knabstrup moucheté, cheval de cirque populaire) n'allaient pas faire le poids face à des chevaux de sport compétitifs. Pour remédier à cette déficience, ils établirent en 1962 un programme d'accouplements dans le but de produire un nouveau type de cheval de selle danois.

DESCRIPTION DE LA RACE

Hauteur 1,53 – 1,63 m.

Robe Toutes les sortes.

Conformation Belle tête, longue encolure bien attachée ; bonnes épaules et garrot proéminent ; dos et reins musclés ; longue croupe ; membres solides avec de longs avant-bras ; articulations bien sculptées.

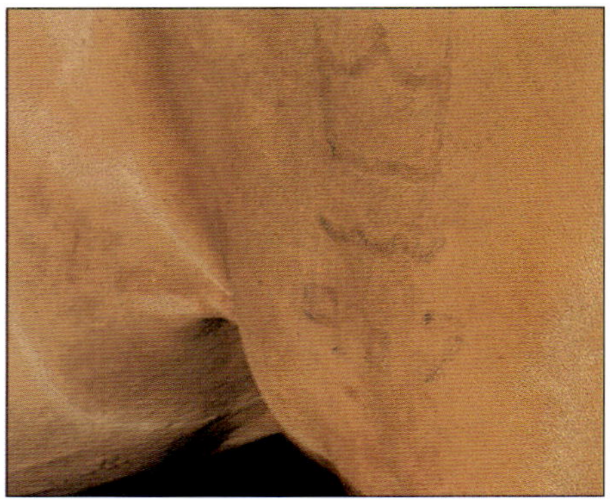

CI-CONTRE
Le danois à sang chaud a la conformation caractéristique des chevaux de sport modernes : épaules avec une bonne oblique, dos et arrière-main puissants, membres et pieds sains.

EN HAUT
Comme beaucoup d'autres chevaux de sang, le danois à sang chaud porte une marque au fer rouge sur l'arrière-main pour des raisons d'identification.

CI-DESSUS
Les chevaux à sang chaud ont été spécialement développés pour le sport, les concours de saut d'obstacles par exemple.

EN HAUT À DROITE
On a utilisé beaucoup de sang allemand pour développer le danois à sang chaud. On le voit dans cette belle tête.

CI-CONTRE
Le plus fameux des danois à sang chaud est peut-être l'étalon de dressage Matador, vainqueur de la médaille d'argent aux Jeux équestres mondiaux de 1990.

FAITS INTÉRESSANTS

Les danois à sang chaud sont souvent d'excellents chevaux de dressage. Le meilleur exemple est le bel étalon noir Matador, qui émerveilla tout le monde par son panache et sa personnalité exubérante. Placé cinquième lors des jeux olympiques de Séoul en 1988, Matador fut totalement arrêté la saison suivante. Il avait subi une opération importante suite à un terrible accès de colique. Il fit un come-back extraordinaire aux Jeux équestres mondiaux de 1990, où il finit juste derrière le champion olympique, Rembrandt. Il fit de sa cavalière, K. Kyrklund, la première Finnoise à remporter une médaille dans un grand championnat d'équitation.

Des étalons soigneusement sélectionnés, principalement suédois, trakehners, hanovriens, holsteins et polonais, furent croisés avec différentes juments locales pour améliorer le modèle de base. Il y eut une amélioration progressive très stricte des étalons et des juments, afin de s'assurer que seuls les meilleurs entreraient dans les registres généalogiques. Ce programme fut un énorme succès, car le danois à sang chaud qui en résulta est un bel animal bien proportionné, doté d'allures excellentes. C'est un cheval de dressage exceptionnel qui allie robustesse et amabilité.

L'Ariégeois

Ce cheval vit dans les Pyrénées, et fait partie d'une race très ancienne. Il ressemble beaucoup au cheval gaulois que César décrit dans ses *Commentaires de la guerre des Gaules*. Comme son nom l'indique, l'ariégeois vient de la vallée de l'Ariège. Bien adapté aux conditions difficiles de ses montagnes, il est imperméable au froid et a un pied extrêmement sûr : les sentiers verglacés des montagnes ne l'impressionnent donc pas du tout.

Polyvalent et robuste, ce cheval est utilisé pour le bât, mais peut aussi servir de cheval de selle, ou de cheval de labour sur les terrains escarpés des fermes de montagne, là où les machines modernes n'accèdent pas.

DESCRIPTION DE LA RACE

Hauteur 1,31 – 1,43 m (il atteint cette taille en plaine, dans un pâturage riche, mais rarement dans son environnement natal).

Robe Noir zain. Normalement pas de balzanes ou de marques faciales, mais le flanc est parfois légèrement aubérisé.

Conformation Tête fine et expressive avec un front plat, profil rectiligne, oreilles courtes, œil pétillant et alerte ; encolure assez courte et droite ; épaules assez droites ; dos long mais robuste et poitrail large ; arrière-train arrondi et croupe inclinée ; membres courts avec une tendance aux jarrets clos ; pieds solides.

FAITS INTÉRESSANTS

En hiver, la robe de l'ariégeois prend une teinte légèrement rousse. Elle a une texture très fine, contrairement aux crins qui sont rêches au toucher et extrêmement épais. C'est une façon qu'a la nature de lui offrir la protection nécessaire contre les hivers les plus rigoureux. L'ariégeois est beaucoup moins adapté à la chaleur. En été, il se met à l'abri du soleil pendant la journée, et ne sort brouter que le soir.

EN HAUT
Comme toutes les races de montagne, l'ariégeois a des allures actives. Il a des sabots extrêmement solides, et un pied très sûr.

CI-CONTRE
L'ariégeois a un dos assez long mais néanmoins robuste, une encolure puissante, un passage de sangle profond. La croupe inclinée et la queue attachée bas sont caractéristiques.

Le Cob normand

C'est un cheval de trait léger, encore utilisé dans les petites fermes de la Manche. La Normandie a longtemps été réputée pour ses élevages de chevaux, en particulier dans les haras historiques du Pin (haras royaux fondés au XVIIe siècle) et de Saint-Lô (où furent élevés les ancêtres du cob moderne).

Trapu et compact, comme le cob anglais dont il tire son nom, le cob normand fut développé en tant que race à part entière au début de notre siècle. C'est à cette époque que les éleveurs de demi-sang commencèrent à faire la distinction entre les chevaux de selle, utiles surtout pour l'armée, et les chevaux plus imposants, utiles pour les travaux de trait léger.

Le type le plus lourd, appelé cob normand, devint un cheval de trait populaire, surtout dans la Manche ; même le puissant percheron ne parvint pas à l'y supplanter.

Au fil des années le cob normand devint encore plus lourd pour pouvoir faire le travail qu'on attendait de lui. Mais bien qu'il soit trapu et musclé, il lui manque la stature massive du véritable cheval de trait léger. De plus il n'a jamais perdu son action énergique, en particulier au trot, qui lui vient de son côté demi-sang.

CI-CONTRE
Le cob normand a toujours été remarqué pour son action énergique. Son trot vif et délié est caractéristique de la race.

CI-DESSOUS
Le cob normand a la même expression aimable que le cob anglais dont il tire son nom.

DESCRIPTION DE LA RACE

Hauteur 1,53 – 1,63 m.

Robe Alezan, bai ou bai-brun, occasionnellement rouan ou gris.

Conformation Fort et trapu, membres bien proportionnés.

FAITS INTÉRESSANTS

La queue du cob normand est encore amputée de nos jours, par tradition. Au fil des siècles, on a perpétué cette mutilation de la queue du cheval pour bien des raisons : parce que c'était la mode, pour éviter qu'elle ne s'emmêle dans le harnais et les équipements et, il y a très longtemps, probablement pour des questions de rituels. Il fut un temps où il était de bon ton de tailler la queue du cob anglais, mais cette pratique devint illégale en Grande-Bretagne en 1948 avec le « Docking and Nicking Act ». Car au-delà du traumatisme que représente l'opération, on prive l'animal d'un moyen de protection vital contre les mouches.

CI-CONTRE
Fort et trapu, le cob normand est un cheval de trait léger bien proportionné. Il n'a pas le côté massif du véritable cheval de trait.

Le Camargue

Ce petit cheval robuste est originaire des étendues inhospitalières du delta du Rhône, dans le sud de la France. Cette race n'a été reconnue qu'en janvier 1968 ; elle est pourtant très ancienne. Le camargue ressemble beaucoup aux chevaux représentés sur les parois de la grotte de Lascaux, et qui datent de quelque 15 000 ans av. J.-C. De plus, les ossements de chevaux encore plus anciens découverts à Solutré (sud-est de la France) au XIXe siècle pourraient bien être les restes des ancêtres de cette race. Le cheval indigène a sûrement été influencé par du sang nord-africain au cours de sa longue occupation des marécages, mais a cependant gardé les caractéristiques du cheval primitif, en particulier sa grosse tête carrée.

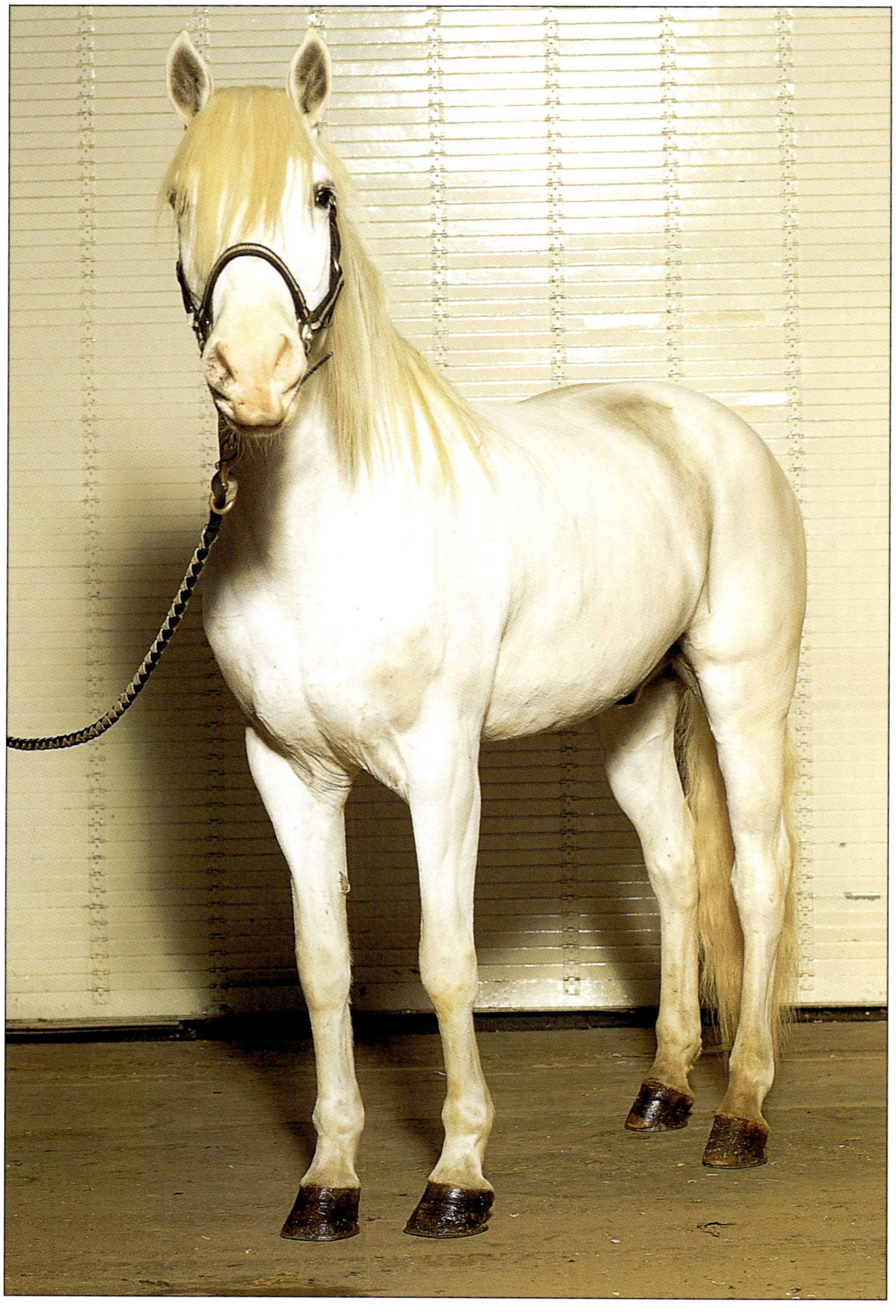

EN BAS À GAUCHE
Petit, robuste et toujours gris, le camargue a inspiré les artistes et les poètes tout au long des siècles.

CI-DESSOUS
On peut détecter les origines anciennes de cette race dans sa grosse tête carrée, qui rappelle les chevaux primitifs.

Les chevaux ont toujours fait partie intégrante de la vie quotidienne de la Camargue. Ils sont les montures solides et fiables des gardians (ou vachers), qui travaillent avec les troupeaux de taureaux de combat élevés traditionnellement dans la région. Malgré sa petite taille, le camargue a la force et la résistance nécessaires pour transporter sans aucun problème un homme à travers les pires marécages.

Les troupeaux, ou manades, de chevaux camarguais, chacun avec son propre étalon, vivent en semi-liberté. Ils sont rassemblés chaque année pour être inspectés, pour marquer les poulains, pour sélectionner les bons reproducteurs et pour castrer les autres mâles.

Au fil des ans, le fait de clôturer les pâturages et d'assécher de grandes zones pour les cultures a réduit le besoin en gardians, mais les chevaux font toujours partie du paysage. Ils ont maintenant un nouveau rôle, celui de monture pour les touristes de plus en plus nombreux à venir en Camargue.

DESCRIPTION DE LA RACE

Hauteur 1,31 – 1,41 m.

Robe Gris.

Conformation Tête carrée assez grosse avec des oreilles courtes et écartées ; encolure courte ; épaules courtes et droites ; dos assez court et poitrail profond ; arrière-main musclée, croupe courte et inclinée, longue queue fournie ; membres solides et bien formés, gros genoux, pieds sains et très durs.

EN BAS À GAUCHE
Malgré leur existence à moitié sauvage, les camargues se laissent facilement dompter : démonstration par ce voltigeur français.

CI-DESSOUS
Les étendues inhospitalières du delta du Rhône ont produit une race renommée pour sa robustesse, sa force et la sûreté de son pied.

EN BAS
Rassembler les taureaux de combat est le rôle traditionnel du camargue. Malgré sa petite taille, le camargue portera facilement un gardian.

FAITS INTÉRESSANTS

Les camargues à moitié sauvages ont souvent fasciné les peintres et les écrivains. Dans son poème *Horses on the Camargue*, Roy Campbell écrivit des lignes évocatrices sur les courses folles de ces chevaux blancs et le bruit de leurs sabots, les comparant aux vagues de la mer.

L'Ardennais

C'est l'un des meilleurs chevaux lourds du monde, puissant mais exceptionnellement docile. L'ardennais a des origines anciennes et tire son nom de ses montagnes natales, sur la frontière franco-belge.

Autrefois il était moins massif, car au XIXe siècle on l'utilisait encore comme cheval de selle. On le croisa avec de l'arabe aux alentours de 1810, et plus tard avec du pur-sang, du percheron et du boulonnais. Ces tentatives d'amélioration, peu convaincantes, furent abandonnées, mais l'ardennais continua d'être un cheval très utile. Sa vigueur et son énergie en firent un élément militaire irremplaçable pendant la Révolution française, sous l'Empire et durant la malheureuse campagne de Russie. Pendant la Première Guerre mondiale,

DESCRIPTION DE LA RACE

Hauteur 1,50 – 1,60 m.

Robe Aubère, rouan, gris-bleu, alezan foncé ou brûlé, et bai sont les couleurs préférées. Bai-brun, alezan clair, palomino admis. Noir, gris pommelé et toute autre couleur non admis.

Conformation Profil rectiligne avec orbite de l'œil légèrement proéminente, front bas et plat, grands yeux expressifs, oreilles pointées et grands naseaux ouverts ; encolure moyennement longue et bien attachée, souvent en col de cygne ; épaules très robustes ; corps moyennement gros et poitrail profond, dos assez court et reins musclés ; large arrière-train arrondi ; membres assez courts, solides et musclés.

EN BAS
Massif mais extrêmement docile, le plus gros type d'ardennais est le partenaire idéal pour les gros travaux agricoles.

l'ardennais fut très demandé comme cheval d'artillerie.

Les besoins de l'agriculture et un travail de trait nouveau menèrent au développement d'un modèle de cheval plus lourd et aujourd'hui, en plus du petit ardennais, deux autres types sont reconnus : une version plus grande de l'ardennais dénommée « Auxois », et l'ardennais du Nord (autrefois appelé « trait du Nord ») plus gros et plus lourd, produit d'accouplements éloignés avec le brabant.

CI-DESSUS
On trouve toujours des ardennais au travail dans les champs. Ils se contentent de maigres rations, ce qui fait d'eux des chevaux économiques pour les petits fermiers.

CI-DESSOUS
L'aubère est une robe typique de cette race. Les yeux sont invariablement grands, avec une expression intelligente et aimable.

FAITS INTÉRESSANTS

Dans leurs écrits vieux de 2 000 ans, l'historien grec Hérodote et Jules César firent mention particulière des chevaux du nord de la Gaule (nord-est de la France actuelle), louant leur vigueur et leur force. Des squelettes découverts dans la région suggèrent que ces chevaux mesuraient 1,50 m, la taille du petit ardennais actuel. C'étaient les ancêtres de l'ardennais moderne.

Le Selle français

La France est très en avant pour ce qui est du développement d'un cheval de sport moderne. Le selle français était l'un des grands succès de ce siècle dans le monde de l'élevage de chevaux à sang chaud. Le terme « selle français » entra en vigueur en décembre 1958 et le premier registre généalogique fut publié en 1965.

Les Français ont une grande tradition équine. Ils créèrent cet admirable cheval moderne dès le début du XIXe siècle. À cette époque plusieurs régions françaises commencèrent à importer des étalons

DESCRIPTION DE LA RACE

Hauteur : Poids moyen petit, 1,53 m et moins ; moyen, 1,53 – 1,61 m ; gros, plus de 1,61 m.

Hauteur : Poids lourd petit, moins de 1,60 m ; gros, 1,60 m et plus. (La classification « moyen » ou « gros » est basée sur la capacité du cheval à porter du poids, en fonction de sa morphologie).

Robe Généralement alezan, bien que toutes les couleurs soient permises.

Conformation Tête raffinée ; longue encolure élégante ; épaules obliques ; corps robuste, coffre ; arrière-main large et puissante ; membres solides avec des avant-bras particulièrement puissants, des articulations prononcées et une bonne ossature.

CI-DESSUS
Une belle tête, attachée à une longue encolure élégante, est caractéristique du selle français. Cette race compte parmi les meilleurs chevaux de sport du monde.

CI-CONTRE
Le selle français est issu du pur-sang et du trotteur français. Les proportions harmonieuses et l'apparence générale rappellent le pur-sang.

CI-DESSOUS (haut)
Certains selles français comme The Fellow (couleurs rouges) sont assez rapides pour affronter et battre des pur-sang sur les champs de courses.

CI-DESSOUS À GAUCHE
Cette race excelle au saut d'obstacles. Cette jolie jument baie, Miss, remporta les médailles d'argent en individuel et par équipes aux Jeux équestres mondiaux de 1994.

anglais pur-sang et demi-sang pour les accoupler avec les juments locales, moins raffinées (excepté dans le Limousin et les régions du Sud-Ouest où l'on se spécialisa dans les anglo-arabes). Deux grands chevaux évoluèrent en Normandie, éternel bastion de l'élevage : un trotteur rapide qui allait devenir le trotteur français (les demi-sang anglais venaient pour beaucoup de la lignée du Norfolk Roadster) et l'anglo-normand.

En France, l'élevage de chevaux à sang chaud diffère de celui des pays voisins, où le système d'amélioration par le métissage est de la plus haute importance. Le critère de sélection est la performance en compétition des étalons, des juments et de leur progéniture ou de leur famille proche.

C'est un système qui a produit un excellent cheval de sport. Il a l'apparence extérieure des pur-sang (qui furent ses plus grands étalons fondateurs), et la fougue nécessaire pour survivre aux coups d'estoc et de taille des sports équestres modernes. Le selle français s'illustre surtout dans les concours de sauts d'obstacle, comme Jappeloup (champion d'Europe en 1987 et olympique en 1988), Quito de Baussy (champion du monde en 1990), I Love You (vainqueur de la coupe du monde en 1993) et Galoubet (vainqueur de la médaille d'or par équipes).

FAITS INTÉRESSANTS

Bien que la plus grande influence dans le selle français ait sans doute été le pur-sang, le trotteur français a aussi joué son rôle ici. On peut le voir dans les pedigrees des fameux sauteurs Galoubet et Jappeloup. Galoubet a du sang de trotteur par sa mère, quoique deux générations en arrière. Mais le petit Jappeloup, monté sur ressorts, fut directement engendré par un trotteur, Tyrol II, et une jument pur-sang dénommée Vénérable. Sa brillante carrière de sauteur s'illustra dans les épreuves individuelles aux Jeux olympiques de Séoul en 1988, et avec la médaille d'or par équipes dans les Jeux équestres mondiaux de 1990. Il est intéressant de constater que Jappeloup n'avait pas les allures harmonieuses associées au selle français. Il était notoirement maladroit (plus d'une personne s'est fait marcher sur le pied en sa compagnie) et assez inconfortable. C'était certainement le résultat de son arrière-main puissante, car il était plus haut derrière la selle que devant, comme beaucoup de trotteurs.

CI-DESSOUS
Grâce au pur-sang qui coule dans leurs veines, les selles français ont la vitesse et la vigueur nécessaires pour remporter des concours complets de trois jours.

Le Trotteur français

La France est le pays qui a la plus grande tradition de courses au trot en dehors des États-Unis. Elle développa sa propre lignée de trotteurs en croisant des pur-sang, des demi-sang anglais et des Norfolk Roadsters avec de robustes juments normandes. Le processus démarra au début du XIXe siècle. En France les premières courses au trot étaient montées et non attelées. Elles eurent lieu à Paris en 1806, sur le Champ-de-Mars. Comme ce sport devenait populaire, on ouvrit de véritables champs de courses et la race se développa et s'améliora (la première piste fut créée à Cherbourg dans les années 1830). En 1861 un décret impérial encouragea officiellement ce sport, d'où la formation de son premier corps dirigeant.

L'anglo-normand produisit un bon trotteur, et il en résulta cinq lignées im-

DESCRIPTION DE LA RACE

Hauteur Moyenne, aux environs de 1,62 m. Les plus grands font souvent les meilleurs trotteurs montés.

Robe Toutes couleurs admises. Généralement alezan, bai et bai-brun avec quelques aubères. Gris rare.

Conformation Épaules avec une bonne oblique, donnant une action ample ; corps court et solide ; arrière-main puissante.

EN HAUT À GAUCHE
Le trotteur français tient beaucoup du pur-sang dans son apparence générale, bien qu'il soit un peu plus imposant et bien moins raffiné.

CI-CONTRE
Les courses au trot montées et attelées ont permis la continuité de la qualité de cette race, qui a joué un rôle important dans le développement du selle français.

FAITS INTÉRESSANTS

La plus grande course attelée de France est le Prix d'Amérique. Son équivalent monté est le Prix de Cornulier. Ce sont deux courses de 2 650 m sur une piste unique en son genre, et d'ailleurs la plus importante en France, l'Hippodrome de Vincennes. Contrairement aux pistes plates habituelles, celle-ci démarre en descente et se termine en haut d'une montée. Le Prix d'Amérique est l'équivalent attelé de la plus grande course sur le plat du championnat international d'Europe, le Prix de l'Arc de Triomphe. Le Prix de Cornulier est la course au trot la plus richement montée du monde. Des chevaux extraordinaires apparaissent de temps à autres, aussi brillants sous la selle qu'attelés. Venutar, Masina, Tidalium, Pelo et Bellino II ont en commun d'avoir gagné tous les deux le Prix.

CI-CONTRE
Les trotteurs français sont parfois utilisés en « skijoring », un sport dans lequel un cheval tire son coéquipier humain sur des skis.

portantes : Conquérant, Normand, Lavater, Phaeton et Fuchsia. Conquérant et Normand étaient tous deux du demi-sang anglais Young Rattler. Ce fils du pur-sang Rattler est parfois appelé le « Messenger français » (Messenger étant l'étalon fondateur du standardbred) à cause de l'influence qu'il a eue dans l'élevage des trotteurs français. Lavater est un autre exemple de lien anglais car il est né d'un Norfolk Roadster. Fuchsia était le plus puissant des étalons de base. Né en 1883, il engendra près de 400 trotteurs, et 100 de ses « fils » produisirent des vainqueurs. Au fil des ans on fit un petit apport de sang standardbred pour améliorer la vitesse de la race, mais en 1937 le studbook du trotteur français fut fermé aux chevaux non français ; il fut rouvert récemment pour permettre à quelques rares métis français/standardbred, soigneusement sélectionnés, d'y figurer.

Les Français n'ont pas totalement abandonné les courses montées. Environ dix pour cent des courses au trot organisées en France sont montées, ce qui a un impact important sur l'élevage. En effet, les trotteurs montés doivent être solides, avoir un bon équilibre naturel et une action allongée car ils courent sous de grands poids. Ces chevaux de qualité ont contribué à maintenir le standard du trotteur français.

AU MILIEU
L'arrière-main puissante est caractéristique de la race. Les meilleurs spécimens peuvent trotter presque aussi rapidement qu'un pur-sang au galop.

CI-CONTRE
Lors de courses sur neige, le sulky est remplacé par un véhicule spécialement conçu. Contrairement aux ambleurs, les trotteurs ne portent jamais d'entraves.

Le Percheron

L'élégant percheron vient du Perche, au sud de la Normandie. Ses ancêtres arabes avaient été amenés en Europe par les Maures. On dit que l'influence orientale commença après que Charles Martel eut vaincu les Maures à Poitiers en 732 ap. J.-C., et qu'elle continua après la première croisade de 1099. En effet Robert, comte de Rotrou, ramena lui aussi des chevaux arabes en France. Beaucoup plus tard, au cours du XVIIIe siècle, le haras royal du Pin permit aux éleveurs d'accoupler leurs juments percheronnes avec des étalons arabes pour améliorer la souche. L'influence orientale continua jusqu'à récemment, car l'un des premiers et plus importants étalons percherons, Jean le Blanc (né aux alentours de 1830), était de l'étalon arabe Gallipoly. Le percheron est très fort et très robuste,

À GAUCHE
Le percheron a une belle tête, des yeux proéminents et alertes, et de grands naseaux ouverts.

EN HAUT À DROITE
La race est connue pour son poitrail large et profond, ses avant-bras puissants et ses excellents pieds.

CI-CONTRE
Les membres bien proportionnés et propres (sans fanons) du percheron font de lui un cheval élégant. Ses allures sont incroyablement déliées si on considère sa taille.

FAITS INTÉRESSANTS

L'un des plus grands chevaux que l'on connaisse était un percheron, Dr Le Gear. Né en 1902, il mesurait 2,13 m au garrot et pesait un peu moins de 1 370 kg.

À GAUCHE La qualité du percheron moderne et ses mouvements excellents sont le reflet de son ascendance arabe.

CI-CONTRE Pause déjeuner pour ce cheval de labour. Les percherons sont d'une telle docilité qu'ils peuvent être formés au travail en très peu de temps.

CI-DESSOUS Grâce à son action allongée et à son tempérament soumis, le percheron convient aussi bien sous la selle qu'en attelage.

il a des membres sains et une grande longévité ; il est très apprécié dans plusieurs domaines : comme cheval de remonte, d'attelage et de ferme. Pendant la seconde moitié du XIXe siècle, il était très demandé dans le monde entier, autant pour le travail que pour l'amélioration d'autres races de chevaux lourds. Les éleveurs français exportèrent beaucoup de percherons, qui n'eurent aucun mal à s'adapter à toutes sortes de climats. Nombre d'entre eux allèrent en Angleterre, quelques-uns en Australie (on dit que le percheron est le premier cheval de trait à y avoir été envoyé) et en Amérique du Sud. La race devint particulièrement populaire en Amérique du Nord, où l'on cherchait un cheval de trait lourd pour travailler avec le chemin de fer : cela encouragea donc l'élevage d'animaux massifs. Mais malgré sa taille imposante, le percheron moderne est un animal de grande qualité qui garde l'action allongée et basse de ses ancêtres.

DESCRIPTION DE LA RACE

Hauteur 1,52 – 1,70 m. En moyenne 1,61 m.

Robe Gris ou noir.

Conformation Belle tête, grand front carré, oreilles longues et fines, yeux proéminents et alertes, profil rectiligne et chanfrein plat avec de grands naseaux ouverts ; longue encolure en col de cygne avec une crinière assez épaisse ; épaules obliques et garrot proéminent ; poitrail large et profond, sternum assez proéminent, dos court et droit, passage de sangle très profond et coffre ; arrière-train long et incliné ; membres propres et sains avec des avant-bras puissants et de longues cuisses musclées, gros genoux et gros jarrets, petits boulets robustes et pieds solides.

Le Breton

CI-CONTRE
Bien que le breton soit apprécié sur le marché français de la viande, certains de ces beaux spécimens travaillent toujours comme animaux de trait.

C'est un cheval de trait extrêmement actif avec un trot très vif, malgré une carrure massive et des membres courts. Ces caractéristiques viennent de ses ancêtres Norfolk Roadster et même arabes (bien avant). Comme beaucoup d'éleveurs du sud de l'Europe, les Bretons accouplaient des chevaux ramenés du Moyen-Orient par les croisés avec la souche locale, beaucoup moins raffinée. Plus récemment ils y ajoutèrent du sang anglais ou provenant d'autres pays européens ; les résultats furent mitigés.

Il y a toujours eu plusieurs types de chevaux bretons. Au Moyen Âge on en avait identifié deux, le sommier et le roussin. Le sommier descendait d'une souche du nord de la Bretagne, et on l'utilisait pour le bât et le travail agricole. Le roussin était beaucoup plus léger, et avait été développé dans le sud et le centre de la région. C'était un cheval de selle populaire pour son allure amblée et confortable.

Bien que le breton ne soit pas considéré comme un cheval de selle, il en existe encore différents types : un trait léger, un trait lourd, et un cheval d'attelage appelé le postier, qui est moins massif que le cheval de trait. Le postier doit sa légèreté et ses allures brillantes à l'apport de sang Norfolk Roadster au XIXe siècle.

De maturation précoce, le breton est très apprécié sur le marché français de la viande car il produit de la viande de qualité en quantité. Il est également apprécié pour le trait, et on peut toujours le voir au travail, en particulier dans les vignobles.

CI-DESSOUS
L'alezan est la robe la plus répandue chez le breton. Il a des yeux magnifiques et doux sur une tête large et assez carrée.

FAITS INTÉRESSANTS

Le breton est un animal résistant et généreux qui s'adapte facilement. Comme il peut travailler sous des climats chauds, il a été utilisé comme reproducteur en Italie, en Espagne et même au Japon !

DESCRIPTION DE LA RACE

Hauteur 1,50 – 1,61 m.

Robe Généralement alezan ; parfois rouan, bai et gris ; rarement noir.

Conformation Tête assez carrée, profil rectiligne, naseaux ouverts, œil brillant et petites oreilles assez basses ; encolure courte et robuste, légèrement courbe ; épaules assez courtes mais obliques ; corps court, large et fort, coffre ; arrière-train très puissant ; membres courts et solides avec des cuisses et des avant-bras très musclés.

CI-CONTRE
Le breton est massif et trapu, mais néanmoins très actif. Il a été utilisé pendant des années comme cheval de guerre, de trait, de bât, d'attelage – et même comme cheval de selle.

Le Boulonnais

L'aimable boulonnais, le plus élégant de tous les chevaux lourds, remonte au temps des Romains. Il vient du nord-ouest de la France et, comme le percheron, fut très influencé par le sang oriental. L'influence arabe intervint plus d'une fois. Il y eut d'abord l'arrivée des armées romaines et de leurs chevaux orientaux, qui se rassemblèrent sur la côte française avant d'envahir la Grande-Bretagne. Puis il y eut les croisés, qui ramenèrent eux aussi des chevaux orientaux. On attribue à deux grands nobles, Robert, comte d'Artois, et Eustache, comte de Boulogne, l'importation de chevaux arabes pour leurs écuries personnelles. Il y eut un petit changement de direction au XIVe siècle quand on utilisa du sang Mecklembourg allemand pour produire des animaux plus robustes, capables de supporter des chevaliers en armures lourdes.

Le terme « boulonnais » date du XVIIe siècle, et vient du nom de la région où il a été élevé. Cette région se trouvant malheureusement au cœur même de la bataille, la population des boulonnais fut sérieusement décimée pendant la Première Guerre mondiale. La Seconde Guerre mondiale eut un autre impact important sur la race, au moment même où elle se remettait du premier choc. Ces deux revers de fortune, plus l'essor de la mécanisation après la Seconde Guerre mondiale, annoncèrent la fin de ce cheval de qualité. Il survécut heureusement grâce aux efforts d'une poignée d'enthousiastes dévoués.

Bien que le boulonnais produise surtout l'une des meilleures viandes du marché, on le trouve encore dans de petites fermes car il est plus efficace et plus économique qu'un tracteur. Malgré une taille et une constitution imposantes, on détecte toujours des traces de sang arabe chez cette race, dans sa petite tête raffinée aux grands yeux expressifs comme dans sa nature sociable.

CI-CONTRE
Apprécié pour sa douceur, le boulonnais est le plus élégant des chevaux lourds.

DESCRIPTION DE LA RACE

Hauteur 1,53 – 1,63 m.

Robe Toutes nuances de gris.

Conformation Tête élégante, profil rectiligne, front large, orbite de l'œil légèrement proéminente, ganaches fortes, arrondies et très espacées, grands yeux intelligents, petites oreilles droites, naseaux ouverts et petite bouche ; souvent une encolure épaisse en col de cygne avec une crinière épaisse ; épaules musclées avec un garrot assez proéminent ; dos large et droit, poitrail large, coffre ; arrière-train musclé avec une queue épaisse assez haut placée ; membres solides avec des muscles très saillants sur les avant-bras et les jambes, canons courts et épais, articulations larges et plates, pas de fanons.

FAITS INTÉRESSANTS

Deux types de boulonnais évoluèrent : une version grande et lourde utilisée dans l'agriculture et l'industrie, et une autre plus petite et légère, adaptée aux travaux de trait plus faciles sur de petites propriétés. Le plus petit était autrefois dénommé *maréeur ou mareyeur* car il servait au transport du poisson entre Boulogne et Paris. De nos jours le petit sert dans l'agriculture, et le gros est plutôt réservé au marché de la viande chevaline.

CI-DESSOUS
Les chevaux boulonnais sont marqués d'une ancre sur le cou, en souvenir de leurs origines maritimes.

Le Trakehner

De tous les chevaux de sang, c'est celui qui ressemble le plus au pur-sang. La reproduction organisée de cet excellent cheval de selle commença en 1732, quand Frédéric-Guillaume Ier de Prusse établit l'Administration royale du Trakehner Stud, en Prusse orientale (aujourd'hui une partie de la Pologne). On utilisa beaucoup de pur-sang et d'arabes pour améliorer les chevaux locaux qui descendaient du schweiken, le petit cheval solide des chevaliers teutoniques qui colonisèrent la région au début du XIIIe siècle. Le schweiken avait une ascendance konik, poney descendant du tarpan primitif.

Vers la fin du XVIIIe siècle, on fit un gros effort pour améliorer le trakehner. Les reproducteurs inférieurs du haras royal furent systématiquement éliminés, d'où un développement rapide du trakehner. Il fut bientôt très demandé, d'abord pour l'attelage, puis comme cheval de remonte.

Renommé pour son élégance et sa résistance, le trakehner prospéra pendant près de deux siècles – jusqu'au bouleversement désastreux de la Seconde Guerre mondiale. La race subit des pertes catastrophiques lorsqu'on tenta désespérément d'évacuer les chevaux avant l'arrivée des troupes russes. Pendant l'automne et l'hiver 1944, on essaya de faire traverser l'Europe à des milliers de trakehners, dont la plupart étaient des juments suitées. Très peu survécurent à ce voyage de 1 450 km. Avant la fuite, le studbook du trakehner comptait plus de 25 000 chevaux. À peine 1 200 arrivèrent à l'Ouest, et beaucoup succombèrent à cause des conditions terribles dans l'Allemagne d'après-guerre.

EN HAUT
Le trakehner est connu pour sa tête raffinée. Les grands yeux et le petit bout du nez effilé augmentent l'impression générale de qualité.

CI-CONTRE
La silhouette élégante du trakehner est surtout due à l'influence pur-sang. Le trakehner a ensuite lui-même servi au développement des chevaux de sang hollandais, danois et suédois.

DESCRIPTION DE LA RACE

Hauteur En moyenne 1,60 – 1,62 m.

Robe Toutes robes simples.

Conformation Tête raffinée avec de grands yeux et un petit bout du nez ; encolure fuselée élégante ; épaules avec une bonne oblique ; corps robuste et de longueur moyenne, coffre ; arrière-main bien arrondie ; membres durs avec des canons courts et excellents, pieds sains.

FAITS INTÉRESSANTS

L'un des plus fameux trakehners est le sauteur Abdullah, un magnifique étalon gris qui concourut pour les États-Unis. Monté par Conrad Homfeld, il gagna la médaille d'or par équipes et la médaille d'argent en individuel aux Jeux olympiques de 1984, et remporta la coupe du monde l'année suivante. Abdullah fut exporté *in utero* vers le Canada et naquit en 1970. Quand il se retira de la compétition, il servit à la reproduction dans de nombreux pays grâce à la congélation de sa semence.

CI-CONTRE
Comme le pur-sang, le trakehner est robuste et résistant. Ces qualités le qualifient pour des sports rudes tels que la course d'attelage.

CI-DESSOUS
L'étalon de saut d'obstacles Abdullah fit une belle démonstration des qualités de la race en remportant la médaille d'or par équipes aux Jeux olympiques de 1984.

EN BAS À GAUCHE
Cette même résistance qui aida la race à survivre pendant la Seconde Guerre mondiale lui est aujourd'hui très utile dans le concours complet.

Chose incroyable, le trakehner ne disparut pas grâce aux efforts dévoués des responsables du stud-book d'origine. Les survivants furent recensés et réenregistrés en Allemagne de l'Ouest ; on reprit les accouplements et la population augmenta à nouveau. Le trakehner reprit sa place dans le monde équestre moderne.

Estimé pour sa bonne conformation, ses belles actions, son tempérament vif et sa résistance, il fait partie aujourd'hui des races les plus appréciées pour la compétition (notamment pour le concours complet) aussi bien que pour l'amélioration d'autres chevaux de sang.

Le Hanovrien

CI-CONTRE
Autrefois élevé comme cheval polyvalent, le hanovrien moderne a été raffiné. C'est aujourd'hui un cheval de sport.

En 1735, Georges II, électeur de Hanovre et roi d'Angleterre, contribua à l'établissement de cette grande race allemande en fondant le haras d'État à Celle. Le but était de fournir les services de bons étalons aux gens du pays, à des prix insignifiants. Les chevaux d'origine étaient des holsteins, principalement de sang andalou et napolitain. Le hanovrien s'améliora suite à l'importation de

DESCRIPTION DE LA RACE

Hauteur 1,53 – 1,62 m.

Robe Toutes robes simples.

Conformation Tête de taille moyenne, nette et expressive, avec de grands yeux pétillants et une bonne ossature zygomatique ; encolure longue et fine ; grandes épaules obliques avec un garrot prononcé ; corps robuste et profond ; arrière-main musclée avec une queue bien attachée ; membres musclés avec de grosses articulations, sabots durs et bien formés.

AU MILIEU
Pur-sang et trakehners furent utilisés dans le développement du hanovrien actuel. Leur influence se remarque dans la beauté de la tête.

CI-CONTRE
Le hanovrien est apprécié pour sa force et sa vitesse, d'où ses nombreux succès en dressage et saut d'obstacles.

FAITS INTÉRESSANTS

Beaucoup de hanovriens sont devenus des sauteurs fameux : Dollar Girl (vainqueur de la coupe du monde 1995 avec Nick Skelton), Top Gun (médaille d'or par équipes aux J.O. de 1992 avec Jan Tops), Walzerkönig (médaille d'or par équipes aux J.O. de 1988 avec Franke Sloothaak), Deister (trois fois champion d'Europe avec Paul Schockemöhle), Tigre (médaille d'or par équipes aux championnats du monde 1978 avec Caroline Bradley), Simona (champion du monde 1974 avec Hartwig Steenken) et Ferdl (médaille d'or par équipes aux J.O. de 1960, monté par le frère de Paul Schockemöhle, Alwin).

chevaux anglais, dont des pur-sang, le but étant d'arriver à un bon cheval polyvalent qui servît pour les champs, la selle, et l'attelage léger.

Comme beaucoup d'autres élevages, le développement du hanovrien fut extrêmement affecté par la guerre. À la fin du XVIIIe siècle le haras avait plus de 100 étalons, mais en 1816, après les guerres napoléoniennes, il n'en restait qu'une petite trentaine. On importa plus de chevaux de l'étranger pour essayer de pallier ces pertes, en particulier des pur-sang. Mais il arriva un moment où la race commença à être trop légère pour le travail qu'on lui demandait, et l'influence pur-sang fut réduite en conséquence.

Si la race voulait survivre après la Seconde Guerre mondiale, le hanovrien devait être adapté à un nouveau style de vie. On fit donc un nouvel apport de sang pur-sang et trakehner pour produire un cheval à sang chaud, adapté aux besoins en chevaux de loisir.

Le hanovrien moderne est plus léger et moins grossier que l'ancien, et il est apprécié pour son tempérament doux et honnête. Comme d'autres chevaux allemands à sang chaud, les étalons trakehner ne reçoivent une licence que s'ils passent l'inspection vétérinaire requise, et après la licence ils doivent passer des tests de performance. Les hanovriens sont parmi les chevaux de sport les plus recherchés du monde, leur force et leurs capacités athlétiques les rendant particulièrement aptes aux concours de dressage et de saut d'obstacles.

CI-CONTRE
Les hanovriens ont la cote pour le saut d'obstacles partout dans le monde. Amadeus Z, élevé en Belgique, concourt ici pour la Hollande aux Jeux équestres mondiaux de 1994.

CI-CONTRE
Le hanovrien excelle aussi au dressage. Il a la puissance, ainsi que l'action énergique et juste que requiert cette discipline exigeante.

Le Holstein

C'est sans doute le plus vieux des allemands à sang chaud. Au XVIIe siècle déjà, les chevaux élevés dans la région étaient très demandés en France, au Danemark et en Italie. Les anciens holsteins avaient du sang allemand, napolitain, espagnol et oriental. Au cours du XIXe siècle ils furent croisés avec des Yorkshire Coach (chevaux d'attelage du Yorkshire), et cette politique eut pour résultat une action élevée du genou, une grande présence et une nature exceptionnellement docile. Les holsteins devinrent de robustes mais beaux chevaux d'attelage, puis des chevaux de remonte.

Le haras de Traventhall, fondé par les Prussiens en 1867 à Schleswig-Holstein, est considéré comme le lieu de naissance du holstein moderne. Aujourd'hui ce haras ne fonctionne plus, et le foyer principal de la race se trouve désormais à Elmshorn.

On utilisa du pur-sang après la Seconde Guerre mondiale pour produire un cheval qui convînt aux nouvelles exigences. Le résultat fut un cheval plus léger avec une action moins « cheval d'attelage » (moins élevée) et avec une meilleure épaule. Bien que les apports de pur-sang aient rendu le holstein beaucoup plus vif, il a néanmoins gardé son

CI-DESSUS
Cette belle tête à l'expression vive et intelligente est typique du holstein.

CI-CONTRE
Le holstein était autrefois élevé comme cheval d'attelage et de remonte. Il fut amélioré par le croisement avec le pur-sang et devint ainsi un animal de meilleure qualité.

À GAUCHE
Le holstein excelle au saut d'obstacles grâce à son caractère intelligent et intrépide.

FAITS INTÉRESSANTS

L'un des plus célèbres holsteins de tous les temps fut le grand hongre bai Meteor, le seul sauteur à avoir gagné trois fois une médaille olympique. Né en 1943, il remporta la médaille de bronze en individuel aux J.O. de 1952, et, quatre ans plus tard, aida l'Allemagne à remporter la médaille d'or par équipes à Stockholm, où par ailleurs il termina quatrième en individuel. À Rome en 1960, il avait 17 ans, il remporta une seconde médaille d'or par équipes et termina sixième en individuel. Monté par Fritz Thiedemann, cavalier extrêmement talentueux, Meteor fut le plus grand ambassadeur de la race holstein. Il mourut en 1966 et fut enterré à Elmshorn, quartier général de la race.

CI-DESSOUS
La race est connue pour son action puissante, qui fait bon effet à l'épreuve de dressage de Grand Prix.

tempérament aimable. Intelligent et robuste, c'est un cheval idéal pour les concours de dressage et de saut d'obstacles à haut niveau. On élève moins de holsteins que d'autres chevaux à sang chaud, et leur zone d'accouplement n'est pas particulièrement grande non plus. Il en résulte forcément moins de variations dans le type général.

CI-DESSOUS
Les holsteins étaient autrefois appréciés pour l'attelage, car ils sont solides et actifs. On en voit toujours dans les épreuves d'attelage à quatre.

DESCRIPTION DE LA RACE

Hauteur Approximativement 1,60 – 1,70 m.

Robe Toutes couleurs permises. Généralement bai aux extrémités noires et bai-brun. Gris assez commun, alezan un peu moins.

Conformation Tête expressive, bien attachée et proportionnée à la taille du cheval, grands yeux intelligents ; encolure légèrement arrondie, longue et musclée ; longues épaules obliques ; dos robuste, poitrail large et profond, reins musclés ; arrière-main forte et musclée, cuisses, grassets et jambes bien musclés ; canons courts et robustes, genoux plats, grands jarrets propres, paturons moyennement longs et pieds durs.

L'Oldenbourg

C'est le plus lourd des chevaux allemands à sang chaud. À l'origine il fut développé comme cheval d'attelage basé sur les anciens frisons. La race tire son nom du principal acteur du développement, le comte Anton Gunther von Oldenburg (1603-1667), qui croisa des étalons italiens et espagnols avec des juments de souche locale. Plus tard, d'autres éleveurs firent des apports de sang pur-sang, bai de Cleveland, hanovrien et normand. Le résultat fut un cheval bien en équilibre, mesurant un bon 1,70 m, et assez lourd. Mais contrairement à la plupart des grands animaux il était de maturation précoce, ce qui le rendit populaire comme cheval de trait.

CI-CONTRE
À l'origine l'oldenbourg était élevé pour l'attelage. C'est le plus lourd des chevaux allemands à sang chaud.

DESCRIPTION DE LA RACE

Hauteur Approximativement 1,60 – 1,70 m.

Robe Généralement bai-brun, noir et bai.

Conformation Tête assez grossière, parfois convexe ; encolure assez longue et très robuste ; épaules musclées et obliques ; corps puissant avec un poitrail profond ; arrière-main robuste avec une queue haut placée ; membres assez courts avec de grosses articulations et une bonne ossature.

CI-CONTRE
Des croisements précis ont aidé à éliminer les caractéristiques du cheval d'attelage, comme les épaules droites et le long dos. Certains oldenbourgs modernes gardent l'action élevée de leurs ancêtres.

CI-CONTRE
Le cavalier allemand Franke Sloothaak en route pour devenir le champion du monde d'obstacles en 1994. Sa monture est la jument oldenbourg Weihaiwej.

Au début du XXe siècle, les chevaux d'attelage cédèrent leur place aux transports motorisés. Les éleveurs furent alors obligés de changer le type de l'oldenbourg, et de se focaliser sur la production d'un cheval de ferme polyvalent.

Plus récemment, une infusion de pur-sang et d'un peu de selle français produisit un cheval beaucoup plus fin que ses ancêtres attelés, un cheval tout à fait apte aux sports montés et attelés.

L'oldenbourg est toujours grand comparé aux autres chevaux de sang, mais ses caractéristiques de cheval d'attelage, l'épaule droite et le dos long par exemple, ont pour la plupart été éliminées. L'action du genou continue cependant à être un peu élevée.

On exporte des oldenbourgs un peu partout, mais ils sont particulièrement appréciés aux États-Unis, en raison notamment de leur polyvalence.

CI-DESSOUS
Du cheval d'attelage au cheval de dressage : le raffinement de la race s'est fait par l'apport de pur-sang et de selle français. L'oldenbourg est devenu un cheval de sport hors pair.

FAITS INTÉRESSANTS

Olympic Bonfire, un hongre oldenbourg né en 1983, remporta le championnat du monde de Dressage Freestyle en Musique en 1994, monté par Anky van Grunsven, la plus grande cavalière hollandaise.

Le Westphalien

Proche parent du hanovrien, le westphalien est élevé dans la région Nordrhein-Westphalen, au nord-ouest de l'Allemagne. Son centre d'élevage principal, Warendorf, est fameux car il est le foyer du hippisme allemand (on y trouve la Fédération nationale). La région a une longue tradition équine. On sait qu'au début du XIXe siècle on permit l'amélioration de la souche locale par la mise à disposition d'étalons de Prusse orientale. Au fil des ans, il y eut différents croisements éloignés avec des oldenbourgs, hanovriens, frisons, anglo-normands et trotteurs, et ce n'est qu'au XXe siècle que les éleveurs se fixèrent sur une seule influence, le hanovrien.

Le westphalien d'aujourd'hui a le même pedigree que le hanovrien, bien qu'en Westphalie même se soient développés plusieurs types importants.

CI-DESSUS
Le westphalien a la beauté aux lignes très pures du hanovrien, avec lequel il a des ancêtres en commun.

DESCRIPTION DE LA RACE

Hauteur 1,53 – 1,62 m.

Robe Toutes robes simples.

Conformation Tête intelligente et yeux assez espacés ; encolure bien conformée ; corps profond et large ; arrière-main puissante, bien que parfois un peu plate.

CI-CONTRE
La conformation est typique du cheval de sport moderne : une encolure allongée, un corps profond et une arrière-main puissante. Ses membres sont souvent plus longs que ceux du hanovrien.

FAITS INTÉRESSANTS

Comme westphaliens fameux nous avons Rembrandt (champion olympique de dressage en 1988 et 1992, monté par Nicole Uphoff-Becker), Ahlerich (champion olympique de dressage en 1984, monté par Reiner Klimke), et Fire (vainqueur des championnats du monde de saut d'obstacles en 1978, monté par Gerd Wiltfang). Rembrandt, l'un des plus beaux représentants de la race, fut le premier cheval dans l'histoire des Jeux olympiques à remporter deux médailles d'or individuelles en dressage. Il fut champion d'Europe en 1989 et remporta aussi le titre individuel aux premiers Jeux équestres mondiaux, à Stockholm, en 1990.

EN HAUT
Two Step est un westphalien devenu fameux en tant que sauteur. Son nom d'origine était Polydektes, fils de Polydor, l'un des plus grands géniteurs de chevaux de sport de cette race.

CI-CONTRE
Ahlerich fut l'un des meilleurs chevaux de dressage du monde. Il couronna une brillante carrière de Grand Prix avec une victoire aux Jeux olympiques de 1984 à Los Angeles.

Le Schleswig

CI-DESSOUS
La tête est assez grossière mais l'expression est aimable.

EN BAS
Le schleswig est généralement alezan.

Ce cheval compact et robuste vient de la région la plus au nord de l'Allemagne, le Schleswig-Holstein. Elle est à la frontière du Danemark, et en fit même partie à différentes époques. Il n'est donc pas surprenant que le schleswig ressemble beaucoup au jutland, le cheval de trait danois auquel il est étroitement apparenté. Le schleswig fut développé pendant la seconde moitié du XIXe siècle pour le trait moyen. Des apports de sang plus léger, dont le Yorkshire Coach et le pur-sang, furent effectués vers la fin du siècle mais sans effet à long terme sur la race. Populaire pour tracter les trams et les bus, ou pour les travaux agricoles et forestiers, la race survécut à la Première Guerre mondiale (sa région natale était alors danoise). La race fut malgré tout sérieusement endommagée en quantité et en qualité.

L'apport ultérieur de sang breton et boulonnais fut un grand succès. Le schleswig reprit des forces et sa population se développa jusqu'après la Seconde Guerre mondiale.

Mais à son tour la mécanisation se fit sentir, et les chiffres rechutèrent dramatiquement.

Certains survivants schleswig furent récemment recroisés avec des jutlands pour agrandir la taille de la race.

DESCRIPTION DE LA RACE

Hauteur 1,52 – 1,60 m.

Robe Généralement alezan, occasionnellement bai ou gris.

Conformation Tête large et assez grossière, mais avec des yeux très doux ; encolure courte et rouée ; corps assez long et fort avec un passage de sangle très profond ; arrière-train bien musclé ; membres courts et solides avec des fanons peu abondants.

FAITS INTÉRESSANTS

Le beau schleswig a souvent des crins lavés. Il est extrêmement robuste et pèse aux alentours de 800 kg.

Le Cheval allemand du Sud

CI-DESSOUS
Le cheval allemand du Sud à sang froid a une grosse tête et une expression docile.

EN BAS
Le cheval allemand du Sud ressemble au norique, mais il est un peu plus petit.

Ce cheval de trait est robuste et agile. Il descend du norique autrichien qui arriva en Bavière à la fin du XIXe siècle. Les éleveurs du nord de la Bavière croisèrent la souche locale avec des holsteins et des oldenbourgs dans un but d'amélioration, alors que ceux du sud de la Bavière expérimentèrent plusieurs accouplements éloignés allant de l'oldenbourg et du bai de Cleveland au clydesdale et au brabant. Mais en fin de compte les éleveurs allemands se fixèrent de nouveau sur le sang norique.

Son nom d'origine est Pinzgauer Noriker, car cette lignée particulière de cheval de trait autrichien venait d'une région qui portait ce nom, près de Salzbourg.

La version allemande de la race fut dénommée « cheval allemand du Sud à sang froid », et est aujourd'hui élevée essentiellement en Bavière et dans le Bade-Wurtemberg. Quoiqu'un peu plus petit, ce cheval ressemble toujours au norique. Il a de belles proportions et un tempérament calme et docile. On peut le voir dans des parades et des concours, et parfois même dans les champs.

FAITS INTÉRESSANTS

Le cheval allemand du Sud à sang froid est une attraction populaire dans les concours. Utilisé pour la voltige, il participe aussi à des courses – il est évident qu'il aime cela !

DESCRIPTION DE LA RACE

Hauteur Environ 1,53 m.

Robe Bai-brun, bai et alezan.

Conformation Tête assez grosse avec un œil doux ; encolure courte et robuste ; épaules puissantes ; dos fort avec un passage de sangle très profond ; bons membres avec des fanons peu abondants.

Le Bai de Cleveland

On élevait déjà cette race de chevaux bais au Moyen Âge, dans le nord-est de l'Angleterre. C'était le moyen de locomotion préféré des vendeurs itinérants, les *chapmen* ; il fut donc dénommé Chapman Horse. Les éleveurs du XVIIe siècle le croisèrent avec quelques-uns des étalons andalous et barbes qui avaient été importés. Ils produisirent un bon cheval d'attelage, renommé pour ses allures actives et sa grande vigueur. On l'appela bai de Cleveland d'après sa région d'élevage principale.

L'amélioration ultérieure des routes fit naître le besoin d'un cheval d'attelage plus rapide. On lui fit donc un apport de pur-sang en accouplant des juments Cleveland avec un étalon demi-sang. Cette version plus légère et rapide du bai de Cleveland fut appelée Yorkshire Coach Horse. Il eut sa propre société d'élevage en 1886, ainsi qu'un registre généalogique. Malheureusement l'arrivée des transports motorisés annonça la mort des chevaux d'attelage, et le Yorkshire n'y échappa pas. Son registre généalogique fut fermé en 1936, date à

CI-DESSUS
Le bai de Cleveland descend d'une race de chevaux bais élevés dans le nord-ouest de l'Angleterre depuis le Moyen Âge.

CI-CONTRE
Beau cheval à l'équilibre naturel, le bai de Cleveland produit d'excellents chevaux de chasse lorsqu'il est croisé avec du pur-sang.

À GAUCHE ET CI-CONTRE
Ces bais de Cleveland dans les Écuries royales de Londres témoignent de l'intérêt de la reine Élisabeth II pour la préservation de cette race historique.

laquelle la race avait pratiquement disparu. Fort heureusement quelques bais de Cleveland survécurent, et croisés avec du pur-sang ils produisirent de grands chevaux de chasse avec un bon équilibre naturel, et d'excellents chevaux d'attelage.

Le bai de Cleveland a une belle action droite et allongée (l'action élevée n'est pas caractéristique de cette race), des épaules qui bougent librement et des foulées amples. Croisé avec le pur-sang, le bai de Cleveland produisit de bons chevaux de chasse et d'attelage, mais aussi des sauteurs hors pair.

DESCRIPTION DE LA RACE

Hauteur 1,60 – 1,62 m, mais la hauteur ne détermine pas la qualité du cheval.

Robe Bai avec les extrémités noires.

Conformation Jolie tête pas trop petite, grands yeux aimables bien placés et longues oreilles fines ; encolure longue et mince ; épaules obliques, profondes et musclées, corps profond et large, avec des reins musclés, une arrière-main puissante et une queue bien attachée ; membres propres, avant-bras, cuisses et jambes musclés ; pieds sains.

FAITS INTÉRESSANTS

Le bai de Cleveland doit principalement sa survie à la reine Élisabeth II. Elle acheta en effet un poulain mâle entier appelé Mulgrave Supreme, qui devait être envoyé aux États-Unis. Il fut entraîné à la selle et au harnais, puis mis à la disposition des éleveurs de bais de Cleveland pur-sang ou demi-sang, dans toute l'Angleterre. Cet exercice de promotion réussi fit renaître l'enthousiasme au sein des éleveurs. Le duc Philip d'Édimbourg améliora encore l'image de cette race en conduisant des attelages de bais de Cleveland à un niveau international.

CI-CONTRE
Pendant de nombreuses années, S. A. R. le duc d'Édimbourg conduisit des attelages de bais de Cleveland lors de concours complets internationaux. Ils ont une très belle action ample qui fonctionne aussi bien sous la selle qu'en harnais.

Le Hackney

Ce cheval anglais à l'action relevée est estimé dans le monde entier pour l'attelage. Le hackney naquit fin XVIIe – début XVIIIe siècle. Il descend des fameux trotteurs anglais de l'époque, le Yorkshire Trotter et le Norfolk Roadster.

Ces chevaux avaient un ancêtre commun, le cheval appelé l'Original Shales, né en 1755 du pur-sang Blaze et d'une jument dite « haquenée ». Blaze était de Flying Childers, unanimement reconnu comme le premier grand cheval de course. Blaze et sa progéniture, en particulier ses deux « fils » Driver et Scot Shales, eurent une influence considérable sur le développement des trotteurs dans l'est de l'Angleterre.

Malgré cette ascendance commune, les chevaux élevés dans le Yorkshire et le Norfolk développèrent des caractéristiques différentes : ceux du Yorkshire étaient en effet de meilleure qualité que ceux du Norfolk, d'apparence plus « cob ». Ces distinctions régionales disparurent par la suite.

DESCRIPTION DE LA RACE

Hauteur Le poney ne dépasse pas 1,40 m. Le cheval 1,50 – 1,53 m.

Robe Généralement bai-brun foncé, noir, bai ou alezan.

Conformation Petite tête convexe avec un petit bout du nez, de grands yeux et de petites oreilles ; encolure assez longue et bien formée ; épaules puissantes et garrot assez effacé ; corps compact, poitrail très profond ; membres courts avec des jarrets bien descendus et des pieds bien formés.

FAITS INTÉRESSANTS

On n'est pas sûr de l'étymologie du mot *hackney*. Il pourrait venir du mot français *haquenée*, « jument ou cheval qui va l'amble, monture des dames », et est peut-être apparenté au vieil espagnol et portugais *facanea* et à l'espagnol *hacanea*. Le mot fut latinisé au XIVe siècle en Angleterre, et devint *hakeneius*.

▮ CI-CONTRE
Les hackneys sont fameux dans tous les manèges de concours du monde. Ils sont ici conduits dans une combinaison inhabituelle de trois chevaux, l'« attelage en arbalète ».

Le poney hackney fut développé pendant la seconde moitié du XVIIIe siècle, mais le terme « poney hackney » était autrefois utilisé pour désigner de petits chevaux hackney demi-sang. Christopher Wyndham Wilson fut le grand responsable du développement du véritable poney hackney. Cet homme remarquable et très entreprenant était éleveur de Westmorland, et avait entre autres inventé le silo à fourrage pour l'hiver. Il croisa différentes races de juments poneys (en particulier des fells) avec un beau cheval hackney appelé Sir George. Né en 1866, il mesurait moins de 1,40 m. Une politique d'accouplements consanguins avec le puissant Sir George lui permit d'atteindre son but, celui de développer un hackney avec les caractéristiques d'un véritable poney.

En temps voulu, d'autres éleveurs suivirent son exemple. La taille limite recommandée par la « Hackney Horse Society » était de 1,45 m à l'origine, mais fut ensuite baissée à 1,40 m. L'action élevée qui a fait la gloire du hackney ne fut développée que dans la seconde moitié du XIXe siècle, car à cette période il était de bon ton d'avoir des chevaux élégants et tape-à-l'œil. Elle est en partie héréditaire et en partie enseignée, mais peut être améliorée avec de l'entraînement.

▮ CI-CONTRE
Concourant dans la classe des attelages individuels, ce hackney est attelé à un véhicule léger à pneus.

▮ PAGE DE GAUCHE, EN BAS
Le hackney a un corps compact, des épaules puissantes et un poitrail profond. Les membres sont robustes et les pieds toujours bien formés.

Le Shire

Le plus beau des chevaux lourds anglais descend du great horse, un cheval de guerre médiéval qui fut dénommé english black un peu plus tard. C'est le produit du croisement entre des juments de souche locale et des chevaux des Flandres et des Frisons importés. Le but avait été de produire un cheval de remonte, puis un cheval de trait. Oliver Cromwell aurait été le premier à parler de « blacks », sans doute pour décrire les Frisons qui avaient tous une robe noire.

L'english black fut principalement élevé dans les Fens (les plaines de l'Est)

DESCRIPTION DE LA RACE

Hauteur Étalons 1,62 – 1,72 m. Juments 1,60 – 1,70 m.

Robe Noir, bai-brun, bai ou gris.

Conformation Tête mince, large au front, bout du nez légèrement busqué, grands yeux proéminents avec une expression docile, oreilles longues, pointues et sensibles ; encolure assez longue et légèrement arrondie ; épaules profondes, obliques, et assez larges pour supporter un collier ; dos court, robuste et musclé, poitrail large et gros arrière-train musclé ; membres durs et propres avec une ossature de 28 à 30 cm, gros jarrets plats et profonds, placés selon l'angle correct pour fournir une grande puissance de levier ; fanons fins, droits et soyeux ; pieds solides avec des parois épaisses et des couronnes ouvertes.

EN HAUT
Le bout du nez busqué, les longues oreilles pointues, les grands yeux et l'expression docile du shire sont caractéristiques de cet archétype du « gentil géant ».

CI-CONTRE
Le shire est un animal magnifique. Il descend du great horse, un cheval de guerre du Moyen Âge, et pèse plus d'une tonne.

À DROITE
Il n'y a rien de plus merveilleux qu'un attelage de vingt shires, comme on en rencontre parfois dans les concours équestres anglais. C'est une grande démonstration des qualités de trait de cette race.

CI-DESSOUS
Un poulain somnole au soleil. Il y a moins de shires qu'autrefois, mais cette race a tellement d'amateurs que son avenir est assuré.

FAITS INTÉRESSANTS

L'un des premiers étalons shire en haras fut Packington Blind Horse, nommé d'après le village de Packington où il vécut de 1755 à 1770. Ce cheval et les chevaux qu'il engendra eurent une grande influence sur la formation de la race.

et le Midland (les comtés du centre de l'Angleterre) : le Leicestershire, le Lincolnshire, le Derbyshire et le Staffordshire qui a donné son nom à la race. À l'origine, cette race montrait des variantes régionales, car les chevaux des plaines étaient souvent plus grands, plus gros et un peu plus grossiers que ceux des « shires ». Ceux du Derbyshire et du Leicestershire étaient généralement noirs, et ceux du Staffordshire souvent bai-brun.

L'élevage de ces chevaux ne fut formalisé qu'à la fin du XIXe siècle, après la parution de son premier stud-book. En 1878 fut créée une société d'élevage, la « Old English Cart Horse Society », qui changea de nom en 1884 pour devenir la « Shire Horse Society ». La race est appelée « shire » depuis lors.

Après cela, le shire avança à pas de géant, participant avec succès aux plus grands concours agricoles de l'époque, et attirant l'intérêt des acheteurs étrangers. On en exporta bientôt en Amérique du Nord et du Sud, en Russie et en Australie. Et ils devinrent indispensables dans la vie quotidienne britannique.

On voyait ces gentils géants, robustes, vigoureux, sains et aimables, en train de labourer la terre, de traîner des troncs d'arbres, de tirer des charrettes, des wagons, des camions de brasseurs et de charbon. Bien que la mécanisation ait fait son lot habituel de victimes, les années soixante virent « renaître » le shire : on peut de nouveau voir ce cheval merveilleux dans les concours, dans les labours ou même en ville, attelé à des camions de brasseurs.

CI-DESSUS ET CI-CONTRE
On a parfois le plaisir de voir des shires attelés à des camions de brasseurs dans les concours équestres ou agricoles britanniques. Ils sont encore utilisés en ville sur de courtes distances, car ils sont plus économiques que les transports motorisés.

Le Suffolk

Le plus ancien cheval de trait anglais tire son nom du comté où il est élevé depuis le XVIe siècle. On ne sait pas grand-chose de ses origines, mais on faisait déjà allusion à un certain type de suffolk en 1506. Ce cheval fut développé pour la ferme. Ses épaules puissantes et ses membres propres en faisaient le cheval idéal pour le labour des sols argileux et très lourds de la région.

La race est unique parce que tous les suffolks descendent d'un seul étalon, Crisp's Horse of Ufford, né en 1760. Leur pureté se manifeste dans la couleur de la robe, toujours alezane. Outre la robe, on ne peut pas se tromper sur l'apparence du suffolk car son corps est très gros et ses membres plutôt courts.

À GAUCHE
Cette jument a le front large et les grands yeux intelligents caractéristiques de la race. Tous les suffolks sont alezans.

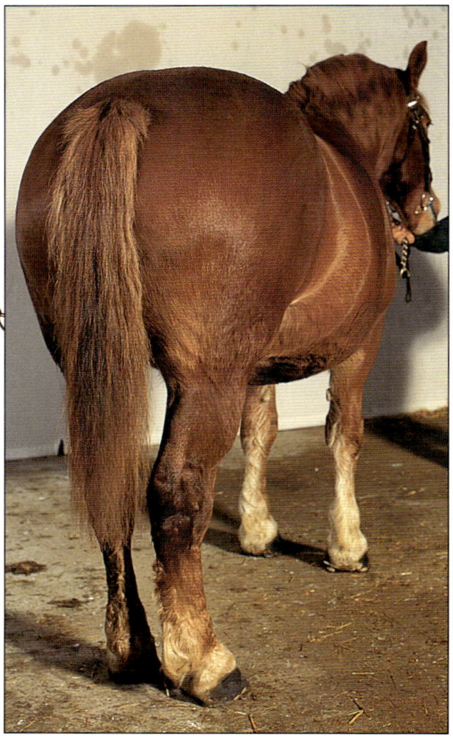

À DROITE
Les antérieurs sont bien écartés, mais les postérieurs sont très rapprochés. Cette conformation permet au cheval de ne pas abîmer les récoltes pendant qu'il travaille.

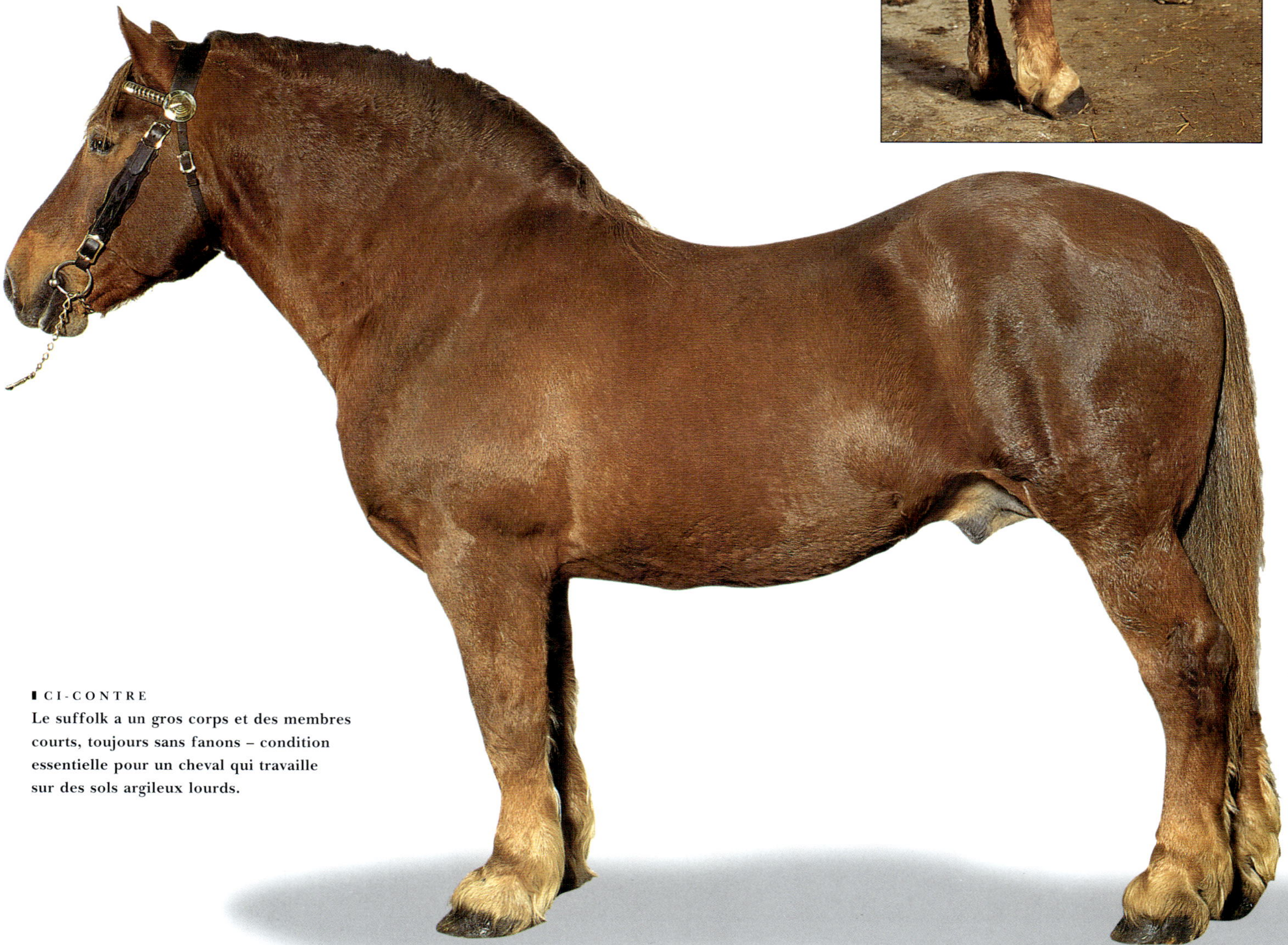

CI-CONTRE
Le suffolk a un gros corps et des membres courts, toujours sans fanons – condition essentielle pour un cheval qui travaille sur des sols argileux lourds.

DESCRIPTION DE LA RACE

Hauteur 1,60 – 1,63 m.

Robe Toujours alezan, avec plusieurs nuances, du crème pâle au très foncé, presque bai-brun. La plus commune est une forte nuance rousse. Il peut y avoir un peu de blanc sur la tête, et les crins sont parfois plus pâles.

Conformation Tête assez grosse et large au front ; encolure profonde et fuselée ; épaules longues et musclées ; corps profond et bien arrondi avec un arrière-train robuste et une queue bien attachée ; membres droits et assez courts avec une bonne ossature, des paturons bas et pas de fanons ; pieds de taille moyenne, durs et sains.

FAITS INTÉRESSANTS

Au début du siècle, un fermier eut l'idée de comparer les besoins alimentaires de vingt-quatre chevaux métis et de vingt-cinq suffolks sur la même période de temps. Les chevaux mangèrent tous la même quantité de fourrage (foin, betterave fourragère et paille hachée) mais les métis mangèrent beaucoup plus de maïs : 34 kg chacun par semaine, augmentant de 6,5-9,5 kg par semaine à mesure de leur croissance, alors que les suffolks (même les plus âgés) restèrent en bonne santé avec 22,7 kg par semaine.

Malgré sa taille, c'est un cheval très économique, car il subsiste et travaille sur des rations assez maigres. De maturité précoce, on peut lui faire faire du travail léger dès l'âge de deux ans, et le mettre véritablement au travail à trois ans.

Son tempérament extrêmement docile, sa bonne santé et sa longévité sont légendaires : on voit couramment des chevaux travailler et des juments pouliner à près de vingt ans, et ils vivent souvent trente ans ou presque.

Les qualités remarquables de ce cheval en firent l'un des chevaux de trait les plus populaires de tous les temps.

Certains suffolks partirent aux États-Unis, d'autres furent même exportés vers l'Australie, l'Afrique, la Russie et le Pakistan (où ils produisirent des chevaux pour l'armée).

Comme le shire, le suffolk survécut à la mécanisation ; on en voit encore dans les labours, ou attelés à des camions de brasseurs ou encore dans les concours de l'est de l'Angleterre.

EN HAUT
Une paire de suffolks d'aujourd'hui tirant un véhicule d'antan.

CI-CONTRE
On peut toujours voir des suffolks dans leur travail traditionnel de labour. La race a une maturité précoce, une bonne santé, elle est économique et elle vit longtemps, bref elle a tous les attributs nécessaires aux races de trait d'avant la mécanisation.

Le Clydesdale

PAGE DE DROITE
Les allures vives et amples du clydesdale en font un cheval parfait pour l'agriculture et le trait lourd.

Cette race de chevaux lourds provient d'une région écossaise traversée par le fleuve Clyde, d'où son nom. Le clydesdale actuel se développa après les autres races lourdes britanniques. Pendant la seconde moitié du XVIIIe siècle, on améliora la souche locale (qui descendait d'animaux de bât) en la croisant avec des étalons importés des Flandres.

Avant cela un éleveur, du nom de Paterson of Lochlyoch, avait déjà commencé à produire des chevaux qui ressemblaient apparemment beaucoup au clydesdale moderne, en tout cas au niveau de la robe. Beaucoup de clydesdales sont de l'étalon Glancer, dont la mère, Lampit's Mare, serait une descendante des chevaux de Lochlyoch.

DESCRIPTION DE LA RACE

Hauteur Étalons 1,71 – 1,80 m. Juments 1,63 – 1,72 m.

Robe Bai, bai-brun ou noir. Alezan rare. Souvent beaucoup de blanc sur la tête et les membres mais qui peut remonter jusqu'au corps (sortes d'éclats sous le ventre).

Conformation Tête forte, intelligente et large au front, bout du nez large, grands naseaux ouverts, œil clair et vif, grandes oreilles ; longue encolure en col de cygne ; épaules obliques et garrot saillant ; dos court, coffre, arrière-train musclé ; membres droits avec des antérieurs placés bien à la verticale des épaules, longs paturons et longs fanons fins ; pieds ronds et ouverts.

CI-DESSUS
Le clydesdale a de grands yeux aimables et de grandes oreilles qui lui confèrent toute sa douceur et sa sensibilité. Contrairement au shire, il n'a jamais le nez busqué.

CI-CONTRE
Le clydesdale est un proche parent du shire, mais il a des caractéristiques propres ; il a par exemple une abondance de blanc sur les membres, qui s'étend parfois jusqu'au bas du corps.

▮ CI-DESSOUS
Ce magnifique clydesdale est revêtu d'un harnais de décoration écossais.

FAITS INTÉRESSANTS

L'un des étalons qui influença le plus le développement du clydesdale était un bai-brun foncé dénommé Prince of Wales. Né dans le Ayrshire en 1866, de sangs anglais et écossais, il avait une action incroyable. Son prix de saillie était de 40 livres sterling (environ 400 F actuels). Ce n'était pas une petite somme pour l'époque mais elle valait la peine d'être payée car certains de ses jeunes rejetons furent estimés pas moins de 2 000 ou 3 000 livres (environ 20 000 F à 30 000 F actuels) !

Lawrence Drew et David Riddell, les deux plus grands éleveurs de clydesdales de la seconde moitié du XIXe siècle, croisèrent régulièrement le clydesdale et le shire, convaincus que les deux races avaient des origines communes.

La « Clydesdale Horse Society » fut créée en 1877 et son premier stud-book sortit l'année suivante. L'intérêt pour la race avait alors touché d'autres pays, et on exporta bientôt des clydesdales en Amérique du Nord (beaucoup !), en Australie, en Amérique du Sud et en Russie.

La gentillesse, l'élégance et la grande vivacité du clydesdale furent sans doute à l'origine de sa renommée mondiale. Voici comment sa société d'élevage décrit son action : ceux qui marchent derrière lui devraient voir l'intérieur de chaque sabot. Le clydesdale est un cheval extrêmement sain, dont les membres et les pieds ont toujours reçu une attention particulière.

▮ CI-CONTRE
Les États-Unis importèrent beaucoup de clydesdales pour leurs travaux agricoles. Leurs descendants sont toujours présents, mais avec des rôles différents. Cet attelage, par exemple, sert à tracter les barrières de départ du champ de courses à Santa Anita.

Le Furioso

La Hongrie a une solide réputation dans l'élevage des chevaux et la production de bons cavaliers. Le fameux haras de Mezöhegyes, fondé en 1784 par l'empereur Joseph II, devint très vite l'un des plus grands centres d'élevage en Europe. L'une des grandes races qu'il produisit fut le furioso, issu du croisement entre étalons pur-sang et juments hongroises. Deux étalons surtout eurent de l'influence : un pur-sang dénommé Furioso, que Mezöhegyes avait acquis en 1841 et qui donna son nom à la race, et un autre cheval anglais, North Star, qui avait été importé pendant les années 1850. Grâce à ces deux lignées, Mezöhegyes commença à produire de bons chevaux d'attelage et de bons chevaux de selle lourds.

Ces deux lignées furent séparées l'une de l'autre pendant un temps, car North Star s'avéra être un excellent producteur de chevaux de courses d'attelage. De Waxy, vainqueur du Derby de 1793 (et petit-fils du grand Éclipse !), il aurait hérité du sang Norfolk Roadster ; cela expliquerait les victoires de sa progéniture en attelage. Les lignées North Star et Furioso furent mixées à la fin du XIXe siècle, après quoi le furioso devint la force dominante.

DESCRIPTION DE LA RACE

Hauteur Environ 1,60 m.

Robe Toutes robes simples.

Conformation Belle tête (pur-sang) ; épaules avec une bonne oblique ; dos robuste ; pieds et membres solides.

FAITS INTÉRESSANTS

Les csikos, gardiens de chevaux hongrois, sont mondialement connus pour leurs talents de voltigeurs. Leurs spectacles époustouflants sont souvent effectués avec des furiosos.

CI-CONTRE
On élève traditionnellement de grands troupeaux de chevaux dans les prairies hongroises, dont des furiosos.

EN HAUT
Le furioso actuel est un bon cheval polyvalent, légèrement plus massif que ses ancêtres pur-sang.

Le Nonius

Ce cheval, un peu plus lourd que le furioso, a lui aussi évolué dans le haras de Mezöhegyes. L'étalon fondateur de la race était un anglo-normand dénommé Nonius Senior. Né en 1810, il fut capturé en France en 1814 par les Autrichiens, et installé à Mezöhegyes en 1816. Nonius serait d'un étalon anglais demi-sang et d'une jument normande, et aurait du sang Norfolk Roadster. Au dire de tout le monde, ce cheval n'était ni joli ni particulièrement bien conformé, mais il fut par contre un excellent reproducteur pendant ses seize années de haras.

Accouplé avec des juments de races différentes, arabe, lipizzan, espagnol, turkmène et même hongrois, il produisit des chevaux de bonne qualité. Les plus beaux d'entre eux furent de nouveau accouplés avec lui. C'est ainsi qu'émergea un type particulier, le nonius.

Pendant les années 1860, des apports pur-sang firent naître deux types de nonius différents : un gros cheval adapté aux petits travaux agricoles et à l'attelage, et un cheval de selle, plus petit et plus fin. Un peu plus tard, comme on eut de moins en moins besoin de chevaux de ferme, le gros nonius fut utilisé principalement pour l'attelage ; c'est une discipline dans laquelle les hommes de chevaux hongrois excellent depuis bien longtemps.

DESCRIPTION DE LA RACE

Hauteur Le gros 1,53 – 1,62 m.
Le petit 1,43 – 1,53 m.

Robe Généralement bai. Quelquefois noir, bai-brun et alezan.

Conformation Tête jolie et honnête ; épaules obliques ; dos large et fort ; arrière-train robuste ; membres sains.

CI-DESSOUS
La tête manque de raffinement mais reflète le tempérament aimable et docile de la race.

CI-DESSOUS
Le nonius a du sang pur-sang, normand et Norfolk Roadster, dans les veines. Les grands spécimens d'aujourd'hui sont de bons chevaux de selle et d'attelage.

FAITS INTÉRESSANTS

On utilise deux types distincts de harnais en attelage. Ces nonius portent des harnais à bricole ; mais pour tirer de lourdes charges ils porteront des colliers qui leur permettront d'utiliser toute la puissance de leurs épaules.

Le Demi-sang hongrois

Dans les années soixante, les Hongrois firent honneur à leur longue tradition équine en commençant à produire des chevaux de sport et de loisirs. Ils importèrent des hanovriens et des holsteins pour les croiser avec leurs furiosos et leurs gidrans, afin de développer un cheval adapté aux exigences modernes. Le gidran n'est autre qu'un anglo-arabe hongrois, et il remonte à un étalon arabe dénommé Gidran Senior (importé en Hongrie en 1816). Gidran II, de Gidran Senior et d'une jument espagnole, devint l'étalon fondateur du type qui porte son nom.

DESCRIPTION DE LA RACE

Hauteur 1,53 – 1,60 m.

Robe Toutes robes simples.

Conformation Variable, mais en général bien proportionné avec de bonnes épaules obliques et une arrière-main robuste.

EN HAUT
Intelligent et vif, le demi-sang hongrois a du sang arabe, pur-sang, hanovrien, holstein et hongrois dans les veines.

CI-CONTRE
La race fut développée pour répondre au besoin de chevaux de sport modernes. Une bonne conformation globale, de bons membres et des pieds solides sont donc essentiels.

FAITS INTÉRESSANTS

Le demi-sang hongrois a bon caractère ; on peut donc l'entraîner pour différentes activités... dont la voltige !

CI-CONTRE
Vitesse, vigueur et foulées amples font du demi-sang hongrois le partenaire idéal en concours complet de trois jours.

CI-DESSOUS
Les demi-sang hongrois ont remporté leurs plus grandes victoires dans la discipline éreintante de l'attelage à quatre. Ils ont d'ailleurs été exportés vers de nombreux pays pour les besoins de ce sport.

Au début, les éleveurs utilisèrent toutes sortes de juments, mais plus tard ils ajoutèrent des apports de sang pur-sang et de sang arabe. Cette politique d'élevage produisit un bon cheval au galop rapide, développé dans les principaux haras hongrois : Mezöhegyes ; Kisber, d'après le cheval hongrois qui remporta le British Derby en 1876 ; Kecskemet, fameux pour ses chevaux d'attelage métis basés sur des apports de lipizzan et de trotteur.

Les demi-sang hongrois ont remporté de grandes compétitions internationales d'attelages à quatre, menés par les brillants et habiles Hongrois, mais aussi par les conducteurs d'autres pays dont la Suisse et la Grande-Bretagne.

Le Shagya arabe

Cette lignée arabe élevée en Hongrie descend d'un étalon du même nom. Shagya était un cheval syrien, né en 1830 et importé six ans plus tard au haras hongrois de Babolna. Il fut utilisé pour couvrir de bonnes juments métis (sang hongrois, pur-sang, espagnol et même arabe) dont l'apparence était malgré tout très « orientale ». Le haras de Babolna eut une politique d'accouplements consanguins qui produisit un type particulier de cheval arabe. Le shagya est plus grand et manifestement plus gros que les autres arabes (Shagya lui-même dépassait la norme des arabes car il mesurait plus de 1,55 m). Il a cependant

CI-DESSUS À GAUCHE
Les yeux espacés, le bout du nez fin et les grands naseaux ouverts sont typiques du shagya.

CI-CONTRE
Le shagya est généralement plus grand que le pur-sang arabe, bien que la ligne d'ensemble soit à peu près la même.

toutes les caractéristiques du pur-sang arabe, la ligne d'ensemble, une très belle tête concave, de grands yeux, un dos court et une queue haut placée.

Combinant force et élégance, le shagya fut produit pour devenir un cheval de selle, et fut particulièrement apprécié par la cavalerie avant la mécanisation. Aujourd'hui il est élevé pour l'équitation de loisirs et est exporté vers de nombreux pays.

CI-DESSUS
Juments et poulains au haras hongrois de Babolna, foyer des shagyas arabes. Babolna fut fondé il y a plus de deux cents ans sur ordonnance royale.

CI-DESSOUS
La race a généralement une robe grise, mais on trouve aussi les autres couleurs de l'arabe. Les shagyas arabes sont souvent plus grands que leurs parents pur-sang.

FAITS INTÉRESSANTS

Fondé en 1789 par l'empereur Joseph II, le haras de Babolna est le foyer du shagya arabe. La Hongrie a l'une des plus anciennes traditions équines du monde. Son premier stud-book fut fondé par le prince Arpad (mort en 907), et remonte donc à plus de mille ans. L'élevage déclina sérieusement au cours du XVIIIe siècle, mais Joseph II décida d'y remédier. Il fonda l'Université vétérinaire de Budapest, ordonna la construction du fameux haras de Mezöhegyes en 1785, et plus tard celui de Babolna. Tout ceci mena à un âge d'or du cheval hongrois au XIXe siècle.

DESCRIPTION DE LA RACE

Hauteur 1,40 – 1,50 m.

Robe Généralement gris, mais on trouve toutes les autres couleurs de l'arabe.

Conformation Tête raffinée avec un profil concave, un bout du nez fin et de grands yeux ; encolure en col de cygne très élégante ; épaules obliques ; dos court et légèrement concave, reins robustes, croupe à niveau et queue haut placée ; membres solides et pieds particulièrement bien formés.

L'Islandais

▌CI-DESSOUS
La crinière et le toupet sont très épais. Ils offrent une bonne protection contre les hivers très rigoureux de ce pays nordique.

▌EN BAS
Le cheval islandais est parfaitement adapté à son environnement difficile : il est fort et compact, il a des membres courts et solides, ses pieds sont extrêmement durs et sains.

C'est sans doute la race la plus pure qui soit. Des colons norvégiens et britanniques, débarqués au IXe siècle, amenèrent avec eux les ancêtres de ce petit cheval, qui s'adaptèrent sans difficulté au climat rigoureux de l'île. Plus tard on importa des chevaux orientaux ; mais ils eurent une influence tellement désastreuse sur la souche d'origine qu'en l'an 930 l'Althing (parlement) promulgua une loi interdisant l'importation de nouveaux chevaux. Elle a sans doute été violée de temps à autre, mais en principe il n'y a eu aucune infusion de sang étranger dans ces derniers huit cents ans. Le cheval islandais actuel est donc pratiquement le même que celui du temps des Vikings.

Ce petit animal extrêmement résistant ne mesure pas plus de 1,35 m, mais les Islandais le considèrent comme un cheval, pas comme un poney. Son pied est très sûr et c'est un excellent nageur, car l'Islande n'eut aucun pont sur ses nombreux fleuves jusqu'au début du XXe siècle. Il porte un homme rapidement, facilement et en toute sécurité sur les terrains montagneux, en particulier lors du grand rassemblement des moutons à l'automne.

Les chevaux islandais sont connus pour avoir un sens aigu de l'orientation

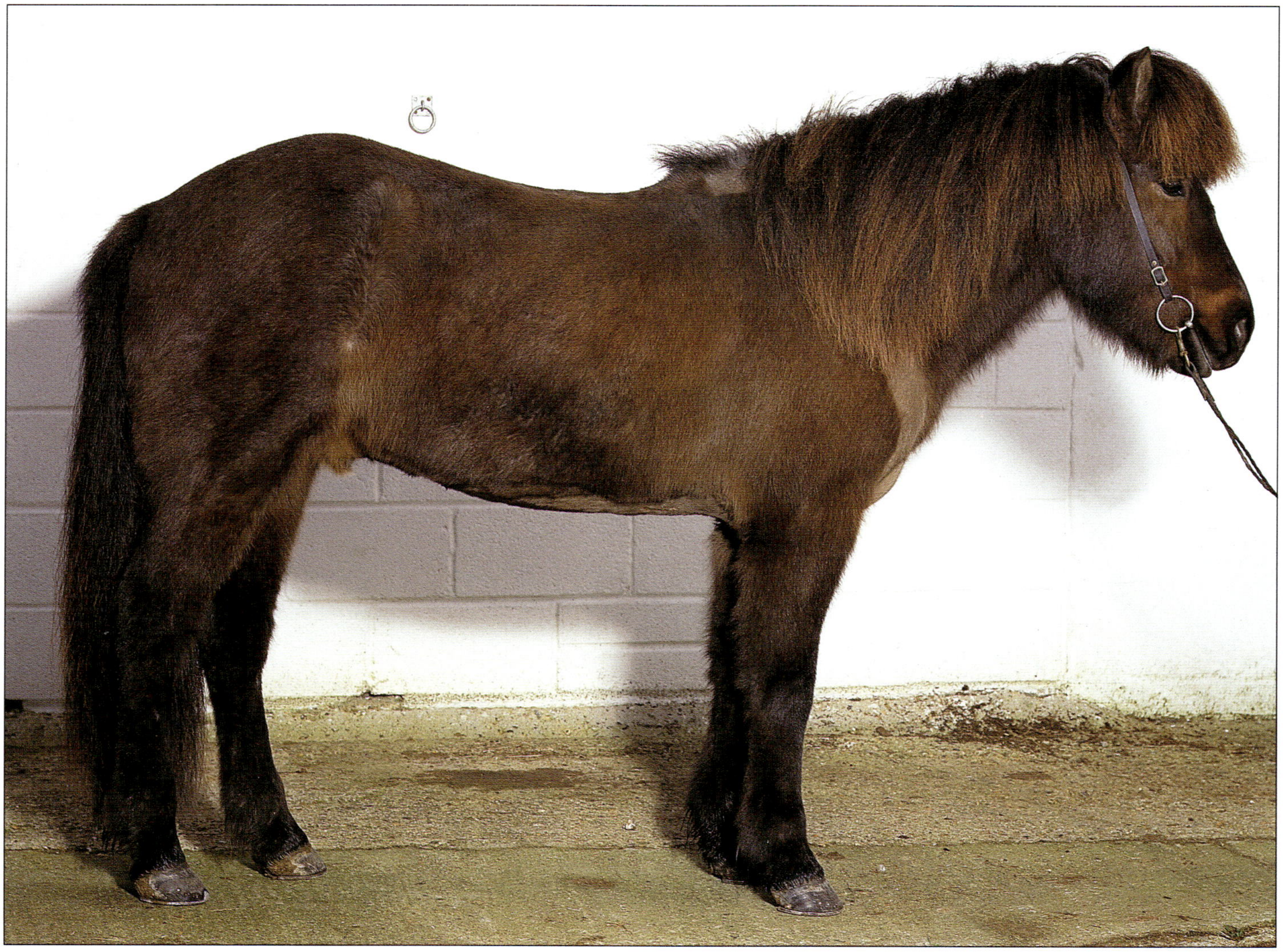

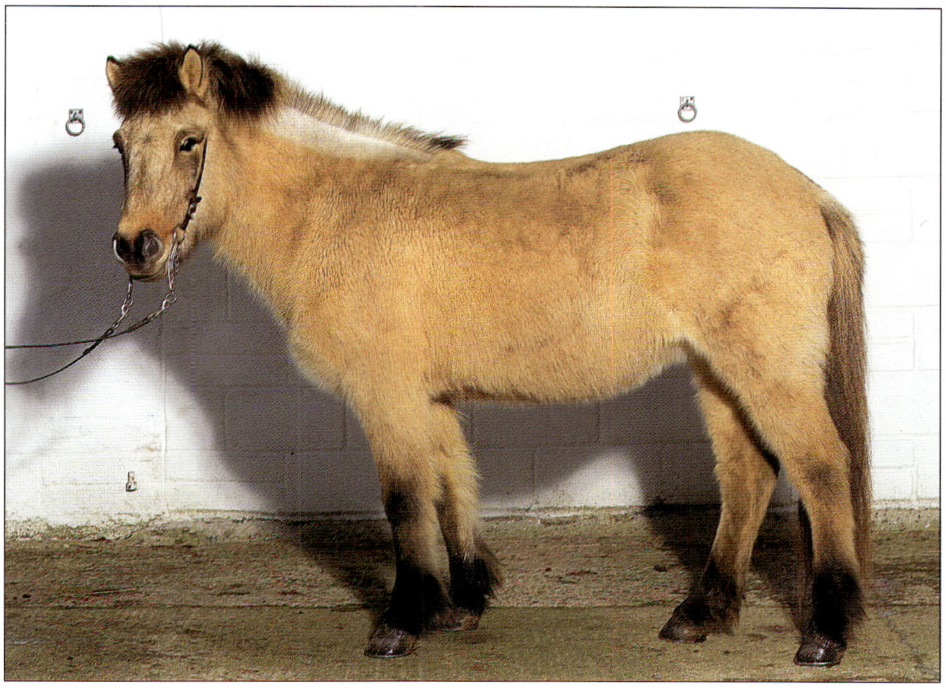

CI-CONTRE
Les islandais ont très peu changé depuis le temps des Vikings. On trouve toutes sortes de robes dont l'isabelle, le palomino, le pie et le pie noir.

DESCRIPTION DE LA RACE

Hauteur 1,23 – 1,32 m.

Robe Toutes.

Conformation Tête assez lourde ; encolure courte bien attachée ; corps compact avec un dos court et un passage de sangle très profond ; arrière-main forte, très musclée, inclinée et en forme de coin, ; membres solides avec des canons courts et des jarrets forts ; pieds solides et bien formés.

et un instinct de ralliement extraordinaire. À la fin du rassemblement annuel, les fermiers parquent et trient les moutons. Les chevaux sont alors relâchés et rentrent souvent tout seuls à l'écurie, dans la vallée. On raconte beaucoup d'histoires de chevaux qui auraient été vendus et emportés de l'autre côté du pays, mais qui se seraient ensuite enfuis et seraient rentrés « chez eux » après un périple de plusieurs semaines.

Bien que les reproducteurs aient parfois été sélectionnés à un niveau local, l'Islande n'entreprit de véritable programme d'accouplement qu'à partir de 1879. Il fut démarré à Skagafjördur, première région d'élevage équin en Islande. La morphologie du cheval est naturellement prise en compte, mais on s'attache avant tout à la qualité de ses allures. Ce sont le *fetgangur* (pas), le *brökk* (trot utilisé pour traverser les terrains accidentés), le *stökk* (galop), le *skeid* (allure latérale utilisée pour couvrir de petites distances à grande vitesse) et le *tölt* (un pas couru utilisé pour traverser les terrains accidentés).

FAITS INTÉRESSANTS

Autrefois les combats de chevaux étaient très populaires en Islande. Jouant sur l'instinct naturel des étalons qui s'affrontent pour une jument, les Islandais plaçaient deux étalons spécialement entraînés l'un en face de l'autre et utilisaient des aiguillons pour les pousser à l'action. C'était tellement dangereux que ceux qui les manipulaient étaient souvent blessés ou tués.

CI-DESSOUS
La race est minuscule mais néanmoins extrêmement forte et rapide. C'est un cheval de selle polyvalent apprécié dans beaucoup de pays.

Le Trait irlandais

CI-CONTRE
Une jolie tête intelligente, typique du trait irlandais. La race est fameuse pour son bon sens naturel, sa résistance et son athlétisme.

Les chevaux irlandais sont considérés comme les meilleurs chevaux de chasse du monde, surtout lorsqu'ils sont issus du croisement entre pur-sang et trait irlandais. On sait que le trait irlandais remonte à plusieurs siècles, malgré un manque de documents officiels. Les chevaux du pays, qui étaient alors de petite stature, furent croisés avec des chevaux normands. Plus tard, on fit aussi des apports de sang andalou et probablement oriental, et les chevaux irlandais gagnèrent en taille et en qualité. Le produit fut un cheval polyvalent, totalement adapté à la vie irlandaise : il pouvait travailler dans les petites fermes, mais était assez actif pour être harnaché ou pour porter un cavalier dans la campagne. Le trait irlandais moderne serait issu du croisement entre des étalons pur-sang importés et les meilleures juments du pays. Cette population de chevaux splendides diminua beaucoup à cause de la famine de 1847. On fit alors des croisements avec des chevaux de trait lourd anglais, mais le résultat fut un trait irlandais plus grossier. Pour sauver le meilleur de la population équine restante, au début du XXe siècle le gouvernement instaura un système de subventions pour les étalons reconnus « trait irlandais » ou « type cheval de chasse ». Grâce à cela, le trait irlandais polyvalent, actif et bien proportionné, fut sauvé. En 1917, le ministère de l'Agriculture établit « un projet

CI-CONTRE
Solidité et bonne ossature sont le sceau du trait irlandais moderne. Il devrait avoir toutes les caractéristiques du cheval de selle bien bâti.

DESCRIPTION DE LA RACE

Hauteur Étalons 1,60 m et plus. Juments 1,52 m et plus.

Robes Toutes robes simples.

Conformation Petite tête intelligente ; épaules obliques ; corps robuste avec un poitrail profond et une cage thoracique ovale ; membres solides avec une bonne ossature plate et pas de fanons.

CI-CONTRE
Il n'y a pas moyen de locomotion plus sûr que le trait irlandais et le métis trait irlandais/pur-sang pour traverser les pires terrains de chasse.

CI-DESSOUS À GAUCHE
Le sauteur international Mill Pearl : un bon exemple de métis trait irlandais apte à concourir au plus haut niveau.

EN BAS
La race possède un bon équilibre naturel, et son action est droite et juste.

de Registre pour les chevaux de type trait irlandais » ; 375 juments et 44 étalons y furent inscrits comme convenables et sains. La « Irish Draught Horse Society » vit enfin le jour en 1976.

L'excellence des chevaux irlandais vient en partie des pâturages calcaires sur lesquels ils sont élevés. La terre, riche en minéraux, contribue à la formation d'une ossature solide et à la production d'animaux avec un bon équilibre naturel. Le trait irlandais actuel est très robuste, mais c'est également un très beau cheval, avec un bon équilibre naturel et une action droite et athlétique. Il est connu pour son intelligence et son calme. Il a l'aptitude naturelle de traverser les terrains de chasse les plus difficiles avec une assurance totale, et ses prouesses de sauteur en font un grand producteur de chevaux de concours d'obstacles de haut niveau.

FAITS INTÉRESSANTS

Depuis la Seconde Guerre mondiale on voit beaucoup de grands sauteurs irlandais. Bon nombre d'entre eux sont nés d'étalons trait irlandais enregistrés. L'un des plus grands noms en concours de saut d'obstacles fut King of Diamonds. Ce trait irlandais produisit beaucoup de sauteurs très fameux, dont Special Envoy et Mill Pearl. Le premier remporta de nombreuses victoires pour le Brésil, d'abord monté par Nelson Pessoa puis par son fils Rodrigo ; le second, monté par l'Américain Joe Fargis, fut champion olympique.

Le Cheval de Maremme

CI-CONTRE
Le maremme est un cheval fort mais calme. Bien qu'il ne soit pas très rapide, c'est un bon cheval de selle polyvalent.

Élevé en Toscane, il est la monture traditionnelle des *butteri*, ou vachers. La Maremme est une région de la côte tyrrhénienne qui s'étend de Piombino à Orbetello. Cet ancien terrain marécageux fut asséché il y a fort longtemps, mais retourna par la suite à son état d'origine. On le draina de nouveau au début du XXe siècle, et la région sert maintenant de pâturage.

Les origines du cheval de Maremme sont obscures, mais il y a de fortes chances pour qu'il descende des chevaux napolitains. Basés sur du sang arabe, barbe et espagnol, ces derniers furent rendus célèbres par Federico Grisone au XVIe siècle. Grisone était le fondateur de l'Académie napolitaine d'équitation, et considéré comme le premier grand maître d'équitation classique (après le Grec Xénophon, environ 430-350 av. J.-C.).

Ils connurent plusieurs accouplements éloignés, dont certains avec des

CI-CONTRE
Le type et la conformation des chevaux de Maremme varient beaucoup. Ce cheval est bien plus raffiné que beaucoup d'autres spécimens de sa race ; il a une tête particulièrement élégante.

CI-DESSOUS
Un maremme portant le harnachement traditionnel du *buttero*, ou cow-boy italien. La robustesse et le sérieux de cette race en font une monture idéale pour travailler avec le bétail.

DESCRIPTION DE LA RACE

Hauteur Variable, autour de 1,53 m.

Robe Toutes robes simples.

Conformation Variable. Apparence générale assez grossière, avec des épaules assez droites, un garrot effacé, et une queue attachée bas ; on fait actuellement des croisements avec du pur-sang pour améliorer la race.

chevaux anglais (Norfolk Roadster par exemple). Les chevaux de Maremme sont donc un grand mélange et n'ont pas de type fixe. Ils ne sont ni très beaux ni très rapides, mais par contre ils sont gentils, généreux, forts, robustes, calmes, dociles et économiques. Ils se sont avérés très utiles pour l'armée et la police, mais aussi pour les gardiens de bétail et les agriculteurs. En effet, leur force les rend aptes au trait léger.

FAITS INTÉRESSANTS

Au XVIIe siècle, l'Italie devint l'un des pays phares dans l'élevage des chevaux. Le plus fameux, le napolitain, fait sans doute partie de l'ascendance du maremme.

Le Cheval des Murgies

Originaire de la plaine d'Orfano et des collines de Gravina, le premier cheval des Murgies remonte au moins à cinq cents ans. Vers la fin du XVe siècle, le gouverneur du port de Monopoli avait des étalons des Murgies et quelques centaines de juments poulinières comme chevaux de remonte. Mais plus tard la race disparut, et la version moderne ne date que des années 1920.

Le cheval des Murgies est en fait un cheval de trait léger (de moins bonne qualité que le trait irlandais) et sans grande uniformité dans le type. Il peut être monté, mais le croisement entre une jument des Murgies et un étalon pur-sang ou à sang chaud donnera un cheval de selle de meilleure qualité, avec des allures plus adaptées à ce rôle.

FAITS INTÉRESSANTS

En Italie, l'élevage de chevaux de sang pour les loisirs et le sport est moins avancé que dans d'autres pays européens. On développe actuellement un cheval de selle italien par le croisement des meilleurs spécimens de chevaux de selle du pays avec des pur-sang ou des demi-sang importés. Dans les chevaux impliqués, il y a des anglo-arabes sardes et siciliens, et le salerno, de souche napolitaine mais qui a aussi du sang andalou, arabe et pur-sang dans les veines.

DESCRIPTION DE LA RACE

Hauteur 1,50 – 1,60 m.

Robe Généralement alezan, bien qu'il y ait d'autres robes simples.

Conformation Variable. La ligne d'ensemble est celle d'un trait léger. La tête est souvent grossière mais avec une expression honnête ; l'arrière-main est assez pauvre, et la queue attachée bas.

CI-DESSUS
Le cheval des Murgies peut servir de cheval de selle, mais il est plus adapté aux travaux de trait léger. Celui-ci a été entraîné pour la police.

EN HAUT
La robe prédominante est l'alezan, mais on voit aussi des robes foncées.

CI-CONTRE
Le cheval des Murgies est le cheval de trait léger italien, mais il n'a ni la précision ni la qualité du trait léger irlandais.

▮ EN BAS À GAUCHE
La tête est petite avec un profil rectiligne.
Les yeux sont grands et vifs, les oreilles petites et mobiles.

▮ CI-DESSOUS
La robe typique de cette belle race est alezan à crins blonds. Le trait italien a hérité des allures actives du breton.

Le Trait italien

C'est la première race de chevaux lourds italiens. Le breton a beaucoup influencé le développement du trait italien, d'où leur ressemblance. Tout a commencé à Ferrare pendant la seconde moitié du XIXe siècle, avec le croisement de chevaux napolitains, arabes et hackneys dans le but de produire un cheval de trait léger et actif. On eut ensuite besoin d'un cheval plus lourd pour l'agriculture et l'artillerie. Les éleveurs commencèrent donc à utiliser du sang nouveau, en particulier du boulonnais. Plus tard, dans les années vingt, ils utilisèrent des étalons pur-sang bretons pour fixer la race du trait italien.

DESCRIPTION DE LA RACE

Hauteur Étalons 1,50 — 1,60 m.
Juments 1,40 — 1,50 m.

Robe Généralement alezan à crins blonds. Parfois bai foncé.

Conformation Tête carrée et large au front, grands yeux, grands naseaux ouverts et petites oreilles mobiles ; encolure musclée et légèrement arrondie ; épaules avec une bonne oblique ; poitrail profond, dos court et robuste, croupe large et légèrement inclinée ; membres courts et solides, avant-bras musclés et grosses articulations, paturons courts et gros pieds bien formés.

C'est un beau cheval trapu et musclé, reconnu pour sa conformation et ses allures actives. Il arrive à garder une bonne vitesse même en tirant de lourdes charges. Les membres sont courts et très robustes, avec des muscles très développés et de grosses articulations. Comme partout ailleurs le besoin de chevaux de trait a diminué, mais on peut encore voir des traits italiens au travail dans des petites fermes italiennes ; on l'utilise aussi pour la production de viande de boucherie.

FAITS INTÉRESSANTS

Le stud-book du trait italien date de 1961. Les chevaux qui y entrent sont tatoués sur le côté gauche de l'arrière-train du symbole de la race, une échelle à cinq barreaux dans un bouclier.

Le Frison

C'est l'un des plus vieux chevaux d'Europe, et il a influencé un grand nombre d'autres races dont l'oldenbourg et les poneys britanniques fells et dales. Le berceau de la race est la Frise, une région du nord des Pays-Bas.

CI-CONTRE
L'expression douce mais néanmoins alerte du frison témoigne de son amabilité. La tête, assez longue, est attachée à une belle encolure incurvée.

On y a découvert les ossements d'un ancien type de cheval lourd à sang froid, ascendant très probable du frison moderne. Le développement du frison fut influencé par du sang oriental (introduit aux Pays-Bas au temps des croisades) et

DESCRIPTION DE LA RACE

Hauteur 1,50 – 1,60 m.

Robe Toujours noir.

Conformation Tête assez longue, oreilles courtes et expression alerte ; encolure incurvée, élégante, longue crinière tombante, épaules puissantes ; corps fort et compact, arrière-train robuste et incliné, queue très fournie attachée assez bas ; membres solides, bonne ossature et fanons assez abondants.

CI-CONTRE
Le sceau de la race est une excellente conformation générale. Le corps est compact, les membres solides et les pieds durs et sains.

CI-CONTRE
Un bel ensemble, très apprécié dans son pays natal : un frison attelé à un cabriolet traditionnel.

CI-DESSOUS
Le frison est également apprécié à l'extérieur du pays. Cet équipage magnifique fut photographié dans une rue passante de Londres.

FAITS INTÉRESSANTS

L'attitude noble des frisons fait d'eux des chevaux de cérémonie parfaits. Ceux-ci faisaient partie de l'attelage à six qui tirait le carrosse royal de Hollande lors de la cérémonie d'ouverture des Jeux équestres mondiaux de 1994, à La Haye.

andalou (quand les Espagnols occupèrent le pays). Le frison d'alors était actif et polyvalent. Il était adapté au travail dans les champs, mais son trot rapide en faisait aussi un bon cheval d'attelage et de selle.

Au XIXe siècle le trot devint extrêmement populaire. Les éleveurs croisèrent alors le frison avec des trotteurs pour tenter d'améliorer son trot, déjà actif et élevé. Le résultat fut un frison plus léger donc moins adapté au travail de la ferme. La race fut sérieusement décimée au début de la Première Guerre mondiale, et son déclin continua pendant l'entre-deux-guerres.

Grâce à la pénurie de carburant survenue pendant la Seconde Guerre mondiale, les fermiers durent faire appel aux chevaux de trait et les affaires des éleveurs reprirent.

On a constaté un regain d'intérêt pour cette race depuis les années cinquante, et elle est maintenant très populaire en attelage. Le frison a un bon équilibre naturel et un port altier. C'est un cheval magnifique, surtout lorsqu'il est attelé à un cabriolet traditionnel de la Frise. La race est connue pour son tempérament amical.

Le Gelderland

CI-CONTRE
Le gelderland est un cheval d'attelage excellent car il est fort et actif. Il participa au développement du cheval de sport néerlandais tant de fois primé, le hollandais à sang chaud.

Il est originaire d'une région du même nom au centre des Pays-Bas. Le gelderland fut développé au XIXe siècle grâce à différentes races. Les juments locales furent en effet accouplées avec des étalons anglais, français, allemands, hongrois et polonais (entre autres). Le but était de produire un cheval assez robuste pour accomplir des travaux de ferme ou pour tirer un camion, mais assez léger pour être un cheval de selle. On utilisa aussi du sang hackney lors du programme d'accouplement établi par la suite, et dont les principes de sélection étaient remarquablement bien fondés : les chevaux devaient démontrer qu'ils étaient généreux lorsqu'ils étaient au travail et en bonne santé lorsqu'ils étaient en haras. Le besoin en chevaux de ferme diminua avec l'essor de la mécanisation, et les éleveurs utilisèrent du pur-sang pour alléger le gelderland. Le gelderland moderne est un type de cheval d'attelage classique, avec des épaules excellentes et une belle action ample. Il a du succès en attelage à quatre, et a fourni l'une des bases principales du cheval de sport néerlandais, le cheval hollandais à sang chaud.

FAITS INTÉRESSANTS

Le gelderland est l'un des deux types de chevaux polyvalents développés aux Pays-Bas ; l'autre est son voisin du Nord, le groningue. Ce dernier est un peu plus lourd que le gelderland. Il a du sang frison et oldenbourg dans son ascendance, ainsi que du sang suffolk. Comme le gelderland, il a joué un rôle important dans le développement du hollandais à sang chaud.

CI-CONTRE
Les bonnes épaules sont caractéristiques de la conformation du gelderland ; elles lui assurent une grande liberté de mouvement quelle que soit l'allure.

DESCRIPTION DE LA RACE

Hauteur Environ 1,60 m.

Robe Généralement alezan, parfois bai ou gris.

Conformation Tête assez grossière mais à l'air intelligent, tendance à un profil convexe, forte encolure ; bonnes épaules, garrot assez bas, corps assez long mais robuste, passage de sangle profond ; arrière-train puissant, queue haut placée ; membres courts et solides, pieds sains.

Le Hollandais à sang chaud

On démarra le développement de cet excellent cheval de loisirs et de sport hollandais en sélectionnant les meilleures juments gelderland et groningue, et en les accouplant avec des étalons pur-sang. Ils avaient été sélectionnés avec autant de soin, et venaient d'un peu partout dans le monde, Grande-Bretagne, Irlande, France, États-Unis, etc. Beaucoup venaient des meilleures lignées de chevaux de course, et ce fait s'avéra extrêmement bénéfique. Les éleveurs hollandais s'aperçurent en effet que les meilleurs reproducteurs étaient les chevaux qui avaient eu de très belles carrières de coureurs. Au début on utilisa aussi des étalons trakehner, et on importa des juments holstein pour les croiser avec des étalons gelderland et groningue. Plus tard les éleveurs hollandais utilisèrent des chevaux à sang chaud dans le programme d'accouplement, des chevaux du même type que celui qu'ils voulaient, le holstein et le selle français. On y ajouta quelques gouttes de sang hanovrien et westphalien, et au même moment on diminua la quantité de sang gelderland et groningue. Le produit fut un cheval de selle aux proportions harmonieuses, avec une action droite et juste, une foulée douce et ample à toutes les allures, et un bon tempérament. Les éleveurs hollandais utilisèrent un système de sélection très nouveau mais très efficace, basé sur la performance. Le cheval hollandais à sang chaud a déjà démontré la justesse de leur approche en remportant les plus grandes compétitions internationales de dressage, de saut d'obstacles et d'attelage. Il fut utilisé dans l'établissement d'autres lignées de sang chaud, en Grande-Bretagne, aux États-Unis, en Australie et en Nouvelle-Zélande.

DESCRIPTION DE LA RACE

Hauteur 1,60 – 1,70 m.

Robe Toutes robes simples, mais souvent bai et bai-brun.

Conformation Belle tête, expression alerte et intelligente ; bonnes épaules obliques, garrot prononcé ; dos et arrière-main robustes ; membres sains, bonne ossature et canons courts ; pieds sains.

CI-CONTRE
Milton est un petit-fils du trakehner Marco Polo, l'un des étalons fondateurs les plus influents du hollandais à sang chaud.

FAITS INTÉRESSANTS

L'un des étalons les plus importants dans l'élaboration du hollandais à sang chaud fut le trakehner Marco Polo (1965-1976). Fils du pur-sang Poet, il était petit mais engendra des sauteurs de première classe comme Marius, monté avec beaucoup de succès à un niveau international par Caroline Bradley (GB). Marius partagea sa vie entre une carrière sportive et ses devoirs en haras. Il eut le privilège d'engendrer Milton, le meilleur cheval de concours de saut d'obstacles du monde.

CI-CONTRE
Le hollandais à sang chaud est un cheval de qualité, et qui a un bon tempérament. Sa conformation bien proportionnée lui procure une action excellente qui le rend totalement apte aux sports modernes.

Le Lusitano

Ce cheval portugais est de toute apparence un proche parent de l'andalou. En effet, les chevaux élevés sur la péninsule Ibérique ont longtemps été considérés comme un seul et même animal. Ce n'est qu'au tout début du XXe siècle que les deux pays décidèrent d'établir des registres généalogiques indépendants.

Les Portugais ont depuis lors fait un grand pas en avant dans le contrôle et le développement de leurs programmes d'élevage. Ils ont fait très attention à préserver les qualités du lusitano, c'est-à-dire sa force et sa résistance. Ces attributs firent de la race un cheval de guerre très estimé (les meilleurs chevaux ibériques ont été élevés sur la longue frontière qui sépare l'Espagne du Portugal, terrain de batailles interminables).

Ces mêmes qualités font du lusitano une monture idéale pour la corrida. Au Portugal, c'est un déshonneur que les chevaux soient blessés pendant un combat ; ils sont donc très bien entraînés, et se servent de leur accélération naturelle et de leur grande maniabilité pour échapper au taureau.

DESCRIPTION DE LA RACE

Hauteur Généralement 1,51 – 1,53 m. Certains chevaux atteignent plus de 1,60 m.

Robe Souvent gris ou bai, mais aussi les robes simples dont alezan et isabelle.

Conformation Tête longue et noble, profil convexe, bout du nez arrondi et grands yeux généreux ; encolure puissante en col de cygne, profonde à la base et attachée aux épaules selon un angle qui lui donne l'air assez droit ; épaules puissantes ; corps compact et bien coffré, reins larges et puissants, croupe doucement inclinée, queue attachée assez bas ; membres fins et propres avec une très bonne ossature bien dense ; crins soyeux et abondants.

Les lusitanos ont depuis longtemps prouvé leur grande docilité à l'entraînement. Intelligents, doux et affectueux, ils travaillent dur et avec enthousiasme. Dotés d'un bon équilibre naturel et d'allures agiles et élevées, ce sont des chevaux de selle doux et confortables. Il n'est pas surprenant qu'ils aient toujours

CI-DESSUS
Cette tête noble et cette puissante encolure sont caractéristiques du lusitano. La race est également connue pour ses crins soyeux.

CI-CONTRE
La ligne d'ensemble du lusitano est pratiquement la même que celle de son proche parent, l'andalou.

FAITS INTÉRESSANTS

Le lusitano est un cheval de selle aux allures douces et confortables. Agile et intelligent, c'est la monture idéale des picadors.

excellé dans les exercices de haute école, car ils ont un port altier et une incroyable joie de vivre. Mais la race fait aussi des prouesses à l'extérieur des manèges. De plus en plus de lusitanos montrent une grande aptitude à des sports modernes, comme le saut d'obstacles et l'attelage. Les personnes qui travaillent avec eux témoignent de la profonde compréhension qui se développe entre l'homme et le cheval.

ALTER REAL

Ce n'est pas une race distincte mais une ramification du lusitano. Il tient son nom de la ville d'Alter do São, dans la province portugaise de l'Alentejo ; le mot « real » signifie royal en portugais. Le haras royal fondé à Alter fournit des chevaux de haute école et d'attelage au Manège royal de Lisbonne. Il prospéra pendant longtemps, produisant un belle lignée de chevaux estimés dans toute la péninsule. Mais les progrès du haras souffrirent de plusieurs interruptions, en particulier pendant la guerre d'Espagne, et les chevaux alter real menacèrent de s'éteindre.

On tenta de ressusciter la lignée à la fin du XIXe siècle en important du sang anglais, normand et allemand, mais sans succès. Une tentative ultérieure du même style mais à base de sang arabe n'eut pas plus de succès. Les lusitanos alter real furent enfin rétablis grâce au sang andalou, mais au début du XXe siècle beaucoup de chevaux furent vendus ou détruits après la chute de la monarchie.

La lignée alter real aurait disparu sans les efforts de la famille d'Andrade qui, au début des années quarante, sauva deux étalons et une poignée de juments et établit un programme d'accouplement. Le haras royal est aujourd'hui régi par l'État, et produit de nouveau des chevaux de haute école. L'alter real est essentiellement un lusitano, mais toujours bai, bai-brun ou noir.

CI-DESSOUS
La robe baie de cette jument du haras d'Alter est typique du lusitano alter real.

CI-DESSOUS
Les chevaux portugais sont fameux pour leur puissance musculaire, leur grande impulsion et leurs allures élevées.

Le Bashkir

Ce petit cheval vient des contreforts sud de l'Oural, et tient son nom de la région de Bashkirski où il est gardé en troupeaux. Il est aussi bon en harnais que sous la selle, et a été utilisé pendant des siècles pour le bât et le trait, mais aussi pour sa viande et son lait. Sa conformation trapue, sa robe et ses crins épais lui permettent de survivre à l'extérieur jusqu'à – 30° ou – 40 °C. Il est capable de résister à des blizzards terribles, et de creuser profondément dans la neige pour trouver de la nourriture. De plus, ses pieds extrêmement durs lui permettent de travailler sans fers. Le bashkir est sans aucun doute l'une des races les plus robustes du monde.

DESCRIPTION DE LA RACE

Hauteur 1,33 – 1,40 m.

Robe Généralement bai, alezan et bai-brun.

Conformation Tête massive ; encolure courte et charnue, garrot bas, corps large et profond, dos large et droit ; membres relativement courts avec une bonne ossature ; pieds durs.

FAITS INTÉRESSANTS

Les juments bashkir sont fameuses pour leur grande production de lait. La période d'allaitement dure sept ou huit mois, et une jument produira plus de 1 500 litres. Dans plusieurs régions de l'ex-URSS, on utilise leur lait pour produire une liqueur fermentée appelée « kumis » destinée aux gardiens de troupeaux, mais aussi mise en bouteille pour une plus large consommation.

Il existe aussi un type de bashkir du nord-ouest des États-Unis. Les ancêtres de ces chevaux ont peut-être traversé le fameux pont terrestre qui reliait l'Asie à l'Amérique du Nord (aujourd'hui le détroit de Béring). Mais on émet par ailleurs l'hypothèse que le cheval avait disparu du continent nord-américain à l'ère glaciaire, et qu'il y est revenu à l'ère moderne, avec les explorateurs espagnols.

L'hypothèse la plus plausible est donc que le bashkir a été amené de Russie assez récemment.

CI-DESSUS
La tête du bashkir est massive et attachée à une encolure courte et charnue. Le poitrail est large.

CI-CONTRE
Le bashkir est bien équipé pour vivre dans un environnement difficile car il a une conformation trapue, des membres solides et des pieds exceptionnellement durs. On remarquera qu'il survit aussi très bien dans un environnement moins rigoureux.

Le Cheval du Don

FAITS INTÉRESSANTS

Les chevaux du Don étaient fameux pour leurs cavaliers, les Cosaques. Ils montaient avec des étriers courts (ce style ne fut adopté en Europe de l'Ouest que beaucoup plus tard), et surprenaient leurs ennemis par une rapidité stupéfiante. Le général Morand décrivit la façon dont ils « passent de l'arrêt au grand galop comme des ressorts, et lancés en plein galop, ils s'arrêtent net : leurs chevaux participent à leur habileté et semblent être une partie d'eux-mêmes. » Ils opéraient en masse, harassaient l'ennemi plutôt qu'ils ne le chargeaient, et avaient une habileté particulière pour s'occuper des retardataires un par un. On les utilisait surtout pour les missions de reconnaissance et d'attaque.

Entre 1812 et 1814, les Cosaques du Don s'associèrent aux troupes de Napoléon dans leur tentative d'invasion de la Russie. C'est donc grâce à eux si les chevaux du Don sont connus. Ces montures étaient mixtes et descendaient des chevaux des peuples nomades. Leurs premières influences auraient été le nagaï de Mongolie, le karabakh (un type de cheval de selle léger), le turkmène et l'arabe persan. Au XIXe siècle, on leur ajouta du sang trotteur d'Orloff et pur-sang, et on fit aussi des accouplements éloignés avec les arabes demi-sang du haras ukrainien de Strelets. Tous ces croisements, utilisés pour améliorer la vieille lignée cosaque, cessèrent au début du XXe siècle. Comme la plupart des races russes, le cheval du Don fut traditionnellement élevé en troupeaux dans les vastes steppes du pays. Il s'était par conséquent développé en un animal robuste, capable de survivre avec un minimum d'aide de la part de l'homme. Il était parfait dans son rôle originel de cheval de remonte, mais aujourd'hui il est utilisé pour l'équitation générale. La qualité de ses allures est un peu limitée par des défauts de conformation naturels, mais sa forte constitution en fait un bon cheval d'endurance.

EN HAUT
Les chevaux du Don sont très résistants, et généralement alezans. Travailleurs calmes et généreux, ils sont aussi bons attelés que montés.

CI-DESSUS
Le cheval du Don n'est pas un cheval de selle à la conformation parfaite. Ses défauts courants : épaules droites et bouletures.

DESCRIPTION DE LA RACE

Hauteur 1,53 – 1,62 m.

Robe Généralement alezan et bai-brun, souvent avec un lustre doré.

Conformation Tête de taille moyenne et large au front ; encolure moyennement longue ; corps robuste avec un dos et des reins larges et droits, croupe arrondie ; arrière-main assez inclinée ; membres droits, avant-bras et jambes bien musclés mais tendance aux genoux creux, aux jarrets coudés et aux bouletures (boulets presque à la verticale des paturons – NdT) ; crins courts et fins.

Le Boudienny

Cette race relativement récente est le produit du croisement entre étalons pur-sang et juments don et chernomor (le chernomor était le cheval des quelques Cosaques qui s'étaient installés dans la région du Kuban au VIIIe siècle. Il ressemblait au don mais en plus petit et plus léger). Le but avait été de produire un bon cheval de remonte très résistant. On concentra l'élevage dans la région de Rostov, et la sélection fut stricte. On accoupla les meilleures juments aux meilleurs étalons anglo-saxons ; les

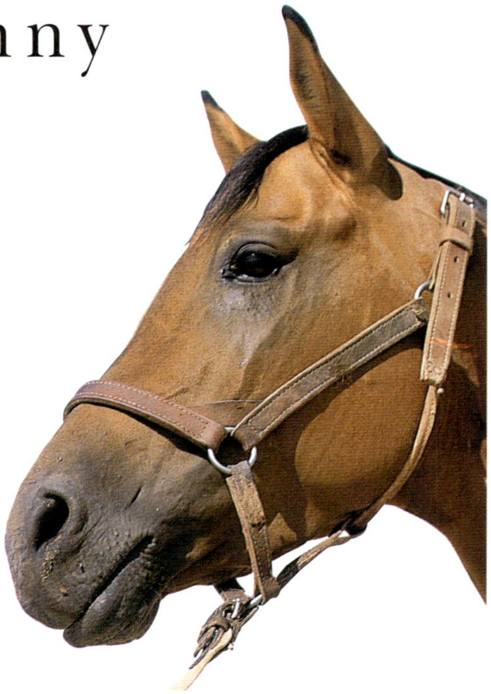

FAITS INTÉRESSANTS

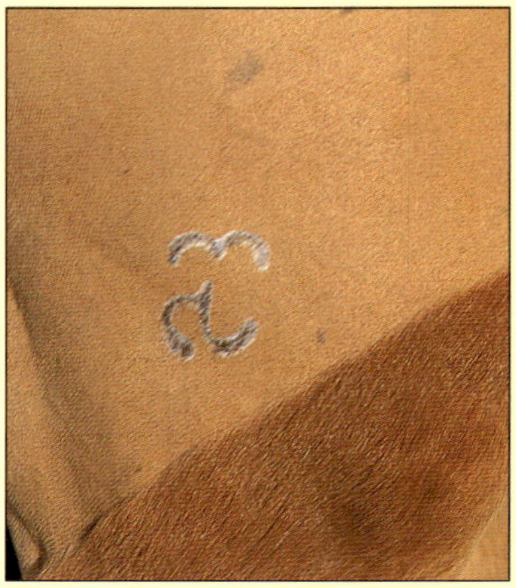

Les chevaux russes sont souvent marqués au fer rouge pour être facilement identifiables. Le cheval alezan sur la page opposée a, quant à lui, été marqué à froid au niveau de la selle. C'est un moyen d'identification efficace, car il dissuade les voleurs de chevaux. Il est très facile de savoir qui est le véritable propriétaire !

CI-DESSUS
L'influence du pur-sang est particulièrement visible dans le raffinement de la tête : mince et belle, les yeux sont vifs et intelligents et les oreilles alertes.

CI-CONTRE
La conformation globale n'a pas les proportions harmonieuses du pur-sang, en particulier les postérieurs qui sont un peu faibles. Cependant, le passage de sangle est profond et l'épaule assez oblique.

juments poulinières étaient ensuite bien nourries et mises à l'écurie pendant l'hiver, contrairement à la pratique courante en Russie à l'époque. Le but était de faire en sorte qu'elles produisent les meilleurs poulains possibles, en meilleure forme que si elles avaient dû brûler leurs ressources uniquement pour se protéger du froid. Les jeunes furent testés sur les champs de courses entre l'âge de deux et quatre ans.

La constitution robuste du don et l'action excellente du pur-sang furent une bonne combinaison, car le haras militaire de Rostov sortit bientôt un cheval fier, docile, aussi bon sous la selle qu'en trait léger. Nommée le boudienny, cette race fut officiellement reconnue en 1949.

Quand les chevaux de remonte ne furent plus d'aucune utilité, l'intérêt se tourna vers les loisirs et le sport. On ajouta alors plus de pur-sang pour améliorer le boudienny, et cette influence est évidente dans la légèreté de sa conformation générale.

Malgré cela, le boudienny a un corps assez lourd alors que les membres sont un peu trop légers. De nos jours ce cheval sert pour l'équitation générale, en particulier le saut d'obstacles, le dressage et le steeple-chase.

DESCRIPTION DE LA RACE

Hauteur 1,60 m.

Robe Généralement alezan, quelques bais et bai-brun. Les robes de certains boudiennys ont un lustre doré (souvenir des chevaux du Don et du chernomor).

Conformation Tête bien proportionnée avec un profil rectiligne ou légèrement concave ; encolure longue et droite ; épaules assez obliques avec un garrot saillant ; corps relativement lourd, dos court et droit, croupe allongée ; membres droits et fins, mais avec de petites articulations et des postérieurs assez faibles ; pieds généralement bien formés.

La robe prédominante chez le boudienny est l'alezan. Certains chevaux ont un lustre doré magnifique.

Le Kabardin

Un pied sûr et un bon instinct de conservation sont la marque de ce cheval. Rien d'étonnant puisqu'il est originaire du nord du Caucase, où depuis toujours il a été habitué à porter des hommes sur les pires chemins de montagne. Il remonte au XVIe siècle et dérive des chevaux que possédaient les tribus des steppes, et qui ont été croisés avec des chevaux turkmènes, persans et karabakh. À l'origine le kabardin était relativement petit, mais il développa les qualités d'une race de montagne classique : robustesse, force et grande résistance. Élevés en troupeaux, ces chevaux étaient (et sont toujours) menés au pâturage dans les montagnes pendant l'été, et sur les contreforts pendant l'hiver.

La population des kabardins fut décimée pendant la révolution bolchévique, mais pendant les années vingt on fit des efforts pour rétablir la race. Le produit fut un cheval plus grand, un cheval fait pour la selle et le travail agricole. Les haras de Malokarachaev et de Malkin produisent les meilleurs kabardins modernes. Ils servent à l'équitation et à l'attelage, mais aussi à l'amélioration du cheptel équin des régions alentour.

FAITS INTÉRESSANTS

Les prouesses du kabardin sont légendaires ; il transporte un cavalier sur les pires terrains montagneux sans aucun problème. Il a l'assurance d'une chèvre des montagnes et l'aptitude mystérieuse à trouver son chemin dans le brouillard ou dans le noir. Sa conformation de cheval de montagne ne lui procure certes pas la vitesse, mais ses allures sont cadencées, douces et légères.

DESCRIPTION DE LA RACE

Hauteur 1,50 – 1,52 m.

Robe Généralement bai, bai foncé et noir, souvent sans marques distinctives.

Conformation Tête longue, souvent avec un profil busqué, oreilles pointues et mobiles ; encolure moyennement longue et bien musclée ; épaules assez droites et garrot bas ; corps robuste, dos court et droit, reins courts et souvent concaves ; membres solides, généralement avec de bonnes articulations, une bonne ossature, et des canons courts et forts ; les postérieurs ont cependant une tendance aux jarrets coudés ; pieds forts ; crins souvent longs et abondants.

CI-DESSUS
La tête du kabardin est longue et il peut avoir le nez busqué. Ses oreilles sont très mobiles et il a une expression calme et gentille.

CI-CONTRE
Ayant évolué dans les montagnes, le kabardin est très athlétique et possède un bon équilibre naturel. C'est un bon sauteur.

CI-CONTRE
Malgré des épaules un peu trop droites, le kabardin est un bon cheval de selle polyvalent. Il est agile et a le pied sûr.

CI-DESSOUS
Les tersks sont invariablement raffinés et élégants. Leur robe, généralement gris clair, les embellit d'autant plus.

EN BAS
La race montre des signes nets d'ascendance arabe, mais est cependant un peu plus grande que le pur-sang.

Le Tersk

Comme le kabardin, le tersk vient du nord du Caucase. Cependant il est plus récent car il a été développé seulement à partir de 1921, aux haras de Tersk et de Stavropol.

Le tersk est basé sur les strelets, ces arabes demi-sang élevés en Ukraine, au haras de Strelets. Le strelets avait été produit par l'accouplement de pur-sang arabes avec de bons anglo-arabes et des trotteurs d'Orloff (on avait aussi utilisé un peu de pur-sang mais ce n'était pas le facteur dominant). Ce cheval avait un air typiquement arabe, mais était plus grand que les pur-sang.

En 1920, il restait très peu de strelets. Parmi les rares survivants il y avait deux étalons ; on les amena donc au haras de Tersk pour tenter d'augmenter leur population. Les juments furent accouplées avec des pur-sang arabes, et des juments métis (strelets / kabardin et arabe / don) furent saillies par des strelets.

Quelques trente années plus tard, un nouveau type fut fixé et dénommé tersk. Il avait hérité de la ligne d'ensemble de l'arabe et de ses allures élégantes, mais était néanmoins un peu plus grand. Ce beau cheval, dont la robe est généralement grise, a un tempérament aimable et une énergie incroyable. Ces attributs l'ont rendu populaire pour le cirque et le sport.

DESCRIPTION DE LA RACE

Hauteur Étalons 1,50 m. Juments 1,43 m.

Robe Généralement gris clair ou « blanc » avec un lustre argenté.

Conformation Tête fine, grands yeux expressifs, oreilles mobiles moyennement longues ; encolure de taille moyenne attachée haut sur des épaules obliques ; corps robuste, poitrail profond, dos large et reins musclés ; membres fins et tendons bien nets ; crins fins.

FAITS INTÉRESSANTS

La plupart des tersks actuels sont produits dans le haras de Stavropol, qui se trouve au nord du Caucase, entre la mer Noire et la mer Caspienne.

Le Trotteur d'Orloff

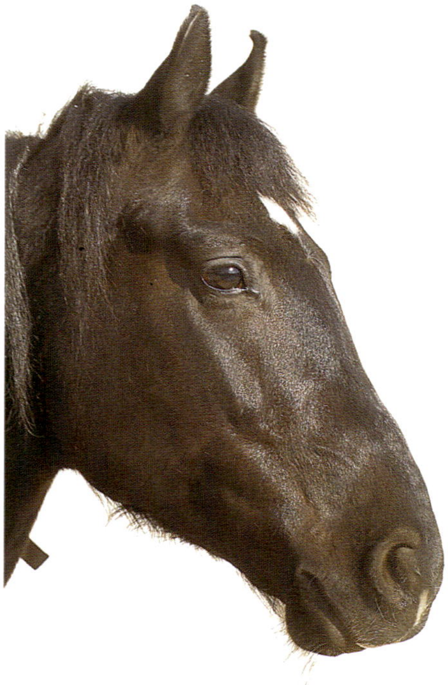

CI-CONTRE
La tête du trotteur d'Orloff a tendance à être grossière et assez petite.

C'est l'une des plus grandes races de trotteurs du monde, avec le standardbred et le trotteur français. Et avant l'arrivée du standardbred, c'était même sans doute le plus fameux de tous. Aujourd'hui le trotteur d'Orloff est moins connu à l'étranger que les deux autres membres du trio, mais il joue cependant un rôle très important dans les courses d'attelage russes, et dans l'amélioration d'autres races russes.

Le trotteur d'Orloff tient son nom du comte Alexis Orlov (1737-1809), fondateur du haras d'Orlov près de Moscou. Le comte importa un étalon arabe gris, dénommé Smetanka, qu'il avait trouvé en Grèce. Malgré une courte carrière en haras, il eut une grande influence sur cette race fameuse. En effet, un gris dénommé Polkan, né en 1784, de Smetanka et d'une jument danoise, engendra Bars I. Ce dernier devint l'étalon fondateur du trotteur d'Orloff.

La race fut développée au haras de Khrenov (tout nouveau à l'époque) par le comte Orlov et son directeur de haras, V.I. Shishkine. La population

DESCRIPTION DE LA RACE

Hauteur Étalons 1,60 m. Juments 1,53 m.

Robe Généralement gris. Bai et noir courants. Alezan rare.

Conformation Tête petite et un peu grossière ; encolure longue et souvent arrondie, attachée haut sur le garrot ; dos long et droit, reins musclés, croupe large et puissante ; membres fins et carrés avec un minimum de 20 cm sous le genou.

CI-CONTRE
La plupart des trotteurs rapides ont un dos assez long, et le trotteur d'Orloff n'y échappe pas. Son tour de canon important démontre sa force.

FAITS INTÉRESSANTS

Le comte Alexis Orloff, fondateur de la race, était un soldat connu pour son courage et son audace. En 1762, il participa à l'assassinat du tsar Pierre III. Le frère aîné du comte, Grigory, s'était distingué pendant la guerre de Sept Ans et avait attiré l'attention de la femme de Pierre. Elle allait devenir Catherine II. Mais l'ayant aidée à monter sur le trône, Grigory se retrouva évincé des faveurs de l'impératrice par son compagnon conspirateur, le beau prince Potemkine. Alexis Orloff est connu pour avoir crevé un œil à Potemkine – et s'être ensuite tourné vers l'élevage équin pour échapper aux affaires de la Cour !

▮ CI-CONTRE
Le trotteur russe est mi-orloff mi-strandardbred. Sur les champs de courses il est plus rapide que le trotteur d'Orloff.

du haras de Moscou y fut transférée en 1788. Bars I fut utilisé sur des juments arabes, hollandaises et danoises, mais aussi sur des demi-sang importées d'Angleterre. On pratiqua beaucoup d'accouplements consanguins avec Bars I. Au début du XIXe siècle, la race continua de s'améliorer grâce à un entraînement systématique et à une participation aux courses russes.

Plus tard, quand le standardbred commença à démontrer sa suprématie sur les champs de courses, les Russes en importèrent pour les croiser avec le trotteur d'Orloff. Le produit fut le trotteur russe, un demi-sang plus rapide que le trotteur d'Orloff. Les importations de standardbreds cessèrent avec la Première Guerre mondiale, mais reprirent récemment pour maintenir la vitesse du trotteur russe.

▮ CI-DESSOUS
Les trotteurs d'Orloff courent dans leur pays natal mais servent aussi dans le sport moderne de l'attelage à quatre. On les exporte d'ailleurs à cette fin.

▮ CI-DESSOUS
Attelé à une voiture d'entraînement, ce cheval montre l'action extrêmement puissante des trotteurs d'Orloff.

Le Cheval de trait Vladimir

Ce cheval de trait fut créé dans les provinces de Vladimir et d'Ivanovo, au nord-est de Moscou. Le clydesdale joua un rôle significatif dans son développement. Au début du XXe siècle, on fit appel à la France et à la Grande-Bretagne pour des étalons de différentes races lourdes, dans le but de les accoupler avec des juments de la région et de produire un bon cheval de trait. Les étalons fondateurs les plus influents furent Lord James et Border Brand (importés en 1910), ainsi que Glen Albin (importé en 1923), tous trois des clydesdales. On utilisa aussi des étalons shire, mais à plus petite échelle. On dit qu'il y aurait eu un peu de sang bai de

Cleveland, suffolk, ardennais et percheron. Cette expérience fut une réussite majeure, car le produit fut un cheval de trait puissant, adapté à toute sortes de travaux agricoles et de trait difficiles. Nommée le cheval de trait vladimir, la race fut reconnue en 1946.

La nature docile et les allures actives du vladimir (héritage de son ascendance clydesdale) lui permettent de tirer les fameuses troïkas russes malgré une carrure massive. De plus, il a une maturation précoce : à trois ans, le vladimir est déjà tellement développé qu'il peut commencer à travailler et à être utilisé en haras. Les étalons de la race sont par

PAGE DE GAUCHE EN HAUT
Le cheval de trait vladimir est extrêmement fort, mais en même temps très docile – on remarquera l'expression aimable de ce cheval.

PAGE DE GAUCHE EN BAS
Le sang clydesdale eut une très bonne influence sur le développement de la race, aujourd'hui connue pour sa robustesse et ses allures vives.

DESCRIPTION DE LA RACE

Hauteur Étalons 1,61 m. Juments 1,53 m.

Robe Généralement bai, mais aussi noir et alezan avec des marques blanches sur la tête et les membres.

Conformation Tête grosse et longue avec un profil convexe ; encolure longue et musclée ; garrot prononcé ; poitrail large, dos large et assez long, croupe longue, large et inclinée ; membres longs ; certains chevaux ont des fanons.

ailleurs connus pour leur indice de fertilité élevé. Mais il a aussi quelques points négatifs : il arrive que l'animal ait un dos assez long, d'où une moindre puissance, et qu'il soit plat dans ses arceaux (le contraire du coffre ou des côtes arrondies, qui permettent aux poumons de travailler à leur efficacité maximale). Le vladimir est le plus grand cheval de trait russe. Les étalons mesurent 2,07 m au garrot et pèsent dans les 750 kg. Les juments sont un peu plus petites, 1,96 m pour 685 kg.

FAITS INTÉRESSANTS

Il existe d'autres races de trait dans l'ex-URSS : le cheval de trait russe, créé il y a un siècle et basé en grande partie sur l'ardennais, et le cheval de trait dit soviétique, produit du croisement entre des étalons de trait belges et des juments locales de type attelage. Les deux races furent enregistrées en 1952. Le cheval de trait russe a une maturation précoce et une extrême longévité. Il était autrefois dénommé « ardennais russe ».

LE LETTONIEN

Le lettonien est un cheval d'attelage puissant, renommé pour ses capacités de trait. Ce cheval récent (il ne date que des années vingt) est le produit du croisement entre des juments locales et des étalons français, allemands et anglais. Le but était de développer un travailleur polyvalent, fort et endurant, avec de belles allures actives. Il existe deux types distincts de chevaux lettoniens : un type lourd d'attelage basé sur des accouplements éloignés avec des oldenbourgs, des Norfolk Roadsters et des anglo-normands, et une version plus légère qui a une majorité de sang hanovrien.

Les chevaux lettoniens ont une bonne conformation globale et une grande liberté de mouvement. Les étalons mesurent 1,62 m, les juments jusqu'à 1,60 m. Le noir est la couleur de robe prédominante du type lourd, alors que les chevaux plus légers sont alezans.

Le cheval d'attelage lettonien fut reconnu en tant que race en 1952. Il y a eu depuis lors quelques accouplements éloignés avec des oldenbourgs et des hanovriens, mais à très petite échelle. Ce cheval fait un compagnon de travail très apprécié, car il est tout à la fois placide, fort et énergique.

Le Suédois du Nord

Ce petit cheval de trait compact et agile sert principalement aux travaux forestiers. Il est idéal pour travailler dans des espaces confinés, sur des terrains difficiles et souvent dans des conditions climatiques rigoureuses.

La race descend d'anciens chevaux de trait de souche suédoise, qui avaient été influencés par le Döle Gud Brandsal de Norvège. Au cours du XIXe siècle, on fit des accouplements éloignés avec des chevaux plus légers de races non scandinaves, mais vers la fin du siècle on tenta à nouveau de produire un cheval lourd, capable de tracter des machines de plus en plus grosses. On importa donc des étalons de races imposantes, comme le clydesdale.

Craignant qu'il ne disparaisse totalement à cause de tous ces croisements, quelques personnes créèrent une association de protection de cet ancien cheval suédois. Leur objectif était l'accouplement de la souche d'origine (encore trouvable dans le nord du pays, dans des régions reculées) avec des étalons Döle. Dans les années vingt, l'association instaura un nouveau système de sélection basé sur des tests de performances ; cette pratique est toujours en vigueur de nos jours. Les chevaux sont testés sur leur aptitude au trait et sur leur efficacité. Dans l'ancien test le cheval devait tirer une luge chargée de bûches, et les juges lui décernaient des points en fonction de sa performance et selon son état après le travail. Pour le test d'efficacité le cheval était attelé à un wagon, et on mesurait sa véritable puissance de trait avec un dynamomètre.

L'exploitation forestière est un domaine dans lequel les chevaux de trait sont souvent plus efficaces et plus rentables que des machines, et le cheval suédois du Nord vit toujours dans son environnement traditionnel.

DESCRIPTION DE LA RACE

Hauteur Étalons autour de 1,52 m. Juments autour de 1,50 m.

Robe Toutes robes simples.

Conformation Tête assez grosse et oreilles assez longues ; encolure courte et crêtée ; épaules fortes et obliques ; dos assez long mais profond et robuste ; arrière-train arrondi et croupe inclinée ; membres courts et solides avec une bonne ossature ; crins généralement très abondants.

CI-CONTRE
Le cheval suédois du Nord est petit et compact. Son encolure et ses épaules le rendent particulièrement fort. Il a des membres courts avec une bonne ossature.

FAITS INTÉRESSANTS

Les chevaux suédois du Nord sont de bons traits polyvalents, mais on les voit plus souvent associés aux travaux agricoles et à l'exploitation forestière. Ils commencent à travailler un peu dès l'âge de trois ans, et à cinq ans ils ont la maturité suffisante pour travailler toute la journée. Les étalons pèsent de 650 à 750 kg et les juments de 550 à 700 kg.

Le Cheval suédois à sang chaud

CI-CONTRE
Cette belle tête est caractéristique du suédois à sang chaud. Il est connu pour son intelligence et sa gentillesse.

CI-DESSOUS
Bien que la conformation générale varie, la plupart des chevaux de cette race ont une longue encolure élégante, et de belles proportions au niveau des membres et de l'arrière-main.

La Suède est réputée depuis des siècles pour ses très bons chevaux de selle et d'attelage. Il n'est donc pas surprenant que le suédois à sang chaud ait un tel impact sur les grands concours de dressage actuels.

La province de Skane, dans le sud de la Suède, mais qui fut un temps sous domination norvégienne, était déjà connue pour ses élevages équins au XIIe siècle. À cette époque, l'archevêque Absalon y élevait des chevaux pour sa cavalerie personnelle. Plus tard, au XVIIe siècle, Charles X de Suède fonda à Flyinge un haras royal qui devait fournir des chevaux à ses écuries et à l'armée. On y utilisa de nombreuses variétés de chevaux pour le développement d'une bonne monture de troupes : des holsteins, des hanovriens, des prussiens-orientaux, des frederiksborgs, des arabes, des pur-sang et des oldenbourgs. Le prussien-oriental et le hanovrien furent particulièrement influents.

Les officiers de la cavalerie suédoise et leurs montures remportèrent de nombreuses victoires olympiques dans trois disciplines (dressage, saut d'obstacles et concours complet de trois jours) avant et après la Première Guerre mondiale. L'armée helvétique acheta plusieurs chevaux suédois après la Seconde Guerre mondiale, et certains se firent un nom dans le monde du dressage. Quand la mécanisation annonça la fin du cheval de troupe, les Suédois se tournèrent naturellement vers la production d'un cheval de loisirs et de sport. On ne pouvait

CI-CONTRE
Juments de sang et leurs poulains dans un beau spectacle aux Jeux équestres mondiaux de 1990 à Stockholm, sous le regard enthousiaste de la foule.

CI-DESSOUS À GAUCHE
Grâce aux apports de sang étranger, dont du pur-sang, la race est devenue un bon cheval de sport polyvalent.

CI-DESSOUS À DROITE
Les suédois à sang chaud ont toujours excellé dans la discipline exigeante du dressage de Grand Prix.

DESCRIPTION DE LA RACE

Hauteur 1,50 – 1,70 m.

Robe Toutes robes simples.

Conformation Variable, mais généralement : belle tête large au front, avec des yeux aimables et intelligents ; longue encolure ; épaules parfois un peu trop droites selon la lignée ; corps, arrière-main et membres bien proportionnés.

FAITS INTÉRESSANTS

Piaff, médaillé d'or en individuel aux J. O. de Munich de 1972 (monté par l'Allemande de l'Ouest Liselote Linsenhoff), fait partie des chevaux suédois de dressage qui ont connu la gloire. Piaff était de Gaspari, qui avait concouru pour la Suède aux Jeux de Rome en 1960. Là, un autre cheval suédois appelé Wald remporta la médaille d'argent en individuel (monté par le Suisse Gustav Fischer). En 1964, à Tokyo, Henri Chammartin, compatriote de Fischer, fut médaillé d'or en individuel sur un cheval suédois dénommé Woermann. Gauguin de Lully, lui aussi élevé en Suède, remporta la médaille de bronze en individuel aux J. O. de Séoul en 1988, encore une fois pour la Suisse.

douter des prouesses du suédois à sang chaud en dressage et, récemment, on le croisa avec de grands sauteurs français, allemands et hollandais. On utilisa aussi des étalons pur-sang sur des juments suédoises à sang chaud.

Pour maintenir la perfection de la race, les étalons suédois à sang chaud sont notés. Ils passent un test de performance, un examen vétérinaire et une évaluation de leur type, de leur conformation et de leurs actions. Il y a aussi un système d'épreuves de descendance, dont les résultats sont mis à la disposition des propriétaires de juments qui recherchent l'étalon parfait.

L'Akhal-Teke

Appelé aussi cheval turkmène, c'est l'un des chevaux les plus impressionnants qui soient. Il est élevé depuis près de 3 000 ans dans les oasis du désert de Turkménistan, une région au nord de l'Iran. Bien que les Turkmènes l'aient sûrement un jour croisé avec des chevaux arabes et persans, L'akhal-teke a été préservé des influences étrangères grâce à l'isolement de sa terre natale. Dans le désert, les journées atrocement chaudes

CI-CONTRE
La tête du akhal-teke est toujours très fine, avec de grands yeux expressifs et des oreilles magnifiquement sculptées.

CI-DESSOUS
Le lustre lumineux de la robe de ce cheval est typique de la race, tout comme la minceur de sa conformation.

CI-CONTRE
L'akhal-teke est un cheval de selle polyvalent. Sa vigueur légendaire en fait une monture excellente pour la course d'endurance.

CI-DESSOUS
La race a été élevée pendant des siècles dans les conditions extrêmes du désert, mais s'adapte parfaitement aux climats plus tempérés de l'Europe occidentale.

DESCRIPTION DE LA RACE

Hauteur 1,51 – 1,52 m.

Robe Bai et alezan, souvent avec un somptueux lustre doré ; également gris et noir.

Conformation Tête très fine, grands naseaux ouverts, grands yeux expressifs, longues oreilles magnifiquement sculptées ; encolure longue, droite et souvent fine, attachée haut sur les épaules ; épaules obliques avec un garrot saillant ; dos long et souvent faible, cage thoracique peu profonde, tendance à des reins faibles par manque de muscles ; arrière-main étroite mais avec une croupe et de longues cuisses musclées ; antérieurs droits et forts avec de longs avant-bras, longs postérieurs qui tendent à être coudés avec des jarrets clos ; pieds petits mais durs ; crins clairsemés ; peau fine.

sont suivies de nuits très froides. La race akhal-teke est donc devenue mince et solide, habituée à ces conditions extrêmes. Ses défauts de conformation sont compensés par des allures rapides, une très grande endurance et une robustesse illimitée due en grande partie au style de vie rigoureux qui lui a été imposé pendant plusieurs siècles. Les méthodes traditionnelles de gestion des Turkmènes n'incluaient pas la mise à l'écurie. Les animaux étaient enveloppés dans du feutre, avec la tête qui dépassait, et étaient gardés attachés à des piquets. Leur régime se composait de maigres rations de luzerne séchée, d'orge et d'un peu de graisse de mouton. Les poulains étaient sevrés très tôt et on organisait des courses de yearlings. De nos jours les akhal-teke sont gardés selon des méthodes plus modernes, au pré la journée et à l'écurie la nuit. On ne les fait pas courir avant l'âge de deux ou trois ans, comme les pur-sang.

Vifs et athlétiques, ils sont surtout utilisés pour le dressage et le saut d'obstacles. Ils servent aussi en haras pour développer d'autres races de chevaux de course. Leur vigueur extraordinaire les rend parfaitement aptes à l'endurance ; ils sont en effet capables de parcourir de grandes distances sous des températures extrêmes avec de toutes petites rations.

L'un des plus grands parcours d'endurance eut lieu en 1935 : les akhal-teke voyagèrent de Ashkabad à Moscou (à travers le désert de Karakum), parcourant une distance de 4 152 km en 84 jours.

FAITS INTÉRESSANTS

L'akhal-teke était connu pour sa dévotion envers son cavalier. Ce n'est pas surprenant si ce que l'on raconte sur les techniques de dressage turkmènes est vrai : on garde un jeune cheval à l'écart dans un trou ou un enclos. Tout le monde lui jette des pierres sauf son propriétaire. Au contraire, il va le nourrir et le traiter gentiment. Le cheval apprendra ainsi à ne faire confiance qu'à un seul homme. Cela pourrait expliquer le tempérament parfois difficile de la race !

Le Morgan

CI-CONTRE
La tête du morgan est expressive, avec de grands yeux proéminents, et de belles oreilles espacées. Les juments ont des oreilles légèrement plus longues que les étalons.

Ce cheval américain est très inhabituel car il remonte à un seul étalon, l'extraordinaire Justin Morgan. Ce dernier ne mesurait qu'un petit 1,40 m, mais faisait des prouesses dans les compétitions de trait de poids, et aux courses montées ou attelées.

Justin Morgan naquit vers 1789 ; il s'appelait alors Figure. Il ne prit son nom que plus tard. C'était celui de son premier propriétaire officiel, Thomas Justin Morgan, éleveur dans le Vermont mais également professeur de musique et compositeur pour l'église. On manque de documents officiels sur la façon dont Justin Morgan avait été conçu. L'ascendance la plus plausible serait : arabe, pur-sang, cob gallois et hollandais. Mais on sait de sources sûres que malgré sa petite taille (il ne pesait pas plus de 368 kg), Justin Morgan avait été un cheval de trait extrêmement fort, et qu'il avait travaillé très dur pour plusieurs propriétaires successifs. Il avait été utilisé pour le labour, l'attelage et les travaux forestiers. Aucun cheval, même s'il faisait le double de son poids, ne le battait jamais dans les compétitions de trait de bûches.

De plus, c'était un géniteur prépotent qui transmettait tout à ses rejetons : force, résistance, vitesse et… gentillesse ! Trois d'entre eux influencèrent beaucoup le développement de la race qu'il fonda : Sherman Morgan (environ 1808), Woodbury Morgan (1816) et Bulrush Morgan (1812). La lignée Sherman Morgan produisit d'excellents chevaux d'attelage et participa à la fondation d'autres races américaines, le quarter horse, le saddlebred, le standardbred et le tennessee walking horse. Les Woodbury Morgan étaient très demandés pour la selle et la parade, alors que les Bulrush Morgan étaient connus pour la rapidité de leur trot.

CI-CONTRE
La ligne de dessus du morgan est caractéristique. La courbe douce qui va de la nuque au dos donne l'impression que l'encolure repose sur le garrot et non devant.

DESCRIPTION DE LA RACE

Hauteur plus ou moins 1,41 – 1,52 m.

Robe Bai, alezan, bai-brun ou noir. Pas de marques blanches permises au-dessus du genou et du jarret, à part sur la tête.

Conformation Tête expressive, avec un profil rectiligne ou légèrement concave, front large, grands yeux, oreilles courtes et alertes ; encolure légèrement arrondie ; épaules obliques et garrot bien sculpté ; corps compact et profond, dos court, coffre, reins larges et flanc profond ; arrière-main bien musclée, queue haut placée ; membres droits et sains, canons courts, ossature plate, paturons suffisamment bas et longs pour donner un pas léger et élastique ; pieds sains, corne épaisse ; crins abondants et doux.

Comme beaucoup d'autres races, le morgan déclina avec l'arrivée des transports motorisés. Mais la race survécut grâce aux efforts de quelques enthousiastes du Morgan Horse Club (fondé en 1909). Il y a aujourd'hui beaucoup de morgans aux États-Unis, et des clubs d'élevage reconnus au Canada, en Grande-Bretagne, en Australie, en Espagne, en Nouvelle-Zélande, en Allemagne, en Italie et en Suède. Il est élevé pour les concours de présentation, mais participe aussi à des concours dans la classe cheval de cutting (tri du bétail), cheval de cow-boy et de dressage western, dans la division chasseur-sauteur, dans des compétitions de dressage, de routiers et d'attelage.

FAITS INTÉRESSANTS

Le seul survivant non indien de la bataille de Little Big Horn en 1876 fut la monture du capitaine Myles Keogh, un morgan dénommé Comanche. Il se remit de ses nombreuses blessures et vécut jusqu'à 29 ans !

CI-DESSUS
Le morgan a plus d'une corde à son arc. Monté ou attelé, il est toujours à l'aise.

CI-CONTRE
Les morgans supportent très bien le poids d'un cavalier adulte. Leur action est droite et élastique.

Le Quarter Horse

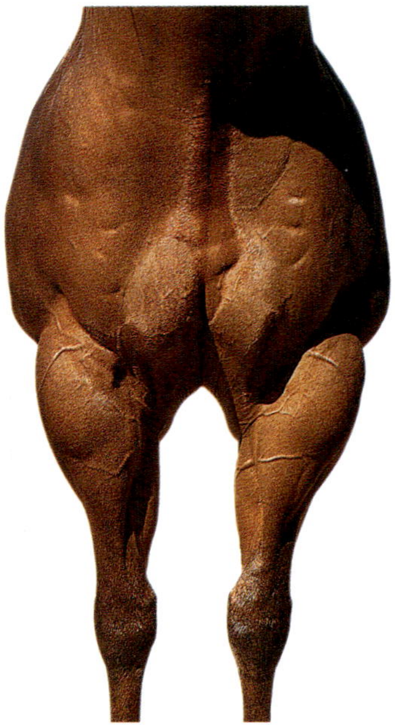

Ce cheval est excellent sur de courtes distances et plus précisément sur un quart de mille, comme son nom l'indique. Il remonte aux chevaux amenés en Amérique par les conquistadores espagnols. Au cours du XVIIe et du XVIIIe siècle, les nombreux colons anglais de l'est des États-Unis croisèrent les chevaux locaux de souche espagnole avec les chevaux qu'ils avaient eux-mêmes importés. Ils produisirent un bon cheval de travail polyvalent, capable d'accomplir toutes sortes de travaux montés et attelés, et de labourer la terre. Ces chevaux robustes et trapus devinrent les « bras droits » des colons. Quand ceux-ci se déplacèrent vers l'ouest, ces chevaux devinrent indispensables pour les grands rassemblements de bétail. Ils devaient être parfaitement sûrs et athlétiques, et ne pas avoir peur de travailler au milieu du bétail. Avec le temps, ils développèrent un « sens des vaches », et furent dès lors capables d'anticiper les mouvements d'un jeune bœuf, de s'arrêter net et de faire volte-face à une vitesse incroyable.

Quand les Anglais s'enthousiasmèrent pour les courses, ils en improvisèrent avec

EN HAUT À GAUCHE
La tête du quarter horse est courte et large, avec de grands yeux intelligents, des oreilles alertes et un petit bout du nez.

EN HAUT À DROITE
Le poitrail est large et profond, les antérieurs sont bien espacés. La musculature de l'intérieur des avant-bras ressemble à un beau V inversé.

CI-CONTRE
La race est connue pour avoir un dos compact et robuste, et un passage de sangle profond. L'incroyable accélération de ce cheval est due à une arrière-main très musclée, et à des jarrets robustes et bien descendus.

DESCRIPTION DE LA RACE

Hauteur 1,43 – 1,60 m.

Robe Toutes robes simples.

Conformation Tête large et courte, petit bout du nez, grands yeux espacés, oreilles alertes; encolure assez longue et flexible ; épaules obliques et garrot bien sculpté ; corps compact, poitrail large, passage de sangle profond, dos court, coffre, reins puissants ; arrière-main large, profonde, lourde et bien musclée, croupe longue et doucement inclinée ; membres sains avec canons courts, jarrets larges, plats et descendus, cuisses et jambes musclées ; paturons de taille moyenne ; pieds oblongs avec des talons ouverts et profonds.

ces chevaux polyvalents, sur la route, dans une clairière, partout où l'on pouvait faire galoper deux chevaux sur quelques centaines de mètres. Le quarter horse développa une arrière-main très puissante qui lui permit de se propulser dans un galop effréné pratiquement depuis l'arrêt, et d'avoir un sprint rapide sur de courtes distances. Mais un jour les courses de pur-sang prirent le dessus et un peu plus tard, avec la mécanisation, le cheval perdit aussi de son importance dans l'exploitation des ranchs.

Le quarter horse devint un cheval de loisirs. Aujourd'hui le quarter horse jouit d'une grande popularité dans les compétitions *western-style* (courses de tonneaux, rodéos) et les courses sur de courtes distances. Grâce à un regain d'intérêt pour ce genre de courses, les quarter horses courent maintenant sur de véritables pistes.

FAITS INTÉRESSANTS

L'American Quarter Horse Association fut fondée en 1940. Son stud-book est maintenant le plus épais de toutes les races sur terre. Il y a plus de deux millions de chevaux inscrits !

CI-DESSUS
Les quarter horses ont un « sens des vaches » inné, et sont donc capables d'anticiper les mouvements d'un jeune bœuf.

CI-DESSOUS À GAUCHE
Le quarter horse est une monture idéale pour les sports traditionnels de l'Ouest.

CI-DESSOUS À DROITE
La race est fameuse pour son amabilité et sa douceur, on l'utilise donc pour toutes sortes d'activités.

Le Saddlebred
(cheval de selle américain)

Auparavant dénommé « cheval de selle du Kentucky », cet animal élégant fut développé par les colons nord-américains au début du XIXe siècle. Comme ils avaient besoin d'un bon cheval utilitaire, les planteurs accouplèrent différentes races dont le Narragansett Pacer (une lignée d'ambleurs rapides du Rhode Island) et le pur-sang. Le résultat final fut un bel animal très confortable sous la selle – c'est un détail important lorsque l'on passe des heures à cheval pour inspecter les récoltes – et également apte à tirer un attelage. En 1891, un groupe d'éleveurs influents établit l'Association américaine des éleveurs de chevaux de selle et créa le Registre du Saddlebred.

Doté du caractère le plus aimable qui soit, intelligent, rapide et bien en équilibre, le saddlebred pouvait (et peut toujours) être utilisé pour toutes sortes de tâches différentes, en particulier le travail du bétail. Il passa du rôle de cheval de travail à celui de cheval de loisirs sans aucune difficulté, et on peut aujourd'hui le voir dans des concours montés ou attelés.

DESCRIPTION DE LA RACE

Hauteur 1,50 – 1,70 m ; en moyenne autour de 1,53 m.

Robe Alezan, bai, bai-brun, noir ou gris ; parfois palomino, tacheté, ou aubère.

Conformation Tête bien sculptée, grands yeux très espacés, petites oreilles alertes et grands naseaux ouverts ; longue encolure en col de cygne ; épaules obliques, garrot saillant ; dos court et fort ; arrière-main bien musclée, croupe à niveau, queue haut placée ; membres droits et forts, longs paturons bas-jointés ; sabots sains, ouverts au talon.

CI-DESSUS
La tête du saddlebred est belle, raffinée et intelligente. Il a toujours une encolure longue et élégante.

CI-CONTRE
La ligne de dessus du saddlebred est caractéristique : la croupe est longue et à niveau, le dos est court, et son garrot bien sculpté est plus haut que chez la plupart des autres races légères.

CI-CONTRE
La race est réputée pour ses allures confortables ; elles proviennent en partie de ses longs paturons bas-jointés.

CI-DESSOUS
Les chevaux de selle américains sont appréciés sous la selle mais également en harnais. Le port très particulier de la queue n'est pas naturel ; la queue a été opérée et est maintenue dans un appareil, une « attache de queue », quand le cheval est à l'écurie.

Lors de concours montés, le saddlebred est classifié soit comme cheval à trois allures soit comme cheval à cinq allures. Les chevaux à trois allures sont montrés au pas, au trot et au galop. Le pas est élastique, le trot a une action élevée et le galop est lent, doux et dynamique. Les chevaux à cinq allures doivent montrer ces trois allures plus deux autres : le slow gait et le rack.

Le slow gait est un amble relevé à quatre temps, exécuté de façon lente et retenue. Le rack est une allure à quatre temps rapide et tape-à-l'œil, dans laquelle chaque pied frappe le sol à intervalles réguliers. Il n'y a aucun mouvement ou pas latéral.

Pour les besoins de la compétition, on fait pousser les pieds pour qu'ils soient très longs (cela améliore l'action), et on opère la queue pour la rendre anormalement haute.

En dehors des limites artificielles du concours, à l'état naturel, le saddlebred est un excellent cheval de selle, facile à entraîner, rapide, très vigoureux et même bon sauteur.

FAITS INTÉRESSANTS

À l'état naturel, les sabots du saddlebred sont robustes et bien formés. Pour des raisons de concours, on les fait pousser pour qu'ils soient d'une longueur anormale, et on leur met des fers lourds.

Le Standardbred
(trotteur américain)

Ce cheval américain est aux courses d'attelage ce que le pur-sang est aux courses sur le plat et au steeple-chase. Au cours du siècle dernier ou même avant, tous les pays où la course d'attelage était appréciée importèrent des trotteurs américains pour améliorer leurs propres trotteurs et ambleurs. Assez étrangement, l'étalon de base du standardbred était un cheval qui n'avait fait que des courses de galop. C'était le pur-sang Messenger, un gris qui descendait de Darley Arabian. Messenger naquit en 1780 et courut sur le plat pendant trois saisons, gagnant huit de ses quatorze départs. Exporté à Philadelphie en mai 1788, il fut mis en haras pendant vingt ans. Au départ il ne couvrit que des juments pur-sang, mais après l'interdiction des courses à New York, il fut accouplé avec toutes sortes de juments. Certains de ses

DESCRIPTION DE LA RACE

Hauteur 1,40 – 1,60 m.

Robe Toutes robes simples, généralement bai, bai-brun, noir et alezan.

Conformation Le standardbred est un cheval puissant, un peu moins beau et raffiné que le pur-sang ; le corps est un peu plus long et les membres un peu plus courts. Les épaules sont longues et obliques, la croupe est toujours haute.

PAGE DE DROITE
Les allures du standardbred font tellement partie de lui qu'il préférera souvent le trot (comme ici) ou l'amble plutôt que le galop, même en liberté.

EN HAUT
La tête du standardbred n'est pas vraiment raffinée, mais l'aspect global est bon et l'expression sensible.

CI-CONTRE
Comparée à l'autre grand cheval de courses, le pur-sang, la race a un dos plutôt long et des membres plutôt courts. Ses épaules sont invariablement longues avec une bonne oblique, ce qui lui donne une liberté de mouvement suffisante.

FAITS INTÉRESSANTS

Greyhound fut l'un des plus grands standardbreds de tous les temps. Il aida à raviver l'intérêt pour les courses d'attelage. En 1938, il trotta 1 mile en 1'55'' et 25 centièmes, record non battu pendant trente et un ans. La barrière de départ mobile arriva en 1946 et élimina les départs qui faisaient perdre du temps. Cela, plus une nette amélioration des pistes, conduisit à l'enregistrement de temps toujours plus rapides, aussi bien pour les trotteurs que pour le ambleurs.

descendants furent de bons coureurs sur le plat, mais sa renommée durable lui vint du fait qu'il a engendré tant de bons trotteurs (pas tant sa progéniture que ses descendants). Son arrière-petit-fils Hambletonian devint un géniteur prolifique de trotteurs. Les quatre rejetons de ce dernier, dénommés George Wilkes, Dictator, Happy Medium et Electioneer fondèrent les lignées mâles responsables de presque tous les chevaux actuels de courses d'attelage aux États-Unis. Hambletonian était de Messenger et de la jument Charles Kent qui descendait, par son père Bellfounder, du fameux Norfolk Trotter Old Shales. En plus de la lignée principale Messenger, deux autres influences marquèrent les premiers développements du standardbred : le clays (descendant d'un étalon barbe importé de Tripoli en 1820) et le morgan. Aucun ne produisit de familles importantes dans la race, mais on pense que les deux ont contribué à son allure caractéristique.

Le premier stud-book de trotteurs fut publié en 1871. Le terme « standardbred » ne fut adopté que huit ans plus tard, quand on établit les qualifications d'admission au registre. Le « standard » d'origine, d'où le nom de cette race, fut l'aptitude du cheval à parcourir 1 mile (1,6 km) en 2 minutes et 30 secondes (cette durée sera réduite avec l'amélioration des trotteurs et des ambleurs). Les trotteurs américains courent soit à l'amble (allure latérale) soit au trot (allure diagonale). Jusqu'aux vingt dernières années du XIXe siècle les trotteurs étaient plus populaires que les galopeurs, mais la tendance s'est aujourd'hui renversée.

CI-DESSUS

Bien que l'amble soit une allure naturelle de la race, les ambleurs portent souvent des entraves qui les aident à maintenir le mouvement latéral.

CI-CONTRE

Le harnais de course comprend plusieurs pièces que l'on ne voit pas dans d'autres sports équestres. Les cache-ombrage sur la bride de ce cheval l'empêchent de voir le sol et d'être effrayé par des ombres ou des « objets étrangers ».

Le Missouri Fox Trotter

Bien que le registre généalogique du missouri fox trotter ne fût pas ouvert avant 1948, la race commença à évoluer au début du XIXe siècle. Les colons américains qui partirent du Kentucky, du Tennessee et de Virginie pour se rendre à l'ouest emmenèrent une grande variété de chevaux, dont des pur-sang, des chevaux orientaux et des morgans. Ils les entrecroisèrent pour produire un cheval adapté à leur nouveau foyer, la région des monts Ozark au Missouri.

Les docteurs, les shérifs et les éleveurs (en particulier) eurent besoin d'un cheval qui pût être monté longtemps, sur des terrains accidentés et avec un minimum de fatigue pour le cheval et son cavalier. L'allure appelée fox trot leur donna la solution : le cheval marche des antérieurs et trotte des postérieurs. Le fox trotter ne pose pas ses postérieurs avec le battement caractéristique du trot

DESCRIPTION DE LA RACE

Hauteur 1,40 – 1,60 m.

Robe Toutes. Plus communément alezan clair et café au lait avec des marques blanches.

Conformation Tête intelligente, oreilles pointues, grands yeux vifs, bout du nez fin ; encolure gracieuse ; épaules musclées et obliques ; corps profond et fort, poitrail profond et plein, dos court et fort ; membres musclés et robustes ; pieds solides.

CI-DESSUS
Cette belle tête intelligente, ces yeux vifs et ces oreilles bien dessinées sont caractéristiques du missouri fox trotter.

CI-CONTRE
Le corps est profond, le dos est court et le cheval semble compact. Les épaules obliques lui assurent une belle action allongée.

CI-CONTRE
L'incroyable confort que l'on ressent sur un fox trotter vient de l'action inhabituelle des pieds arrière qui glissent sous le cheval au lieu de frapper le sol.

FAITS INTÉRESSANTS

Dans le fox trot, les pieds arrière « défigurent » les traces des pieds avant : ils touchent les traces des pieds avant puis glissent vers l'avant. Le cheval devrait voyager de façon rassemblée, avec entrain, rythme et style. La queue est légèrement relevée et bouge en se balançant de haut en bas au rythme de l'allure. Le flat walk devrait aussi être accompli avec style et entrain. C'est une allure animée à quatre temps, dans laquelle les pieds arrière enjambent les empreintes des pieds avant. Le galop du fox trotter est rassemblé, la tête et la queue sont légèrement relevées.

normal, mais les glisse sous son corps. Le résultat est une allure douce et confortable, et le cheval peut voyager ainsi pendant longtemps sans se fatiguer. L'aptitude à marcher des antérieurs et à trotter des postérieurs est héréditaire, mais peut être améliorée avec l'entraînement. On améliora la qualité globale du fox trotter par l'apport progressif de sang de saddlebred et de tennessee walking horse. Aujourd'hui la race est connue pour sa conformation compacte et musclée, et pour la sûreté de son pied.

Moyen de locomotion désormais obsolète, le fox trotter sert aujourd'hui pour les loisirs, surtout la randonnée. En concours de présentation, on le juge à 40 % sur le fox trot, à 20 % sur le flat foot walk, à 20 % sur le petit galop et à 20 % sur sa conformation. Les poulains de deux ans sont jugés à 50 % sur le fox trot, à 25 % sur le pas et à 25 % sur la conformation.

CI-DESSOUS À GAUCHE
Autrefois élevé comme moyen de locomotion, le fox trotter actuel est bien adapté à l'équitation de loisirs. Il est renommé pour sa sûreté de pied.

CI-DESSOUS À DROITE
Contrairement au saddlebred et au tennessee walking horse, le missouri fox trotter est présenté avec des pieds de taille normale. Les poids et les attaches de queue sont interdits.

Le Tennessee Walking Horse

Il remonte à l'ambleur de Narragansett et, comme le saddlebred et le missouri fox trotter, devint un cheval de selle exceptionnellement confortable avec des allures introuvables chez d'autres races. À l'origine, il s'appelait Southern Plantation Walking Horse, ou ambleur du Tennessee. Ce cheval rapide, robuste, confortable et très docile était le moyen de locomotion idéal pour les planteurs qui devaient régulièrement faire le tour de leurs récoltes.

Arrivé au Tennessee en 1903, l'étalon fondateur se dénommait Black Allan. Le géniteur de Black Allan venait d'une lignée de trotteurs américains, mais sa mère était morgan. Black Allan fut croisé avec des ambleurs du Tennessee de l'époque et produisit les ancêtres du walking horse moderne. On introduisit ensuite du sang de saddlebred, dont le plus influent fut Giovanni. Ce dernier avait été amené du Kentucky en 1914 pour être mis en haras. Grâce au saddlebred, les éleveurs réussirent à produire un cheval de meilleure qualité et plus raffiné. Le walking horse actuel pourrait être décrit comme une version plus puissante

CI-CONTRE
Le tennessee walking horse se monte habituellement avec un mors simple à longues branches et une rêne unique, que l'on tient d'une main légère et le poignet fléchi.

CI-DESSOUS
Le walking horse a la substance du standardbred et le style du saddlebred, deux des races fondatrices de ce cheval.

DESCRIPTION DE LA RACE

Hauteur En moyenne 1,52 m.

Robe Toutes. Le noir et les robes simples sont les plus courantes.

Conformation Tête intelligente mais banale ; encolure robuste et incurvée ; épaules bien obliques ; corps puissant, poitrail large ; arrière-main robuste ; membres propres et durs.

du saddlebred. C'est donc un mélange de pur-sang, de standardbred, de morgan et de saddlebred. La Tennessee Walking Horse Breeder's Association fut créée à Lewisburg (Tennessee) en 1935, et la race fut enfin reconnue en 1947.

Les walking horses sont de bons chevaux de selle polyvalents, et leur caractère naturellement aimable les rend particulièrement adaptés aux cavaliers novices. Ce sont également des chevaux populaires en concours.

CI-CONTRE Les allures uniques de cette race sont héréditaires – on peut voir de jeunes poulains « marcher » aux côtés de leurs mères avec l'aisance des chevaux plus âgés – mais elles sont encouragées par des aides artificielles sur les pieds avant.

À GAUCHE Une collection impressionnante de trophées de walking horses gagnés en Amérique, où la race est une attraction populaire des concours.

CI-DESSOUS La silhouette exagérée du cheval de concours est due en partie aux pieds avant qui sont extra-longs. Le cavalier est assis bien en arrière de la position normale dans la selle (sur ce qui est généralement considéré comme la partie la plus faible du dos de l'animal).

FAITS INTÉRESSANTS

Les allures caractéristiques du walking horse – le flat foot walk, le running walk et le canter – sont héréditaires. On peut voir de petits poulains exécuter du running walk aux côtés de leur mère. Les deux « walks » sont des allures déliées à quatre temps, avec une action relevée des antérieurs. Le cheval monte et baisse la tête en même temps qu'il lève et baisse les sabots, et les pieds arrière enjambent les traces des pieds avant. Le flat foot walk doit être délié, audacieux et carré, avec de grands mouvements d'épaule. Les deux « marches » devraient avoir une différence de tempo évidente. Le canter a un mouvement particulier de « fauteuil à bascule ».

Le Mustang

CI-CONTRE
Ce mustang montre des signes indiscutables d'ascendance espagnole : jolie tête, et longue crinière abondante et soyeuse.

DESCRIPTION DE LA RACE
Hauteur 1,32 – 1,50 m.
Robe Toutes.
Conformation La souche espagnole d'origine fut lentement diluée par une grande variété de chevaux de colons qui, perdus ou abandonnés, se joignirent aux troupeaux sauvages et montèrent les juments. La conformation varie donc beaucoup. Les meilleurs sont robustes, avec des membres et des pieds forts et propres.

Les mustangs, chevaux « sauvages » d'Amérique du Nord, descendent des chevaux amenés par les conquistadores. Quand les colonisateurs espagnols avancèrent vers le nord, partant du Mexique pour arriver dans ce qui est aujourd'hui l'État du Texas, les tribus indiennes qu'ils croisèrent firent leur première expérience des chevaux. Au début, les Indiens tuaient et mangeaient tous les chevaux de colons qu'ils capturaient. Mais, après un certain temps, ils commencèrent à comprendre la valeur de ce moyen de locomotion en apprenant à les manipuler et à les monter.

À partir de la seconde moitié du XVIIe siècle, certaines tribus prenaient leurs chevaux aux Espagnols, et s'en servaient pour attaquer les nouveaux venus – raids au cours desquels ils se procuraient encore plus de chevaux. C'est ainsi que le cheval commença à toucher d'autres tribus (par l'échange ou par le vol) et qu'il se répandit dans le nord. Une partie des chevaux qui retournèrent à l'état « sauvage » un peu plus tard avaient apparemment réussi à s'échapper lors d'échauffourées entre Indiens et Espagnols. Une autre partie, les boiteux ou ceux qui avaient besoin de repos, avaient probablement été relâchés par leurs propriétaires. D'autres encore, des chevaux domestiqués mis au pré, s'étaient tout simplement enfuis. Tous ces chevaux se rassemblèrent petit à petit pour former des troupeaux sauvages qui s'épanouirent dans les Grandes Plaines. Vers la fin du XVIIIe siècle et le début du XIXe, beaucoup de chevaux « sauvages » broutaient dans les plaines – on pense qu'ils étaient environ deux millions.

CI-CONTRE
La conformation des mustangs est très variable à cause de leur ascendance mixte. Les chevaux de la race ne sont pas tous aussi robustes que celui-ci.

CI-CONTRE
Retourné à l'état sauvage depuis des siècles, le mustang est fort et résistant.

FAITS INTÉRESSANTS

Le terme « mustang » dérive sûrement du mot espagnol *mesteno*, de *mesta*, « association de chepteliers ou d'éleveurs ». Dans l'Espagne du XIIIe siècle, les *mestas* étaient des organisations de propriétaires de moutons. Les brebis égarées étaient appelées *mestenos*, « appartenant à la *mesta* ». Certains pensent que « mustang » vient du mot *mestengo*, une forme récente de *mostrenco*, du verbe *mostrar* qui signifie montrer, exhiber. Les brebis égarées, parfois appelées *mostrenco*, étaient montrées au public pour que leurs propriétaires puissent les récupérer. Selon J. Frank Dobie, expert en chevaux sauvages, les anglophones du Sud-Ouest américain ne connaissaient pas le mot *mostrenco*. Dobie date l'introduction du terme « mustang » du début du XIXe siècle.

Avec la ruée des hommes vers l'ouest les mustangs commencèrent à être connus. Certains furent tués, d'autres servirent de chevaux de trait, d'autres encore furent utilisés pour des croisements. Beaucoup servirent de chevaux de remonte pendant la guerre des Boers. Au XXe siècle, on en tua encore beaucoup pour la production de viande de boucherie ou l'alimentation des chiens et des chats. En 1971, une loi en faveur de la protection des chevaux sauvages fut promulguée, et maintenant ils vivent encore dans plusieurs endroits en petit nombre.

CI-CONTRE
Un beau spécimen de mustang qui semble agréable à monter. La plupart des mustangs domestiqués sont de bons chevaux de selle polyvalents.

CI-CONTRE
Décorés dans un style traditionnel, ces chevaux reflètent leur lien avec les tribus indiennes, qui en vinrent à compter sur les chevaux amenés en Amérique par les conquistadores.

L'Australian Stock Horse

Il n'existe pas de chevaux australiens indigènes. Le stock horse moderne descend des premiers chevaux importés d'Afrique du Sud, débarqués en petites quantités vers la fin du XVIIIe siècle. On ne connaît pas leur pedigree exact, mais ils devaient sans doute être de sang arabe et barbe. Il y eut bientôt des traversées régulières entre l'Europe et l'Australie, chaque bateau ayant son quota de chevaux à bord. La population équine australienne s'agrandit rapidement.

DESCRIPTION DE LA RACE

Hauteur 1,50 – 1,63 m.

Robe Toutes robes simples.

Conformation Il y a des variations considérables, mais les meilleurs spécimens ressemblent au pur-sang, avec des pieds et des membres particulièrement sains.

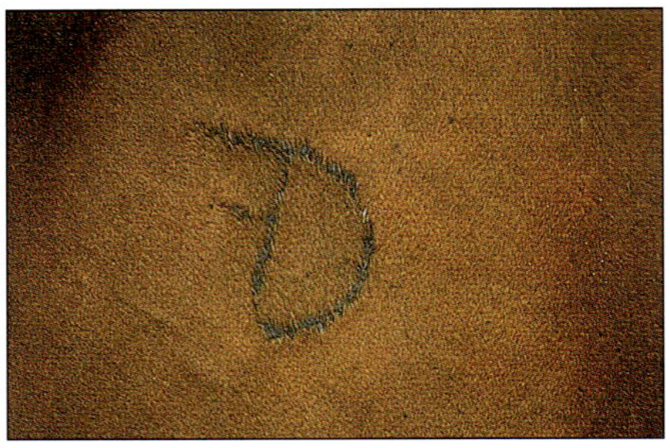

Les colons s'aidaient des chevaux pour explorer cette rude contrée, leur nouvelle patrie. Alors, évidemment, les chevaux les plus demandés étaient les pur-sang et les arabes. On avait également besoin de pur-sang pour satisfaire un intérêt grandissant pour les courses ; ce sport devint rapidement de plus en plus populaire à partir du XIXe siècle.

Le cheval développé pour l'usage quotidien était robuste et polyvalent : résistant, digne de confiance, gentil, capable de travailler en harnais ou sous la selle, de labourer la terre, de traîner des troncs et de travailler avec le bétail ou les moutons. Il s'appela le Waler (d'après le New South Wales) jusqu'en 1971, date à laquelle on introduisit le terme stock horse (« cheval de vacher » – NdT). Les walers étaient réputés pour leur force, leur robustesse et leur santé, et étaient donc très appréciés dans la cavalerie. Le stock horse actuel est le descendant du waler. Il a sans doute eu d'autres influences que le pur-sang et l'arabe ; au fil des années, on importa en effet des quarter horses, et différentes races de poneys et de chevaux de trait comme le clydesdale et le suffolk. On aurait même fait quelques accouplements étrangers, mais le stock horse est essentiellement un bon cheval de selle. Toujours très demandé pour le travail du bétail, il participe aussi à des rodéos et à toutes sortes de disciplines de selle, y compris les sports de concours.

▮ CI-CONTRE
Il n'y a pas de type fixe dans cette race. Ce cheval a une allure extraordinaire et montre des signes indiscutables d'ascendance orientale.

▮ CI-DESSOUS
La race était, et est toujours, le cheval de bétail par excellence. Il est robuste, résistant, sain et amical.

FAITS INTÉRESSANTS

Regal Realm fait partie d'une longue lignée d'australian stock horses qui remportèrent des compétitions du plus haut niveau. Monté par Lucinda Green, il gagna la médaille d'or en individuel aux championnats du monde de concours complet de trois jours en 1982, et aida la Grande-Bretagne à remporter le titre par équipe. L'année suivante, il termina second aux championnats d'Europe, gagnant une médaille d'argent par équipe. Aux Jeux olympiques de Los Angeles en 1984, il gagna une autre médaille d'argent par équipe et termina sixième en individuel. Un an plus tard, il faisait partie de l'équipe britannique championne d'Europe.

▮ PAGE DE GAUCHE EN HAUT À GAUCHE
La tête ressemble à celle du pur-sang, l'une des influences principales dans le développement de l'australian stock horse.

▮ PAGE DE GAUCHE EN HAUT À DROITE
On marque couramment les stock horses au fer rouge pour les identifier.

▮ PAGE DE GAUCHE EN BAS
Beaucoup de stock horses qui ont la bonne conformation générale et le côté raffiné du pur-sang ont produit de bons chevaux de sport.

Le Criollo

CI-DESSOUS
Autrefois la monture des gauchos (ou cow-boys) d'Amérique du Sud, le criollo est aujourd'hui mondialement connu en polo.

EN BAS
Fort et compact, le criollo est l'un des chevaux les plus robustes. Il a des membres courts et forts avec une bonne ossature, et des pieds très sains.

C'est un descendant des chevaux amenés en Amérique du Sud par les conquistadores espagnols du XVIe siècle. Le criollo, qui vient d'Argentine, fait partie des races les plus robustes du monde. Cette vigueur est le résultat de plusieurs années de sélection naturelle. Certains chevaux espagnols et leurs descendants formèrent des troupeaux sauvages dans la pampa, où les climats extrêmes – étés incroyablement chauds et secs, et hivers rigoureux – n'étaient supportables que pour les animaux les plus robustes. Les survivants s'adaptèrent remarquablement bien à leur environnement difficile, sans doute aidés par leur ascendance andalouse et barbe (deux races connues pour leur résistance). Le criollo développa même une robe isabelle qui le rendit presque invisible dans ces pâturages désertiques.

DESCRIPTION DE LA RACE

Hauteur Environ 1,40 – 1,50 m.

Robe Généralement isabelle avec les extrémités noires et souvent avec une raie de mulet.

Conformation Tête de taille moyenne, avec des yeux espacés et des oreilles alertes ; encolure musclée ; corps court et profond avec du coffre ; membres courts et forts avec une bonne ossature et des pieds sains.

Il devint la monture préférée des gauchos, les cow-boys de la pampa, et le cheval de selle et de bât indispensable pour les colons de ces vastes pays souvent inhospitaliers. On trouve des criollos sur tout le continent. L'adaptation à différents climats et à différents environnements produisit des variations de type, mais où qu'il ait été élevé, il a gardé sa vigueur et sa bonne santé d'origine. Croisé avec du pur-sang, le criollo produit un bon poney de polo, car le pur-sang lui apporte le surplus de vitesse nécessaire pour ce sport moderne.

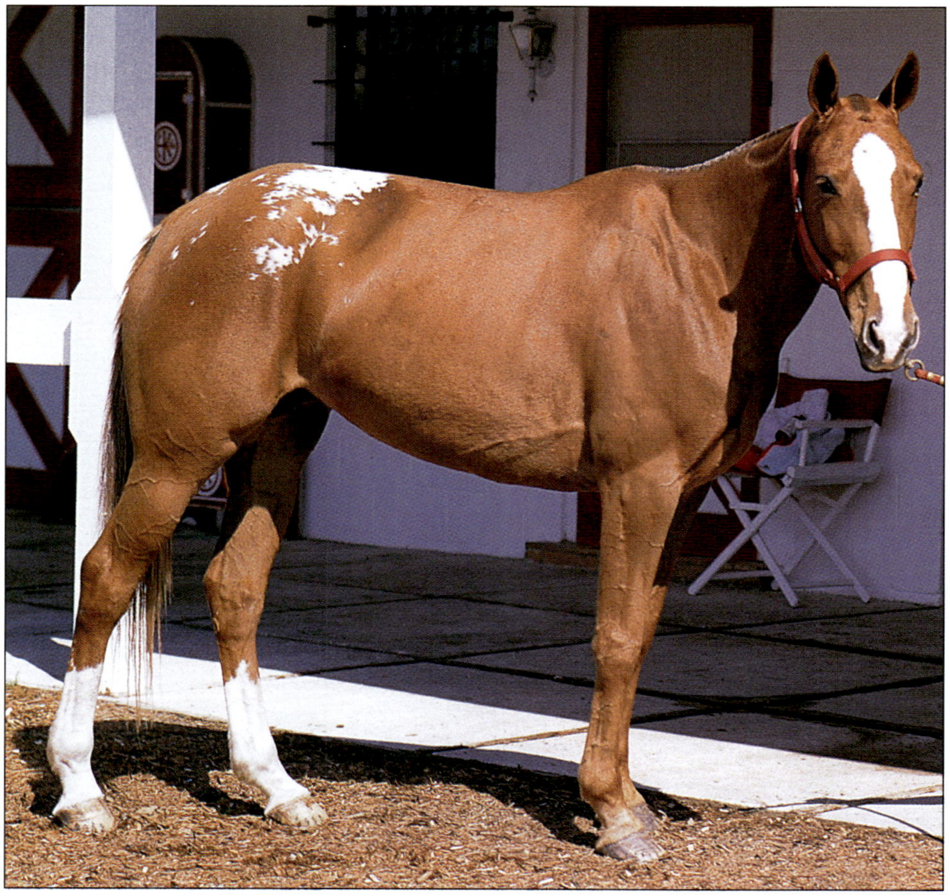

FAITS INTÉRESSANTS

L'exemple qui illustre le mieux la résistance exceptionnelle du criollo est le « Tschiffely's Ride », un voyage entrepris par l'écrivain et voyageur d'origine suisse Aimé Félix Tschiffely (1895-1954). En 1925, Tschiffely partit de Buenos Aires pour rejoindre Washington avec deux criollos (Mancha, 16 ans, et Gata, 15 ans). Les deux chevaux servirent en alternance de monture et de cheval de bât. Ils voyagèrent ainsi pendant deux ans et demi, traversant certains des terrains les plus difficiles du monde. Les chevaux furent ensuite renvoyés en Amérique du Sud par bateau, où ils prirent leur retraite. Gata vécut jusqu'à 36 ans et Mancha jusqu'à 40 ans.

L'Ambleur péruvien

C'est une autre race qui doit ses origines aux chevaux barbes et andalous amenés en Amérique du Sud par les Espagnols. Les premiers chevaux qui arrivèrent au Pérou furent amenés en 1532 par Francisco Pizarro (env. 1478-1541).

L'allure latérale caractéristique de l'ambleur péruvien, l'amble rompu ou *paso*, lui aurait été transmise par l'espagnol Jennet, un cheval de selle apparenté au vieil ambleur anglais. L'ambleur péruvien montre souvent qu'il préfère cette allure au galop. L'amble rompu ne ressemble à aucune autre allure latérale : les antérieurs partent sur le côté. Le cheval fait de longues foulées droites avec ses postérieurs, portant son arrière-main basse, et les jarrets bien en dessous. Ce mélange entre le mouvement « flottant » des antérieurs et la poussée puissante des postérieurs donne une montée particulièrement douce. L'ambleur peut atteindre la vitesse de 24 km/h et maintenir l'amble rompu pendant longtemps sur des terrains accidentés, sans se fatiguer. Petit et trapu, ce cheval aimable a le pied sûr, et peut survivre sur de maigres rations. C'est un cheval de selle idéal pour le ranch et la randonnée.

CI-DESSUS
Compact et bien musclé, avec une arrière-main puissante et des membres courts et forts, l'ambleur péruvien est un animal extraordinairement robuste.

DESCRIPTION DE LA RACE

Hauteur 1,40 – 1,52 m.

Robe Toutes les sortes, mais généralement bai et alezan.

Conformation Tête intelligente ; encolure musclée et assez courte ; épaules fortes ; corps fort avec un poitrail large et profond ; arrière-main forte et arrondie ; membres courts et forts, pieds excellents.

CI-CONTRE
Les longs crins soyeux de l'ambleur rappellent ses ancêtres espagnols, amenés en Amérique du Sud au XVIe siècle.

CI-CONTRE
Ce cavalier et sa monture, dans leurs beaux costumes traditionnels péruviens, sont un spectacle pittoresque. L'ambleur péruvien peut porter des poids importants.

FAITS INTÉRESSANTS

L'ambleur péruvien n'est pas le seul cheval qui ait une préférence naturelle pour une allure latérale, mais l'étrange jaillissement des antérieurs vers l'extérieur n'appartient qu'à cette race. C'est un mouvement similaire à celui que fait le bras d'un nageur.

Poneys

D'une façon générale, le poney est un « petit » cheval qui ne fait pas plus de 1,42 m au garrot. Toutefois, tous les petits chevaux ne sont pas forcément des poneys. Les arabes, par exemple, qui mesurent souvent moins de 1,50 m, sont de véritables chevaux, avec les proportions et les caractéristiques du cheval. Un pur-sang anormalement petit n'est certainement pas un poney, et l'incroyable petit caspien, qui a été classifié comme poney, ressemble en réalité à un cheval miniature.

Les vrais poneys ont des caractéristiques propres aux poneys. Par exemple, leurs membres sont très courts comparés à leur corps. Les races britanniques et irlandaises sont sûrement les meilleurs exemples de poneys véritables ; ces animaux remarquables évoluent dans leurs contrées isolées depuis des milliers d'années. Aujourd'hui divisés en neuf races distinctes, ils sont dotés d'une force extraordinaire si on considère leur petitesse. Façonnés par un environnement rude, ils sont devenus très robustes. Capables de survivre avec des rations minimales, ils ont acquis une grande sûreté de pied et une certaine sagesse qui fait souvent défaut à leurs grands cousins.

Le Haflinger

Ce beau poney autrichien a été nommé d'après le village tyrolien de Hafling. C'est là qu'il fut élevé pour la première fois, il y a de cela plusieurs centaines d'années. Ces ancêtres des chevaux et des poneys indigènes avaient été améliorés avec du sang arabe. Tous les haflingers modernes remontent à un cheval demi-sang dénommé El Bedavi XXII, et à son fils Folie. El Bedavi XXII était l'arrière-petit-fils de l'étalon arabe El Bedavi.

Les différents accouplements consanguins produisirent un type de poney bien précis : petit mais puissamment bâti, toujours alezan, résistant, avec la sûreté de pied qui sied aux races de montagne, et avec les allures actives de ses ancêtres arabes.

Très dociles, les haflingers sont d'excellents poneys de selle et d'attelage. Autrefois ils étaient très demandés pour l'agriculture et le bât, mais de nos jours, beaucoup servent pour l'équitation de loisir. La race, exportée vers de nombreux pays, est particulièrement appréciée en Allemagne et en Suisse. Elle est connue pour sa longévité.

DESCRIPTION DE LA RACE

Hauteur Environ 1,40 m.

Robe Alezan à crins lavés.

Conformation Tête intelligente, grands yeux, petites oreilles et profil légèrement concave ; épaules obliques ; corps fort et profond, dos assez long et reins musclés ; arrière-main puissante ; membres solides et pieds excellents.

PAGE PRÉCÉDENTE À GAUCHE Poneys exmoors.

PAGE PRÉCÉDENTE Un fjord norvégien.

CI-CONTRE La « Poste hongroise » style haflinger ! La race associe robustesse et allures actives, et peut être entraînée à toutes sortes d'activités équestres.

CI-DESSOUS À GAUCHE Les haflingers sont de vrais polyvalents, aussi bons sous la selle qu'en harnais. Ce bel attelage a été photographié en Suisse.

CI-DESSOUS Cette très belle tête démontre le caractère aimable de la race. L'œil est grand, doux et alerte.

FAITS INTÉRESSANTS

Les haflingers qui entrent dans le stud-book sont traditionnellement marqués au fer rouge. Le symbole de la race est une fleur des Alpes avec un « H » en son centre.

Le Sorraia

Autrefois utilisé pour l'équitation et les travaux de ferme, le sorraia vit aujourd'hui en petits troupeaux sauvages. Il vient d'une région portugaise située entre les rivières Sor et Raia, affluents du Sorraia qui se jette dans l'estuaire du Tage.

Ce poney serait un descendant du Prjevalski et du tarpan. Il ressemble énormément au second dont il a la petite stature et la grosse tête. La robe du sorraia, souvent isabelle avec une raie de mulet et des zébrures sur les membres, est elle aussi caractéristique des races primitives.

Sa conformation n'est pas des meilleures. L'animal est cependant très robuste, il survit avec très peu de fourrage et résiste à des températures extrêmes. Les épaules sont droites, l'arrière-main faible et les membres assez longs avec une ossature pauvre, mais les pieds sont durs et sains.

CI-CONTRE
L'isabelle est la robe dominante du sorraia, le petit poney demi-sauvage du Portugal. La race est ancienne et extrêmement résistante.

CI-DESSOUS
La carrure et la ligne d'ensemble ne sont pas celles de l'ancien tarpan. Sa forme d'origine est préservée grâce à une sélection stricte.

DESCRIPTION DE LA RACE

Hauteur 1,20 – 1,30 m.

Robe Généralement isabelle, avec une raie de mulet et des zébrures sur les membres, et même parfois sur le corps ; on voit aussi des gris.

Conformation Grosse tête archaïque, profil busqué ; épaules droites ; arrière-main pauvre et queue attachée bas ; longs membres grêles.

FAITS INTÉRESSANTS

Le sorraia serait un parent du garrano, le poney du nord du Portugal. Le garrano a plus de qualités que le sorraia grâce à des apports de sang arabe. Petit mais naturellement robuste, il a été utilisé pour toutes sortes de travaux agricoles et de bât, et pour traîner des troncs.

L'Exmoor

C'est le plus vieux des poneys britanniques, et l'une des plus anciennes races. Depuis des siècles ce beau poney habite les landes sauvages de l'ouest du Somerset et du Devon.

Les poneys du type exmoor étaient sans doute déjà connus au temps des Romains ; ils datent peut-être même de l'âge du bronze, époque à laquelle on les aurait utilisés pour tirer des chariots. On parle des exmoors et de leurs propriétaires dans le *Grand Livre cadastral* de 1085.

La terre natale de ce poney est très isolée ; il a donc été très peu « amélioré » par du sang étranger. La difficulté de la vie dans les landes l'a rendu extrêmement résistant, et assez fort pour porter un cavalier adulte malgré sa petite taille – pas plus de 1,23 m !

La « Exmoor Pony Society » fut fondée en 1921 pour améliorer et encourager l'élevage d'exmoors traditionnels. Elle s'assure, par des inspections rigoureuses, qu'aucun poney ne soit enregistré comme pur-sang si ce n'est pas un type exmoor véritable. Quand les poneys passent l'enregistrement, on les marque à l'épaule de l'étoile de la Société. En dessous, on fait apparaître le numéro de son troupeau, et sur la gauche de

DESCRIPTION DE LA RACE

Hauteur Les étalons et les hongres ne dépassent pas 1,23 m. Les juments ne dépassent pas 1,22 m.

Robe Bai, bai-brun ou isabelle avec les extrémités noires. Aucune marque blanche.

Conformation Tête très belle et large au front, grands yeux proéminents, grands naseaux ouverts et gorge propre ; bonne longueur de rênes ; épaules bien en arrière ; corps robuste, poitrail large et profond, coffre, dos large et à niveau ; membres courts et propres, pieds nets et durs.

EN HAUT
La jolie tête de l'exmoor, avec ses grands yeux, ses petites oreilles mobiles et son expression intelligente, est tout à fait digne du vrai poney.

CI-CONTRE
L'exmoor est un beau spécimen de poney : robuste, fort, vigoureux, alerte et d'apparence symétrique. Son aplomb général montre qu'il a un bon équilibre naturel.

CI-CONTRE
Un poulain exmoor dans son habitat naturel. Les poneys qui vivent dans les landes depuis des siècles sont totalement adaptés à ce rude environnement.

l'arrière-main, son propre numéro dans le troupeau.

Il y a toujours des troupeaux en « liberté », mais ils sont rassemblés chaque année pour une inspection. La conformation et la constitution robuste de l'exmoor font de lui un excellent poney de selle, mais il sert aussi dans des attelages sportifs.

CI-DESSUS
Correctement manié et entraîné, l'exmoor est le poney de selle idéal pour les tout-petits.

CI-CONTRE
L'athlétisme naturel de la race fait de l'exmoor un bon poney complet pour les enfants plus âgés.

FAITS INTÉRESSANTS

Les traits caractéristiques évidents de l'exmoor sont un bout du nez crème et de grands yeux proéminents. On les surnomme yeux « de crapaud » à cause des paupières lourdes. Les sourcils sont entourés de petits poils chamois.

Le Dartmoor

DESCRIPTION DE LA RACE

Hauteur Maximum 1,22 m.

Robe De préférence bai, noir ou bai-brun, mais aucune robe n'est exclue à part le pie noir et le pie. Marques blanches excessives déconseillées.

Conformation Petite tête bien attachée, petites oreilles alertes ; encolure forte et moyennement longue, mais pas trop lourde ; crinière moyenne pour les étalons ; dos et reins forts ; arrière-main forte et musclée avec une grande queue haut placée ; pieds durs et bien formés.

Contrairement à son voisin l'exmoor, ce poney a été influencé par plusieurs races au cours des siècles. On pense qu'il vivait déjà sur les hauteurs désertiques du Devon au temps des Saxons. Plus tard, la grande route commerciale entre Exeter et Plymouth fut fréquentée par tous types de chevaux, dont certains auraient influencé la souche locale. Des arabes et des barbes, rapportés par les croisés, auraient eux aussi parcouru la région.

Le climat et la rudesse de cette région de landes ont fait que les animaux qui y vivent atteignent un certain degré d'uniformité, surtout au niveau de la taille. Pendant la révolution industrielle, on croisa des dartmoors avec des shetlands, encore plus petits, dans le but de produire un animal adapté au travail dans les mines. Cette expérience fit nettement reculer le dartmoor. Le type de poney de selle qui avait évolué commença à se détériorer. Pour remettre les choses au point, on lui réintroduisit du sang étranger, dont du welsh mountain, du poney de polo et du hackney.

Le premier stud-book pour le dartmoor fut ouvert en 1899. La taille limite des étalons fut fixée à 1,40 m, et celle des juments à 1,32 m. C'était plus de vingt ans avant qu'elle ne descende au 1,22 m actuel.

Le sang hackney était dominant chez beaucoup d'étalons fondateurs de cette race mais le plus influent de tous, dans

CI-CONTRE
Robustesse et allures actives, le dartmoor est un bon cheval d'attelage.

CI-CONTRE
Les dartmoors sont calmes, donc parfaitement adaptés aux enfants.

PAGE DE GAUCHE EN HAUT
La belle tête bien attachée du dartmoor et ses petites oreilles alertes indiquent un vrai poney d'origine.

PAGE DE GAUCHE EN BAS
Les meilleurs spécimens de la race associent qualité et grande résistance.

FAITS INTÉRESSANTS

Il y eut un déclin progressif du nombre de vrais dartmoors après la Seconde Guerre mondiale. Dans les landes, il y avait beaucoup de demi-sang médiocres. En 1988, on créa la Dartmoor Pony Society Moor Scheme pour encourager les propriétaires de pur-sang non enregistrés à venir les enregistrer et leur offrir les services d'étalons de pedigree. Le but est d'établir un noyau de poneys pur-sang assez résistants pour survivre dans les landes vers lesquels les éleveurs se tournent pour avoir les caractéristiques du poney d'origine. Les bonnes juments des landes sont mises dans de grands enclos avec un étalon de pedigree. Leurs progénitures femelles sont inspectées et celles qui réussissent l'inspection sont entrées dans un registre additionnel du stud-book. En temps voulu ces femelles seront elles aussi accouplées avec un étalon enregistré, et ainsi de suite jusqu'à ce que leurs descendants puissent enfin être admis dans le véritable stud-book.

CI-DESSOUS
Bien que le nombre et la qualité de ces poneys aient chuté après la Seconde Guerre mondiale, des mesures ont été prises pour préserver un noyau de bons pur-sang.

les premières années de formation, fut The Leat. Né d'un pur-sang arabe (Dwarka ; hauteur 1,41 m) et d'une dartmoor, ce magnifique poney de 1,22 m avait une conformation excellente. Pendant sa courte carrière en haras, seuls quelques-uns de ses rejetons furent enregistrés, mais un grand nombre des meilleurs poneys actuels appartiennent à sa descendance.

Le dartmoor est un bon poney de selle, résistant avec une action douce, basse et libre. Sa bonne santé, son intelligence et sa grande gentillesse en font un poney idéal pour les enfants

Le Welsh Mountain

Le paysage rude du pays de Galles abrite quatre races équines différentes : deux poneys désignés Section A et Section B dans le « Welsh Pony and cob Society Stud-book », et deux cobs désignés Section C et Section D.

Le merveilleux welsh mountain, Section A, est à la base de toutes les races de poneys gallois. Il survit depuis des siècles dans cet environnement difficile, et est considéré par beaucoup comme le plus beau de tous les poneys. On ne sait pas grand chose sur son évolution, si ce n'est qu'il remonte au moins au temps des Romains qui croisèrent des chevaux de souche orientale avec la souche locale. Plus récemment, au XVIIIe siècle surtout, on fit des apports de sang pur-sang, arabe et barbe.

Le welsh mountain moderne est courageux et vif, mais gentil. C'est un merveilleux poney pour les enfants, mais aussi pour les concours d'attelage. Extrêmement résistant, il est capable de supporter des climats rigoureux et de survivre sur de très maigres rations. Il a été utilisé pour améliorer d'autres races, dont le new forest, et pour développer le poney de selle britannique. Le welsh mountain est apprécié dans différents pays et a été exporté en Europe, aux États-Unis, en Nouvelle-Zélande et en Australie.

CI-DESSUS
L'influence orientale est évidente dans cette belle tête : grands yeux, grands naseaux ouverts et profil concave.

DESCRIPTION DE LA RACE

Hauteur Maximum 1,20 m.

Robe Généralement gris, parfois bai, alezan ou palomino. Toute robe simple.

Conformation Tête petite et bien nette s'affinant vers le bout du nez, œil effronté, petites oreilles pointues, naseaux ouverts et proéminents ; encolure longue et bien portée ; longues épaules obliques ; dos long et musclé, passage de sangle profond, coffre, reins robustes ; arrière-main longue et fine, queue bien attachée et portée avec gaieté ; membres solides, longs avant-bras robustes, genoux bien développés, jarrets larges et plats, pieds bien formés avec une corne dense et dure.

CI-CONTRE
Le Section B est plus grand que le welsh mountain mais les meilleurs spécimens ont les attributs du vrai poney. L'action est droite, rapide et libre.

CI-DESSOUS
Les poneys Section A, comme celui-ci, servirent au développement du poney australien, qui est basé sur du sang Welsh et arabe.

FAITS INTÉRESSANTS

Le welsh (Section B) est plus gros que le mountain welsh mais a les caractéristiques propres aux poneys. Des arabes, des petits pur-sang et des petits cobs gallois furent utilisés sur des juments welsh mountain pour développer ce bon poney de selle de 1,32 m. Le welsh servait pour chasser et pour travailler avec les moutons, mais de nos jours il sert de monture aux enfants.

Le New Forest

Il y a eu des chevaux sauvages dans la New Forest (sud de l'Angleterre) depuis Knud le Grand (995-1035). Les origines exactes du new forest actuel sont inconnues, mais il a sans doute été influencé par une quantité d'autres races. Au XVIIIe siècle l'étalon pur-sang Marske, géniteur du grand Éclipse, fut utilisé pendant un certain temps pour saillir des juments new forest ; et vers 1850 un étalon arabe de la reine Victoria fut autorisé à se mêler aux troupeaux. On fit aussi des apports de sang hackney. Ces croisements accrurent la taille du poney mais eurent un très mauvais effet sur les caractéristiques propres aux poneys. Pour remédier à cela, on fit des croisements avec d'autres races britanniques : dales, dartmoor, exmoor, fell, highland et welsh mountain.

Les new forests actuels, comme beaucoup d'exmoors et de welsh mountains, se promènent en liberté dans leur habitat naturel. La vie dans cette contrée peut être dure, l'alimentation souvent rare et pauvre. Cet environnement a produit un animal résistant, au pied sûr. L'action de ce poney est libre, active et droite, et il est très docile. C'est donc un très bon cheval de selle et d'attelage polyvalent.

On l'apprécie chez lui mais aussi en Europe, en Amérique du Nord, en Australie et en Nouvelle-Zélande.

DESCRIPTION DE LA RACE

Hauteur 1,33 – 1,42 m.

Robe Toutes sauf pie, pie noir ou alezan soupe au lait.

Conformation Tête plutôt grosse ; encolure assez courte ; épaules avec une bonne oblique ; corps profond ; arrière-main robuste ; membres droits avec une bonne ossature ; pieds ronds et durs.

FAITS INTÉRESSANTS

Les poneys sont connus des gens de la région, qui font un grand rassemblement annuel pour choisir ceux qu'ils vont vendre. La souche d'élevage restante est ensuite remise dans son environnement.

CI-DESSUS
Le meilleur type de new forest est bien bâti, avec des épaules obliques, une arrière-main puissante, et des membres solides et sains.

AU MILIEU
La tête du new forest témoigne du tempérament typiquement calme et docile de la race.

Le Cob gallois (Welsh Cob)

Ce poney (Section D) est une version plus grande du welsh mountain, dont il dérive. Il remonte au moins au XIIe siècle, aux chevaux orientaux ramenés par les croisés et qui furent ensuite accouplés avec les poneys locaux. On fit des apports ultérieurs de sang yorkshire coach horse, norfolk roadster et arabe.

Robuste, sain, vif, courageux et pourtant docile, le cob gallois était autrefois utilisé pour toutes sortes de travaux lourds dans les fermes de la région, aussi à l'aise sous la selle qu'en harnais. Il était

CI-DESSUS
L'action est droite, libre et puissante. L'antérieur s'étend entièrement depuis l'épaule et le plus loin possible, à toutes les allures. Les jarrets sont bien fléchis, produisant un effet de levier puissant.

CI-CONTRE
La société d'élevage décrit le cob gallois Section D comme étant l'incarnation de la force et de la résistance.

DESCRIPTION DE LA RACE

Hauteur Plus de 1,32 m. Généralement 1,42 – 1,52 m.

Robe Toutes, sauf pie et pie noir.

Conformation Belle tête de poney, yeux confiants bien espacés, oreilles propres et bien attachées ; longue encolure bien portée ; épaules fortes et bien en arrière, corps musclé, fort et profond ; arrière-main musclée ; membres courts et puissants, avant-bras longs et forts, jambes fortes et musclées, grosses articulations plates, pieds bien formés.

FAITS INTÉRESSANTS

En croisant des juments welsh mountain avec des petits cobs gallois, les éleveurs produisirent le poney gallois de type cob (Section C du Stud Book), une version plus petite du cob et un merveilleux poney de selle et d'attelage. Il a toutes les caractéristiques de son grand cousin mais ne mesure pas plus de 1,32 m. Comme le cob, il était utilisé par les fermiers de la région et pour le transport d'ardoise des mines au nord du pays de Galles. Après la Seconde Guerre mondiale il faillit s'éteindre, mais il s'en remit. Les poneys actuels sont très appréciés pour la randonnée, la chasse à courre et l'attelage.

CI-DESSUS
Attraction populaire des concours, le cob gallois est aussi un bon chasseur et un merveilleux cheval de sport polyvalent.

CI-CONTRE
Pour être de cette race robuste, il faut une belle tête, un passage de sangle profond et des membres solides avec une bonne ossature plate.

aussi très apprécié dans l'armée, en particulier pour tracter les canons et autres pièces lourdes. Doté d'allures actives et d'une grande vigueur, le cob gallois est connu pour son trot spectaculaire, héritage du norfolk roadster.

Jusqu'en 1918, date à laquelle on instaura un système de licences, les étalons étaient en effet sélectionnés avec des matchs de trot. De nos jours cette race est bien sûr appréciée dans les courses d'attelage.

Le cob gallois est unique en ce sens qu'il n'a pas de taille limite. Il doit seulement avoir gardé les caractéristiques propres aux poneys, et sa tête témoignera de l'ascendance welsh mountain. Il produit d'excellents chevaux de sport lorsqu'il est croisé avec du pur-sang (surtout au deuxième croisement).

Le Highland

DESCRIPTION DE LA RACE

Hauteur 1,30 – 1,42 m.

Robe Différentes nuances isabelle, mais aussi gris, bai-brun, noir et parfois bai et alezan brûlé à crins lavés.

Conformation Tête bien portée et large au front, œil alerte et aimable, grands naseaux ouverts ; encolure forte, gorge propre ; épaules bien en arrière ; corps compact, poitrail profond et coffre ; arrière-main puissante, jambes et cuisses bien développées ; membres robustes, canons courts, ossature plate et dure, sabots noirs, durs et bien formés ; fanons soyeux et pas trop abondants qui se terminent en petite touffe au niveau du boulet ; crins au vent, longs et soyeux.

Il fait partie des poneys britanniques les plus forts et les plus lourds. Le highland est originaire des montagnes de la Haute-Écosse et des îles à l'ouest du pays, où il vit sans doute depuis des milliers d'années. Son pied est sûr, il est très résistant et il vit longtemps : c'est le résultat de divers accouplements éloignés, en particulier avec des arabes et des clydesdales. Les ducs d'Atholl, éleveurs de highlands très influents, firent certainement des apports de sang oriental au XVIe siècle déjà.

La race était autrefois divisée en deux types : un type de terre ferme qui pouvait mesurer jusqu'à 1,42 m, et un type insulaire plus petit et plus léger. La Highland Pony Society, fondée en 1923, ne reconnaît plus ces distinctions mais on discerne toujours quelques différences.

Le highland est un poney fort et robuste. Ce travailleur généreux et polyvalent a porté les hommes à la guerre, a été la monture des gardiens de troupeaux, a travaillé en harnais, a traîné des troncs, a porté des chasseurs de cerfs dans les collines et même ramené leurs prises (parfois plus de 100 kg !) sur son dos.

CI-CONTRE
Le highland est généreux. Il est toujours utilisé sur les grands domaines écossais pour porter des paniers à gibier et tirer les cerfs abattus.

CI-DESSUS
Les highlands sont réputés pour la beauté de leur robe, et leurs crins abondants et soyeux.

Aujourd'hui il est très utilisé pour la randonnée et l'équitation générale car il peut porter un cavalier adulte. Les pur-sang participent avec succès à plusieurs disciplines sportives, dont l'attelage et le dressage.

Croisé avec du pur-sang, le highland devient un excellent chasseur, et plus d'un grand cheval de concours complet de trois jours a eu du sang highland dans les veines.

FAITS INTÉRESSANTS

La robe du highland est très caractéristique, en particulier ses différentes nuance : isabelle, café au lait, doré, souris, soupe au lait et baillet (café au lait aurait été sa robe d'origine). Les poneys ont presque tous des détails primitifs, comme une raie de mulet sur le dos et des zébrures sur les membres. Ces marques témoignent de la rusticité de la race.

CI-DESSOUS
La polyvalence de cette race est très appréciée. Il lui est aussi aisé de traîner des troncs que de porter un cavalier à la chasse ou d'être en harnais.

PAGE DE GAUCHE EN HAUT
La tête du highland est large au front, courte entre les yeux et le bout du nez, et bien portée sur une encolure robuste. L'œil est aimable.

PAGE DE GAUCHE
Façonnée par son environnement rude, la race est forte, résistante, économique, et elle vit longtemps. Sa sûreté de pied est immense, même sur les terrains les plus traîtres.

Le Shetland

Le plus petit poney britannique tire son nom d'un groupe d'îles situé au nord de l'Écosse, à la même latitude que le sud du Groenland. Ses origines sont incertaines ; ils doivent cependant y être depuis plusieurs siècles, et peut-être même depuis beaucoup plus longtemps.

DESCRIPTION DE LA RACE

Hauteur Maximum 1,02 m jusqu'à trois ans. Maximum 1,07 m à partir de quatre ans.

Robe Toutes sauf tachetées.

Conformation Petite tête bien attachée et large au front, œil foncé, confiant et intelligent, petites oreilles droites, bout du nez large avec de grands naseaux ouverts, corps fort et profond, dos court, reins musclés ; arrière-main large et forte ; membres robustes, bonne ossature plate, canons courts ; pieds solides, ronds et bien formés.

CI-CONTRE
La profusion de crins du shetland le protège parfaitement du climat rigoureux de ses îles natales.

Le shetland est petit mais extrêmement fort : c'est sûrement l'un des équidés les plus forts du monde si l'on considère sa taille. Très bien adapté aux caprices climatiques de ces îles nordiques et à la pauvreté de leurs pâturages, il est naturellement résistant. Son action est libre et droite, et il lève bien les articulations ; c'est le résultat de siècles passés sur des terrains tourmentés, rocheux ou recouverts de bruyères. Les poneys font partie de la vie quotidienne des insulaires, qui les ont utilisés pour la selle comme pour le bât, transportant tout, des céréales à la tourbe. Très petits et très forts, ils étaient parfaitement adaptés au travail souterrain dans les mines de charbon. L'élevage devint florissant, mais aucune sélection ne fut entreprise avant 1850 environ.

Le shetland est également apprécié loin de ses îles natales comme poney de selle pour les enfants. Il peut être très volontaire, mais il est très intelligent et répond bien quand il est correctement manié. Ses allures actives et sa maniabilité font de lui un poney d'attelage parfait, et on peut même le voir concourir à un niveau international.

CI-CONTRE
Cette race très petite et trapue est réputée pour sa force extraordinaire.

CI-CONTRE
Les shetlands sont des petits poneys très actifs. Ils participent volontiers aux *Grand Nationals* organisés au profit d'œuvres de charité.

CI-DESSOUS
Au printemps le shetland commence à perdre son épaisse robe hivernale, dont le rôle était de le protéger du froid et de l'humidité extrêmes.

CI-DESSUS
Les shetlands peuvent être volontaires, mais dans les mains d'un enfant compétent ce sont de bons poneys de selle.

CI-CONTRE
Ces poneys sont actifs et ont le pied sûr grâce aux siècles passés sur des terrains tourmentés et rocailleux. Leurs pieds sont bien formés et extrêmement durs.

FAITS INTÉRESSANTS

En hiver, le shetland a une deuxième couche qui pousse dans sa robe ; elle aura des « poils protecteurs » qui le garderont totalement au sec, quel que soit le climat. Les crins sont très abondants.

Le Dales

Originaire des vallées de l'est des Pennines, dans le nord de l'Angleterre, ce poney a des ancêtres communs avec son voisin des versants ouest, le fell. On dit que ces poneys descendent des chevaux romains, de l'époque à laquelle les frisons arrivèrent dans le nord de l'Angleterre ; cela pourrait expliquer la robe noire des dales.

Il y aurait eu plusieurs accouplements éloignés, avec des norfolk roadsters par exemple. Au XIXe siècle on utilisa aussi du sang welsh mountain et clydesdale. Malgré ce dernier le dales garda ses caractéristiques de poney, comme en témoignent sa belle tête et ses petites oreilles mobiles.

Le dales est très fort, et a des allures incroyablement actives. Autrefois il jouait un grand rôle dans l'industrie locale du plomb : il travaillait sous terre, mais aussi à la surface car il servait à transporter le plomb jusqu'aux ports. L'armée aussi s'en servait beaucoup. Vigueur, courage et docilité, associés à beaucoup de force et d'énergie font du dales un poney de selle et d'attelage hors pair. Il saute, il est intelligent, raisonnable et calme, et il porte facilement un adulte.

DESCRIPTION DE LA RACE

Hauteur Maximum 1,42 m.

Robe Généralement noir, mais aussi bai, bai-brun et parfois gris.

Conformation Jolie petite tête large au front, œil vif, petites oreilles droites ; épaules obliques ; corps fort et profond, dos court, coffre, reins robustes ; arrière-main bien développée ; membres forts, canons courts et droits ; articulations propres, pieds larges, très durs et bien formés ; fanons fins et soyeux sur les talons.

FAITS INTÉRESSANTS

Les dales ont naturellement le pied sûr. Les Romains auraient utilisé leurs ancêtres pour construire le mur d'Hadrien entre l'Angleterre et l'Écosse.

EN HAUT
Il y a des poneys sur chaque versant des Pennines, et aux frontières écossaises, depuis des siècles. Ils remontent en partie au galloway écossais, mais la robe noire des dales provient sûrement de l'influence du frison.

CI-CONTRE
Des membres forts, une bonne ossature et d'excellents pieds ont fait la renommée de cette race.

Le Fell

Comme son parent le dales, ce poney descendrait des frisons des armées romaines et aurait été influencé par le galloway. Ce dernier était la monture des voleurs de bétail, qui avaient en effet besoin d'un cheval rapide, fort et sûr pour accomplir leurs forfaits. La race est aujourd'hui éteinte.

Le fell est un poney plus petit et plus léger que le dales (la distinction officielle ne se fit qu'en 1916, quand la Dales Improvement Society et la Fell Pony Society furent créées). Le fell est néanmoins extrêmement fort et, comme le dales, fut utilisé pour le bât. Au XVIIIe siècle il transportait du plomb, du charbon et du minerai de fer jusqu'à la côte : il avait jusqu'à 100 kg sur le dos à chaque fois ! Il servait même pour les convois de bêtes de somme qui transportaient des produits tels que la laine jusqu'à Londres.

Le fell est connu pour ses bonnes allures ; il a un pas actif et rapide, et un trot vif. Depuis qu'il ne sert plus pour le bât, les troupeaux ou la ferme, il est devenu très populaire dans l'équitation de loisir. C'est une monture excellente pour la randonnée, le cross-country monté ou attelé, et pour le dressage pur.

DESCRIPTION DE LA RACE

Hauteur Maximum 1,40 m.

Robe Noir, bai-brun, bai ou gris, de préférence sans marques blanches ; une étoile ou un peu de blanc sur les pieds sont acceptés.

Conformation Petite tête bien attachée et large au front, œil vif et proéminent, oreilles petites et propres, naseaux ouverts, belle gorge et bonnes mâchoires ; encolure robuste mais pas trop lourde, d'où une bonne longueur de rênes ; bonnes épaules obliques ; corps fort et profond, reins musclés ; arrière-main forte, queue bien attachée ; membres robustes, beaux canons denses et plats, pieds bien formés, corne bleue caractéristique.

CI-DESSUS
Les fells proviennent de l'ouest des Pennines. Ils sont un peu plus petits que leurs voisins dales mais ont la même robustesse, et les mêmes allures actives.

CI-DESSOUS
Le fell est un excellent poney de selle. Ceux-ci, photographiés lors d'un concours de performance de la race, participaient au saut d'obstacles, à des jeux montés mais aussi au concours de présentation.

FAITS INTÉRESSANTS

S.A.R. le duc d'Édimbourg participe aux épreuves avec un attelage de fells de la Reine. Comme ils sont résistants et que leur trot est vif, ils conviennent tout à fait à l'étape du marathon : courir sur 26 km.

Le Connemara

Élégant, résistant, intelligent, extrêmement agile et bon sauteur, c'est sans doute le meilleur poney de performance du monde. C'est la seule race originaire d'Irlande, et elle tire d'ailleurs son nom de la côte ouest du pays. Les poneys vivent dans cette région sauvage et rocailleuse depuis des temps immémoriaux.

On ne sait pas très bien comment le connemara s'est développé. Il pourrait descendre des chevaux barbes et espagnols qui, au VIe siècle av. J.-C., débarquèrent en Irlande avec les envahisseurs celtes. Ces chevaux auraient en effet été croisés avec la souche locale. Ou alors, il est fort probable qu'il y a eu des importations de chevaux au cours des siècles d'échanges commerciaux entre l'Irlande et la péninsule Ibérique. La race montre des signes indiscutables de sang espagnol et oriental. De nos jours, les experts réfutent l'idée selon laquelle le connemara descendrait des chevaux de l'Armada espagnole qui, en 1588, avaient nagé jusqu'à l'Irlande après avoir fait naufrage. Selon eux, c'est de la pure fantaisie !

CI-CONTRE
La tête magnifique du connemara est très raffinée. Le gris est la robe prédominante de cette race.

On sait que des propriétaires terriens du XIXe siècle avaient importé des étalons arabes, mais on ne peut pas savoir l'influence qu'ils ont eue sur le connemara, s'ils en ont eu une. Vers la fin du siècle on fit des apports de sang welsh, et celui-

DESCRIPTION DE LA RACE

Hauteur Maximum 1,42 m.

Robe Généralement gris, mais aussi bai-brun, isabelle, noir et parfois alezan et aubère.

Conformation Tête courte mais large au front, profil souvent légèrement concave, grands yeux foncés, petites oreilles ; longue encolure incurvée, d'où une bonne longueur de rênes ; épaules obliques ; corps profond et compact ; arrière-main puissante, queue haut placée ; membres forts, canons courts et denses, bien solides.

CI-CONTRE
L'excellente conformation du connemara, en particulier ses épaules obliques, font de lui un cheval de selle sensationnel. Il est doté de force, de mouvements amples et d'un très bon équilibre.

FAITS INTÉRESSANTS

Comme beaucoup de connemaras demi-sang, Little Model eut du succès en concours. D'un étalon pur-sang et d'une jument connemara, ce gris avait été entraîné pour le cirque. La cavalière de dressage V.D.S. Williams passa beaucoup de temps à lui « désapprendre » ses tours avant de pouvoir se concentrer sur le travail de Grand Prix. Ils participèrent aux J.O. de 1960, et finirent honorablement à la onzième place. L'année suivante ils furent troisièmes aux championnats d'Europe (la Grande-Bretagne n'était encore jamais montée sur le podium en dressage). Malheureusement Little Model voyageait très mal, et ne concourut donc plus jamais à l'étranger. Il eut beaucoup de succès dans son pays.

CI-DESSUS
Des connemaras dans leur habitat naturel, dans l'ouest de l'Irlande.

ci eut de l'impact : l'un des étalons welsh, Prince Llewellyn, engendra Dynamite d'une jument locale. En 1904, ce dernier engendra Cannon Ball, premier étalon a être entré dans le stud-book du connemara. Il y eut d'autres tentatives d'« amélioration » avec du sang pur-sang, hackney et clydesdale.

En 1923, la Connemara Pony Breeder's Society vit enfin le jour à Galway. Soutenue par le Département de l'agriculture, son but était d'améliorer la race de l'intérieur en sélectionnant les meilleures juments et quelques étalons de même qualité pour en faire la souche d'élevage.

Le produit de ces efforts fut un type fixe de poney extraordinaire, excellent dans tous les sports, concours de saut d'obstacles, concours complet de trois jours, dressage et attelage. Croisé avec du pur-sang, il produit un excellent cheval de performance.

CI-DESSOUS
Moteur à poney traditionnel : tirant des algues à Galway.

CI-DESSUS
Le connemara est un poney de selle inégalable. Vif et raisonnable, courageux et gentil, c'est la monture idéale des enfants comme des adultes.

Le Fjord

DESCRIPTION DE LA RACE

Hauteur 1,30 – 1,40 m.

Robe Plusieurs nuances isabelle avec une raie de mulet, souvent avec des zébrures sur les membres.

Conformation Tête de poney avec un front large et de petites oreilles ; encolure musclée ; corps fort et profond ; queue attachée assez bas ; membres courts et robustes, bonnes articulations, canons courts et denses ; pieds durs et sains.

Ce drôle de petit poney vit en Norvège, et probablement dans d'autres pays scandinaves, depuis la préhistoire. À première vue, il ressemble un peu au cheval de Prjevalski, mais sa tête est moins lourde et primitive ; en effet, elle a plus la taille et la forme de celle d'un poney. L'art viking représente des poneys similaires au fjord, en train de se battre, comme en Islande. Ce passe-temps dut être un sport, une sorte de test de performance, ou même les deux.

Des centaines, voire des milliers d'années passées dans les montagnes produisirent un poney parfaitement adapté à son environnement. Trapu et musclé, le fjord a des membres courts et robustes avec de bonnes articulations et des pieds sains et durs. Tout au long des siècles, sa sûreté de pied, sa force, sa santé et son incroyable robustesse en ont fait le compagnon inestimable des fermiers. Habitué aux pires conditions climatiques et aucunement intimidé par les terrains les plus tortueux, il fut aussi un cheval de bât parfait pour les chemins de montagne.

De nos jours on trouve des fjords dans beaucoup de pays en dehors de la Scandinavie, dont l'Allemagne, le Danemark et l'Angleterre. C'est un bon cheval de selle et d'attelage.

CI-CONTRE
Bien que son environnement naturel soit celui des montagnes, le fjord s'adapte bien aux autres pays, où il est apprécié pour sa beauté et ses capacités de performance.

PAGE DE GAUCHE EN HAUT
Le fjord a une tête de vrai poney, avec de petites oreilles, de grands yeux espacés et un petit bout du nez plus clair que le reste de la robe.

PAGE DE GAUCHE
La carrure trapue du fjord témoigne de sa grande force. Avec un passage de sangles profond, une encolure musclée et des membres robustes, c'est un bon petit cheval de trait pour les zones inaccessibles aux machines.

CI-CONTRE
La couleur incroyable des crins de cette race est unique. Ils sont noirs et argentés.

CI-CONTRE
Les fjords sont d'excellents poneys d'attelage. Ils sont calmes et généreux, mais avec des allures vives et une exceptionnelle sûreté de pied, comme toutes les races de montagne.

FAITS INTÉRESSANTS

L'un des traits les plus distinctifs du fjord est la couleur de ses crins. La queue et la crinière sont noires au centre et « argentées » autour. La crinière drue est traditionnellement coupée en arrondi, la raie centrale dépassant légèrement.

Le Caspien

En 1965, dans les montagnes du nord de l'Iran, non loin de la mer Caspienne, on découvrit plus d'une vingtaine de chevaux miniatures, pas plus grands qu'un petit poney mais avec l'apparence extérieure d'un cheval minuscule. Des examens plus approfondis révélèrent que certaines caractéristiques différaient cependant : ils avaient une très grosse molaire de chaque côté de la mâchoire supérieure, un scapulum qui n'était pas celui des équidés, et une formation légèrement différente des trois os pariétaux de la tête.

Ce poney caspien pourrait être le descendant direct des premiers équidés de la région, qui vivaient là vers 3000 av. J.-C. Plusieurs détails appuient cette théorie : la découverte en Iran des os d'un petit cheval très similaire datant de cette époque, un sceau, au British Museum, qui montre le roi Darius menant un char tiré par des chevaux de type caspien, et d'autres objets d'arts de la période qui dépeignent des petits chevaux similaires. On pense que le caspien pourrait être un ancêtre éloigné de l'arabe.

Le caspien fut mystérieusement « perdu » pendant plusieurs siècles. Après sa redécouverte, on adopta un programme d'élevage strict pour sauvegarder la race. On trouve des caspiens dans plusieurs pays d'Europe, en Australie, en Nouvelle-Zélande et aux États-Unis.

Le caspien est extrêmement robuste, très rapide, résistant et gentil. Il a une ossature très dense et des pieds extrêmement durs et solides qui n'ont pas besoin de fers. C'est un bon poney de selle et, malgré sa petite taille, c'est un excellent sauteur.

DESCRIPTION DE LA RACE

Hauteur 1 m – 1,20 m.

Robe Bai, gris et alezan, parfois avec des marques blanches sur la face et les membres.

Conformation Tête fine et courte, grands yeux, front voûté, bout du nez fin avec de grands naseaux bas, oreilles très courtes ; encolure gracieuse ; épaules obliques ; corps mince avec un dos droit et une queue haut placée ; membres minces mais une ossature forte et dense ; pas ou peu de fanons ; sabots nets, ovales et incroyablement solides.

EN HAUT
Le caspien a une petit tête raffinée dont la peau est particulièrement fine. Les oreilles ne devraient pas faire plus de 11,5 cm de long.

CI-DESSUS
La race est désignée comme poney à cause de sa petite taille, mais elle a tous les attributs d'un petit cheval.

FAITS INTÉRESSANTS

Malgré sa petite taille, le caspien à une très belle action naturelle ; il peut suivre un cheval au pas, au trot et au galop. Les foulées des poulains sont déjà incroyablement allongées.

Le Poney de selle

CI-DESSOUS
Le poney de selle ressemble à un pur-sang miniature mais doit avoir les caractéristiques du poney, pas celles du cheval. Une longue encolure et des épaules obliques lui donnent la liberté de mouvement nécessaire.

Tous les poneys qui peuvent être montés sont appelés « poneys de selle ». En Grande-Bretagne, on développa cependant un type précis de poney de concours appelé « Poney de selle ». C'est essentiellement un cheval de promenade pour enfants, l'équivalent du pur-sang de présentation des cavaliers adultes. Il n'est donc pas surprenant que l'on ait utilisé de petits pur-sang dans son développement. On croisa des pur-sang et des arabes avec des poneys indigènes, en particulier le welsh et le dartmoor, pour produire de très beaux poneys à l'excellente conformation. Les meilleurs spécimens ressembleront à un pur-sang minuscule mais n'auront pas perdu la substance et l'ossature d'un véritable poney ; ils auront l'air de poneys, pas de petits chevaux.

Étant par définition une monture destinée aux enfants, le poney de selle doit être raisonnable et sans danger pour le jeune cavalier ; mais comme c'est également un poney de concours, il doit avoir une belle présence et l'action basse, longue et gracieuse du pur-sang. Les éleveurs de poneys de selle recherchent tous la combinaison parfaite. Ces poneys peuvent entrer dans le stud-book de la National Pony Society.

DESCRIPTION DE LA RACE

Hauteur Catégories de concours – jusqu'à 1,22 m – 1,23 et 1,32 m – 1,42 m.

Robe Toutes robes simples, marques blanches permises.

Conformation Belle tête fine, grands yeux espacés, petites oreilles ; encolure assez longue ; bonnes épaules obliques, garrot bien sculpté ; dos moyennement long, passage de sangles profond ; arrière-main musclée, queue bien attachée ; membres durs et propres, articulations plates, canons courts, jarrets bien descendus ; pieds sains de taille égale ; pas de fanons.

FAITS INTÉRESSANTS

Dans les concours, il y a des classes pour la hauteur mais aussi pour les poneys montés en amazone, pour les couples de poneys et pour les poneys novices. Les poneys sont jugés sur leurs allures, leur conformation et leurs manières, mais on ne leur demande pas de sauter.

Poneys des Amériques

Cette race de poneys tachetés date des années cinquante. L'étalon fondateur, Black Hand, fut le résultat de l'accouplement d'un shetland et d'une jument appaloosa. Black Hand n'était autre qu'un appaloosa miniature. Il y eut un intérêt grandissant pour un tel concept de poney tacheté et le poney des Amériques, comme on l'appela, est devenu un poney de selle apprécié sur tout le territoire nord-américain et même canadien. Il a sa propre société d'élevage et son stud-book.

Ce poney ne mesure pas plus de 1,32 m et doit avoir l'une des robes reconnues comme appaloosa. Il devrait être bien proportionné, avec de la substance, du style, du raffinement – comme un croisement de quarter horse et d'arabe. Ses allures devraient être douces, son action libre et droite. Le poney des Amériques participe à toutes sortes de jeux et de concours de style western, en selle anglaise et en harnais. C'est un gentil poney, idéal pour les enfants.

CI-DESSUS
Le poney a une très belle tête et des yeux doux qui reflètent sa docilité et son amabilité.

CI-DESSOUS
Le poney des Amériques ressemble un peu au quarter horse, mais en plus raffiné.

FAITS INTÉRESSANTS

Leslie Boomhower, de Mason City dans l'Iowa, était responsable de l'accouplement de shetlands et d'appaloosa qui produisit l'étalon fondateur de la race.

DESCRIPTION DE LA RACE

Hauteur 1,12 – 1,32 m.

Robe Marques appaloosa classiques – léopard, neigé, givré, marbré.

Conformation Belle tête, profil parfois légèrement concave, grands yeux doux proéminents, oreilles alertes de taille moyenne ; encolure légèrement incurvée ; épaules profondes avec une bonne oblique, garrot saillant ; corps rond, très musclé avec du coffre, dos et reins courts ; arrière-main musclée, longue croupe à niveau ; membres forts, bonnes articulations propres ; pieds larges et bien formés.

Le Shetland américain

Les premiers shetlands furent importés dans les années 1880 et devinrent vite populaires. En 1890, quand l' American Shetland Pony Club fut établi, il y avait plus de deux cents éleveurs de shetlands sur les listes – Buffalo Bill Cody en tête. Aujourd'hui il y a beaucoup de shetlands, mais bien que leur nom n'ait pas été changé, ils n'ont plus l'apparence du « Sheltie » des îles britanniques.

Le shetland américain est le résultat de croisements entre des shetlands pur-sang et des poneys hackney, plus quelques apports de sang arabe et pur-sang. Il ressemble plus au hackney qu'au shetland original. Il est aussi plus raffiné que le vrai shetland car son corps est plus long et plus fin, et ses membres plus longs et plus minces. La tête a elle aussi perdu le caractère du vrai poney. L'action élevée et extravagante du shetland américain témoigne du sang hackney dans ses veines, et le rend très populaire pour l'attelage.

DESCRIPTION DE LA RACE

Hauteur Jusqu'à 1,03 m environ.

Robe Toutes.

Conformation Tête assez longue, profil droit ou légèrement concave ; longue encolure gracieuse, garrot saillant ; épaules obliques ; corps et arrière-main courts et robustes ; membres assez longs.

CI-CONTRE
Le shetland américain mesure généralement 5 cm de plus que le vrai shetland. Il a pratiquement les mêmes robes que la race écossaise d'origine.

CI-DESSUS
Le shetland américain a plus ou moins perdu les caractéristiques d'un poney à cause des apports de sang hackney, arabe et pur-sang.

FAITS INTÉRESSANTS

L'action élevée du shetland américain, due à son ascendance hackney, fait de lui un bon poney d'attelage. Comme les autres chevaux américains à cinq allures, l'action est augmentée par la longueur anormale des pieds. Les shetlands concourent dans des classes individuelles, par paires et en tandem, mais aussi en harnais et montés.

Types

Il y eut des chevaux et des poneys avec des robes et des motifs insolites tout au long de l'histoire. Ils ont toujours été très prisés, quel que fût leur pedigree. Pour certains poneys ont récemment été ouverts des registres ou des stud-books particuliers, surtout pour les types les plus populaires – et maintenant certains sont qualifiés même pour le titre de « races ». Le terme « race » désigne les chevaux issus d'accouplements sélectifs, et dont le type s'est enfin fixé. On enregistre le pedigree des chevaux appartenant à une race particulière dans un stud-book (ou registre généalogique). Le terme « type » désigne, lui, un cheval élevé pour un usage spécifique, comme la chasse à courre. Toutes sortes de croisements peuvent être (et sont) faits dans le but de produire un bon cheval de chasse, et ces chasseurs ne peuvent donc pas être qualifiés de race. Comparé au nombre de races de chevaux et de poneys, il existe peu de types. Ils jouent néanmoins un rôle important dans le monde de l'équitation de loisirs.

Le Palomino

Les hommes ont toujours prisé les chevaux à robe dorée. On retrouve de tels chevaux dans des œuvres d'art asiatiques, japonaises et européennes, souvent très anciennes. On parle de chevaux à la robe dorée dans l'*Iliade* d'Homère, et dans diverses légendes scandinaves. En Espagne, la reine Isabelle la Catholique, protectrice de Christophe Colomb, en encouragea l'élevage ; les Espagnols ont donc appelé ces chevaux les « Isabellas ».

Il existe plusieurs théories quant à l'étymologie du mot « palomino », qui est la dénomination actuelle de ces chevaux dorés. La plus plausible veut que le mot provienne de Juan de Palomino, à qui Cortès offrit un cheval de cette couleur. Selon d'autres théories, ce terme reprendrait le nom d'un raisin espagnol, ou encore viendrait du mot *palomina* (colombe). On trouve des palominos chez de nombreuses races ; le mot désigne

DESCRIPTION DE LA RACE

Hauteur Le registre de la Palomino Horse Breeders of America (PHBA) admet les chevaux qui mesurent entre 1,40 m et 1,70 m.

Robe Celle d'une pièce d'or fraîchement battue, avec des nuances allant du clair au plus foncé. La peau est généralement grise, noire, brune ou bariolée sans taches ou peau rose en dessous, sauf sur la tête et les membres. Yeux noirs, noisette ou bruns. Crins lavés avec pas plus de 15 % de poils foncés, café au lait ou alezans. Raie de mulet et zébrures interdites.

Conformation Pour être enregistrable à la PHBA un palomino doit montrer du raffinement au niveau de la tête, de l'ossature et de la structure globale en fonction des races reconnues par la PHBA, et doit être apte à porter un équipement western ou anglais. Il ne doit avoir aucune caractéristique de poney ou de cheval de trait.

PAGE PRÉCÉDENTE GAUCHE
Cheval pinto.

PAGE PRÉCÉDENTE
Robe palomino typique.

EN HAUT
Les palominos ont toujours les crins lavés. Pour qu'ils soient enregistrables, les proportions de la tête doivent être celles d'un cheval de selle, sans aucune caractéristique de poney ou de cheval de trait.

CI-CONTRE
Ce quarter horse est un exemple magnifique des critères de la PHBA ; ils demandent que la robe soit comme « une pièce d'or fraîchement battue ».

CI-CONTRE
On trouve des palominos, comme ce poney britannique, dans le monde entier. Ils n'ont pas besoin d'appartenir à une race précise pour être enregistrés comme tels.

CI-DESSOUS
Les chevaux à la robe dorée ont toujours été prisés, partout dans le monde. Ceux-ci furent photographiés en France.

FAITS INTÉRESSANTS

On trouve de merveilleux chevaux palominos chez plusieurs races. Aux États-Unis, il y a le morgan, le quarter horse, le saddlebred et le tennessee walking horse, et en Grande-Bretagne les poneys welsh et cob.

donc un type de robe et non une race spécifique. Les chevaux palominos sont surtout associés à l'Amérique du Nord, où il arrivèrent avec les conquistadores espagnols. L'origine de cette robe est incertaine mais elle pourrait venir de l'arabe – bien qu'aujourd'hui on ne la retrouve pas sur les pur-sang de cette race. L'un des aspects intrigants – voire frustrants – des chevaux palominos, c'est qu'on ne peut pas savoir si un poulain naîtra de cette couleur. C'est un aspect purement génétique et la génétique concernant la robes des équidés est très complexe. C'est toute une histoire de gènes dominants et récessifs. Accouplez un palomino avec une palomino et vous n'avez que 50 % de chances que le poulain soit lui aussi palomino. Vous avez 25 % de chances qu'il soit café au lait, et 25 % de chance qu'il soit pseudo-albinos, autrement dit soupe au lait. Croisez un palomino et un café au lait et les chances restent les mêmes, soit 50 % – et les palominos ainsi obtenus seront souvent trop clairs pour être admis dans une société de palominos. Croisez un palomino avec n'importe quelle autre robe et les chances d'avoir un poulain palomino diminuent.

Malgré les incertitudes associées à l'élevage d'une robe particulière, les chevaux palominos gardent leur beauté séculaire. Ce sont de bons chevaux de selle – la conformation ne doit jamais être sacrifiée pour la robe – que l'on retrouve dans toutes sortes d'activités, du tri de bétail à la randonnée.

L'Appaloosa

CI-CONTRE
Les marques surprenantes de l'appaloosa américain dérivent des chevaux espagnols importés par les conquistadores.

CI-DESSOUS
L'appaloosa est un cheval compact et musclé.

La robe de l'appaloosa américain remonte aux chevaux importés par les conquistadores. Les chevaux tachetés furent particulièrement prisés par les tribus indiennes Nez Percé, qui vivaient alors dans une région au nord-ouest de l'Oregon et au sud-ouest de Washington, aujourd'hui l'Idaho. Le mot « appaloosa » dérive de Palouse, qui est le nom d'une rivière et des terres qui l'entourent.

Les Nez Percé seraient les premiers Indiens à avoir pratiqué un système de sélection systématique. Pendant la seconde moitié du XIXe siècle, les Indiens furent massacrés par l'armée américaine, et les chevaux qui en réchappèrent furent dispersés. On ne commença à rétablir la race appaloosa que dans les années vingt, en s'appuyant sur les descendants de ces rescapés. L'Appaloosa Horse Club fut fondé en 1938 dans l'Oregon. Son objectif était de recueillir des documents officiels et des faits historiques sur les origines de l'appaloosa, afin de pouvoir préserver, améliorer et standardiser la race, et ainsi pouvoir créer un registre des chevaux approuvés.

Ce fut un grand succès, et l'appaloosa est aujourd'hui largement répandu et utilisé en équitation western et en randonnée, mais aussi en concours dans la classe chasseur et sauteur. On associe surtout les

DESCRIPTION DE LA RACE

Hauteur Environ 1,42 – 1,52 m.

Robe Tachetée. La peau est marbrée (particulièrement visible autour des naseaux et des parties génitales).

Conformation L'appaloosa est un cheval compact avec une encolure bien formée, un dos court et fort, une arrière-main puissante, des membres robustes et des pieds extrêmement durs.

CI-CONTRE
Ce cavalier et son cheval, tous deux sur leur trente et un, rappellent le temps où ces chevaux tachetés étaient la monture préférée des indiens Nez Percé.

CI-CONTRE À GAUCHE
On trouve des chevaux tachetés en dehors des États-Unis. Il y a une société d'appaloosa florissante en Grande-Bretagne. Ce cheval fut photographié au Royal Windsor Horse Show (Concours hippique royal à Windsor).

appaloosas aux États-Unis, mais il y en a dans beaucoup d'autres pays.

Il y a principalement cinq robes appaloosa : léopard – robe blanche sur les membres et les hanches avec des taches rondes ou ovales de couleur foncée ; neigé – robe blanche parsemée de petites taches foncées, surtout sur les hanches ; croupe blanche – hanches blanches sans aucune tache ; marbré – tacheté sur tout le corps ; givré – taches blanches sur une robe foncée. De plus, les appaloosas ont un cercle blanc autour des yeux et, souvent, des sabots striés de lignes verticales noires et blanches. Les crins sont souvent peu abondants.

FAITS INTÉRESSANTS

En Amérique, les chevaux tachetés à allures intermédiaires autres que le trot (comme le rack, le fox-trot, le running walk ou l'amble) sont dénommés « walkaloosa ». Pour entrer dans le registre de la Walkaloosa Horse Association (fondée en 1983), le cheval doit présenter l'un de ces trois critères : soit être d'une jument ou d'un étalon walkaloosa enregistré, soit avoir une robe appaloosa et démontrer une allure intermédiaire autre que le trot, soit être le produit d'un appaloosa (robe) vérifiable et de sang ambleur, fox trotter ou tennesse walking horse. Le walkaloosa a le même type de robe que l'appaloosa, ainsi que le cercle blanc autour des yeux. Parmi les robes, il y a (mais pas seulement) léopard, neigé et croupe blanche. Le walkaloosa, comme l'appaloosa, est gentil et raisonnable ; c'est un merveilleux cheval de promenade et de randonnée.

CI-CONTRE
Remarqué pour ses membres robustes et l'excellence de ses pieds, l'appaloosa est un très bon cheval d'endurance.

Le Cheval pie

DESCRIPTION DE LA RACE

Puisque diverses races de chevaux peuvent être pie, il y a des différences de taille. Cela dit, tous les chevaux pie américains ont une conformation de cheval de bétail. C'est en général un animal dont les muscles et l'ossature font un excellent cheval de ranch. Il sait tout faire et, en plus, il est sportif.

On trouve des chevaux pie (noir ou sans noir) dans le monde entier, mais on les associe surtout aux Indiens d'Amérique du Nord.

En Amérique, un cheval qui a ce type de robe peut être enregistré soit comme cheval pie soit comme pinto, selon certains critères. L'American Paint Horse Association (Association américaine du cheval pie) fut fondée en 1962 pour fournir un registre aux chevaux qui avaient des robes uniques et hautes en couleur, à la peau et aux poils contrastés, et à la conformation typique du cheval de bétail. Pour faire partie de l'APHA, les chevaux doivent être issus de chevaux certifiés APHA, quarter horse ou pur-sang, et doivent avoir certains critères de couleur. Un cheval dont la robe est principalement simple doit avoir de « vraies » marques pie, c'est-à-dire des zones de poils blanc sur de la peau sans pigments. Un cheval dont la robe est principalement blanche doit avoir des zones de poils colorés sur de la peau pigmentée. Les zones de contraste devront être visibles à la naissance du poulain et au moment de l'enregistrement.

L'APHA garde deux registres, le « Régulier » et le « Reproducteurs ». Pour entrer dans le registre Régulier le poulain doit avoir au moins une marque « naturelle » pie, et celle-ci doit faire 5 cm de

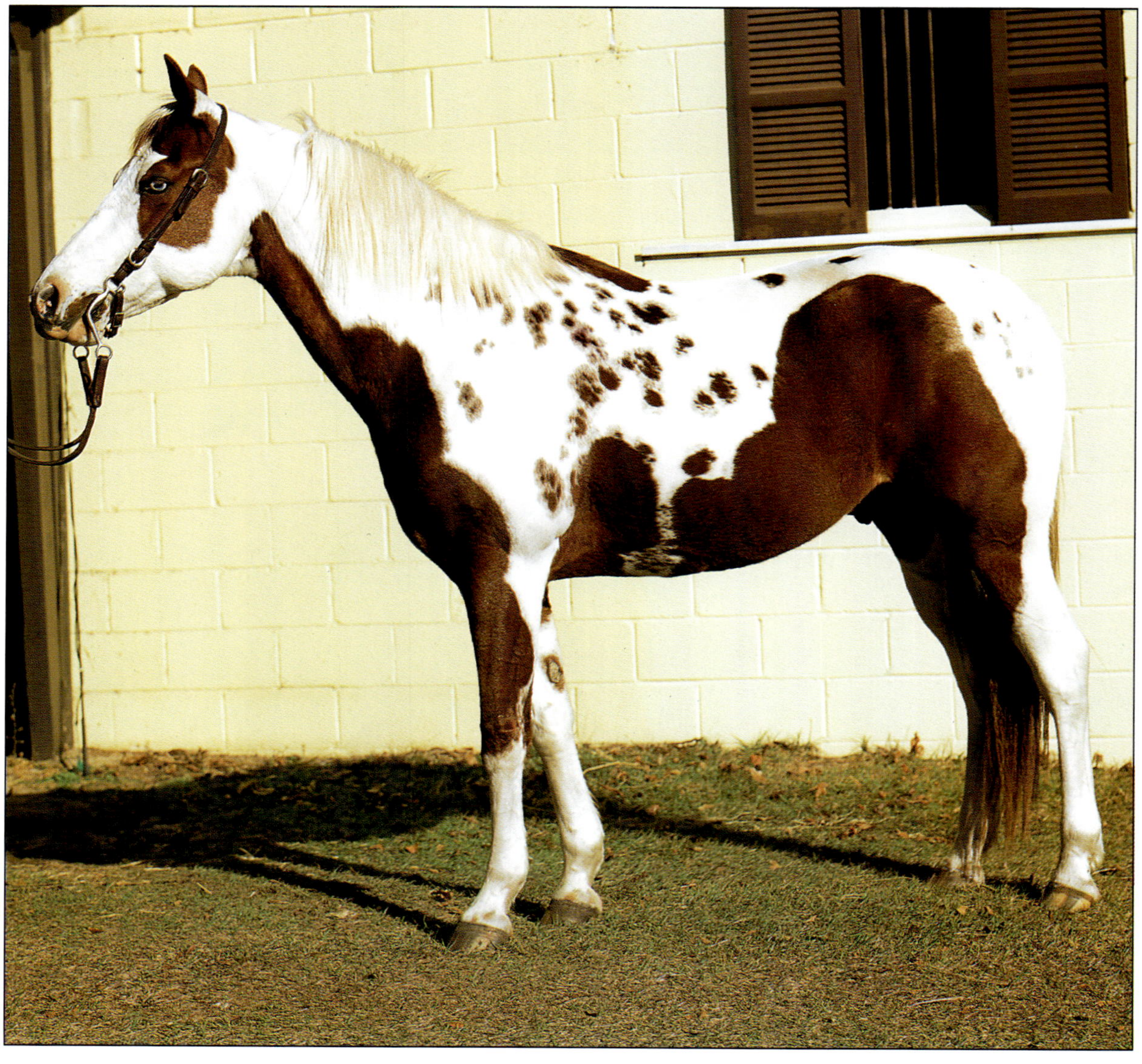

EN HAUT
Ce cheval pie a des marques *tobiano* : flancs foncés, « bouclier » sur le cou et le poitrail, membres blancs.

PAGE DE DROITE
Les chevaux pie ont toujours été associés à l'Ouest américain. Le cheval de gauche est un *overo* à belle-face.

CI-CONTRE
La forme et la carrure caractéristiques du cheval pie sont celles du cheval de cow-boy : bonne conformation de cheval de selle mais apparence compacte et trapue.

▮ CI-DESSOUS
Comme le cheval pie, le pinto a une robe *overo* et *tobiano* (celui-ci est *tobiano*). Pour des questions d'enregistrement, les pintos sont divisés par type de conformation.

diamètre minimum. Si un cheval n'a pas les marques requises mais qu'il a le pedigree requis (par exemple un poulain à la robe simple issu de l'accouplement de deux pie enregistrés), il est alors entre dans le registre « Reproducteurs ».

Le spectre des robes du cheval pie comprend tous les tons connus dans le monde équin. Les formes varient d'une robe de couleur presque unie avec un minimum de blanc à un blanc presque uniforme avec très peu de couleur. Les motifs sont distingués selon la localisation de la couleur sur le cheval, les deux principaux étant le *tobiano* et le *overo*.

Les chevaux *overo* ont les caractéristiques suivantes : le blanc ne traverse pas le cheval entre le garrot et la queue ; généralement, au moins un membre et souvent les quatre seront foncés ; le blanc est généralement irrégulier, assez épars et comme des « flaques », souvent appelé *calico* ; il y plusieurs marques faciales dont la *belle-face* ; la queue est généralement d'une seule couleur.

Les chevaux *tobiano* ont les caractéristiques suivantes : la couleur foncée recouvre généralement l'un des deux flanc ; souvent les quatre membres seront blancs, en tous cas sous les jarrets et les genoux ; les taches généralement régulières, de forme ovale ou ronde, descendent sur le cou et le poitrail, donnant l'apparence d'un bouclier ; les marques faciales sont celles des chevaux à robe simple – unie ou liste large, liste, en-tête ou ladre mélangé près des naseaux ; la queue est généralement bicolore.

Les chevaux qui ont des caractéristiques *overo* et *tobiano* sont appelés *toveros*.

FAITS INTÉRESSANTS

La Pinto Horse Association of America fut fondée en 1947 pour fournir un registre aux chevaux et aux poneys avec les mêmes caractéristiques *overo* et *tobiano* que le cheval pie. Il y a toutes sortes de pintos, du pinto miniature au cheval de grande taille. Ils sont divisés par types – de vacher, de chasse, de promenade et de selle – le type étant basé sur la conformation.

Cheval de vacher pedigree et conformation généralement quarter horse (les chevaux qui sont aussi enregistrés comme cheval pie font souvent partie de cette catégorie). Poneys : de type western, conformation similaire à celle du quarter horse.

Cheval de chasse pedigree généralement pur-sang / Jockey Club (quelques chevaux pie entrent dans cette catégorie). Conformation souvent associée à celle d'un cheval de selle anglais. Poneys : conformation associée au cheval pur-sang et au poney connemara.

Cheval de promenade pedigree généralement arabe et morgan. Poneys : port et conformation associés à l'arabe, au morgan ou au poney welsh.

Cheval de selle pedigree généralement saddlebred ou tennessee walking horse, avec un port de tête élevé et beaucoup d'entrain. Poneys : conformation et action du shetland américain et du poney hackney.

Pour être enregistré dans la division concernant la robe, un pinto doit avoir des marques blanches apparentes sur le corps et les membres, la tête n'étant pas incluse. Ces zones doivent être assez grandes pour montrer le pedigree et la robe du pinto. Une joue ou une calotte foncée, ou une face tachetée sur un cheval blanc sont des marques communes aux pintos. Un cheval tout blanc avec une zone colorée sur la tête et sur le corps est un pinto, tout comme un animal à la robe entièrement colorée avec une seule tache ; mais la quantité de couleur et sa localisation, le pedigree des parents, le sexe et l'âge de l'animal servent à déterminer dans quelle division il sera enregistré, dans celle de la robe ou dans celle des reproducteurs.

Le Knabstrup

Ces chevaux tachetés sont connus – et très prisés – depuis fort longtemps, puisqu'on en voit dans l'art chinois antique. De plus, il y avait des lignées tachetées de noriques et de chevaux espagnols, ceux-là mêmes qui influencèrent tant le développement de nombreuses races modernes.

Le fameux knabstrup du Danemark, d'ascendance espagnole, date du temps des guerres napoléoniennes. À l'époque, un boucher du nom de Flaebe acheta une jument tachetée, dénommée Flaebehoppen. Le propriétaire suivant, Judge Lunn, accoupla cette jument extrêmement rapide et résistante avec des frederiksborgs, créant ainsi une lignée de chevaux tachetés.

Appelée « knabstrup », du nom de la propriété de Lunn, cette lignée était moins solide que le frederiksborg mais tout de même robuste et saine ; ce cheval devint populaire au cirque du fait de sa belle robe. Des croisements ultérieurs avec le frederiksborg réduisirent le nombre de knabstrups pur-sang ; on en trouve toujours mais en toutes petites quantités (contrairement à l'appaloosa américain !).

DESCRIPTION DE LA RACE

Hauteur Environ 1,52 – 1,60 m.

Robe Principalement blanche, avec des pois noirs ou bai-brun de différentes tailles sur le corps, la tête et les membres.

Conformation Variable. Les meilleurs spécimens ont une bonne conformation, une tête aimable et intelligente. Les crins sont peu épais comme chez la plupart des races tachetées.

FAITS INTÉRESSANTS

Cette race incroyablement douée pour le cirque montra son talent en Amérique, où il n'y a pas si longtemps l'attraction principale était un tigre du Bengale chevauchant un knabstrup. Le cheval avait un harnais de protection au cas où le gros chat se mettrait à glisser, et déciderait de se rattraper avec les griffes.

EN HAUT
Sur ce knabstrup, on voit nettement la peau marbrée des lèvres et du bout du nez, caractéristique que l'on retrouve chez tous les chevaux tachetés.

CI-CONTRE
La robe blanche toute arrosée de taches foncées, et la nature docile et intelligente du knabstrup en firent un cheval de cirque très populaire.

Le Poney tacheté

Ce type de poney vit en Grande-Bretagne depuis des siècles, en particulier au pays de Galles et dans l'Ouest. On dit que les Romains auraient amené de tels chevaux dans le pays, et que certains ancêtres du poney tacheté actuel auraient été des chevaux espagnols importés. Leur société d'élevage est cependant très récente. En 1974 on créa un registre britannique des chevaux et des poneys tachetés, mais en 1976 la société fut divisée : les poneys qui mesuraient moins de 1,43 m vinrent sous l'égide de la British Spotted Pony Society, et les plus grands entrèrent dans les registres des appaloosas britanniques.

Pour être enregistrés, les poneys doivent montrer certaines caractéristiques : cercle blanc autour des yeux, peau marbrée – mi-foncée, mi-rose visible surtout autour des parties génitales, des lèvres, du bout du nez, des yeux et dans les oreilles ; sabots striés. Les poneys à robe unie, officiellement de parents tachetés, peuvent entrer dans un registre séparé ; mais il vaut mieux montrer certains traits de la race. Les chevaux pie noirs et pie sauf noir ne sont pas qualifiés à y entrer, et leur progéniture non plus.

Les poneys tachetés sont des petits poneys de selle ou de type cob ; ils doivent tous avoir une bonne ossature, de la substance et des allures actives. Ce sont de bons poneys de performances, sous la selle ou en harnais, et ils suscitent un intérêt grandissant pour les concours de présentation dans les classes montées ou en main. Les poneys tachetés britanniques ont été exportés vers l'Australie, l'Amérique du Nord et divers pays européens. Mais les demandes de l'étranger ayant amené à exporter trop de bonnes juments et de bons étalons, la société d'élevage a mis en place un système de primes de performances et d'index de reproduction pour encourager les éleveurs à garder les meilleurs spécimens.

DESCRIPTION DE LA RACE

Hauteur Maximum 1,42 m.

Robe Léopard (taches sombres sur un fond blanc ou clair) ; léopard léger (robe blanche avec quelques taches) ; neigé (taches blanches sur une robe foncée) ; croupe blanche (hanches et arrière-main blanches, avec ou sans taches, la couleur de fond importe peu).

Conformation Belle tête de poney, grands yeux confiants et bien espacés, petites oreilles propres et bien placées, naseaux ouverts et proéminents, gorge propre et bien sculptée ; bonne longueur d'encolure, modérément mince pour les juments, plus crêtée chez les étalons (encolure un peu plus lourde autorisée pour le type cob) ; épaules musclées, obliques et bien en arrière, garrot bien sculpté ; corps fort et musclé, bonne profondeur au passage de sangles et coffre ; arrière-main allongée, forte et bien musclée, queue bien attachée (arrière-main un peu plus fine pour le type de selle) ; avant-bras longs et forts, genoux bien développés, jarrets bien descendus, canons courts, sabots denses et bien formés.

FAITS INTÉRESSANTS

Comme pour tous les types de robes, la reproduction des taches est une question de génétique. Certains poulains tachetés peuvent perdre leurs taches en grandissant à cause du gène gris dominant. Par contre les taches surélevées, celles qui dépassent du reste de la robe, disparaissent rarement. On ne peut donc pas se fier à la couleur de la robe du poulain pour prévoir sa robe de poney adulte car elle change souvent dès la première mue.

EN HAUT
Le poney tacheté britannique a les caractéristiques de tout bon poney : grands yeux expressifs, oreilles propres et mobiles, naseaux ouverts.

CI-CONTRE
Polyvalent et fort, le poney tacheté britannique est un bon cheval de selle complet, mais il peut aussi faire des merveilles en attelage à quatre.

Le Chasseur

Comme son nom l'indique, c'est un cheval de chasse à courre. C'est un type, pas une race, et il n'y a pas de « recette » pour le produire. On s'accorde cependant à dire que les meilleurs chasseurs sont produits en Irlande, en Grande-Bretagne et, plus ou moins, aux États-Unis.

Le type de chasseur idéal varie en fonction de la nature du terrain de chasse : un grand cheval de type pur-sang sera parfait pour galoper et sauter dans les prairies des « shires » anglais, mais moins idéal pour des collines à la terre lourde et inégale, où l'audace et la vitesse sont moins importantes que la stabilité et la sûreté de pied. Quel que soit le type idéal, un chasseur devra toujours avoir une bonne conformation, sans quoi il ne pourra pas accomplir le travail que l'on attend de lui. Il doit avoir un bon équilibre naturel et être confortable sous la selle. Il doit être agile et intrépide, mais également avoir de bonnes manières et être contrôlable. Il doit être assez rapide pour suivre les chiens de meute et assez résistant pour faire de gros efforts physiques pendant toute une journée, et ce, deux fois par semaine pendant la saison. Il doit aussi pouvoir sauter, mais la hauteur de saut requise dépendra du type de terrain de chasse.

Le chasseur irlandais est souvent produit par un croisement pur-sang/trait irlandais, alors que les meilleurs chasseurs britanniques sont un croisement poney local/pur-sang. Il n'y a pas de taille définie, et dans les classes de chasse britanniques et irlandaises, les chevaux sont divisés en fonction du poids qu'ils peuvent transporter.

FAITS INTÉRESSANTS

Dans les concours britanniques, un chasseur poids léger est un cheval capable de transporter jusqu'à 79,37 kg, un poids moyen entre 79 kg et 89 kg et un poids lourd de plus de 89 kg. Les chevaux sont jugés sur la conformation, l'action, la santé, le confort et les manières. Il existe aussi des classes de chasseurs pour dames (montés en amazone) et de petits chasseurs (1,42 – 1,52 m). Dans les classes de chasseurs au travail, les chevaux doivent faire un parcours d'obstacles qui ont l'air naturels.

EN HAUT
Le juge de chasseurs de concours recherche la conformation la plus parfaite possible. De plus le cheval doit être confortable et avoir de bonnes manières.

CI-CONTRE
Il faut une grande profondeur au passage de sangle pour que les poumons travaillent au maximum, et des épaules obliques permettent une action ample. La carrure et le tour de canon du cheval déterminent sa capacité de transport.

DESCRIPTION DE LA RACE

Hauteur À partir de 1,42 m.

Robe Toutes.

Conformation Tête et encolure bien attachées donnant une bonne longueur de rênes ; épaules avec une bonne oblique ; dos fort et un peu court, coffre, grande profondeur au passage de sangle ; reins robustes ; arrière-main puissante, grosses articulations et bonne ossature ; pieds solides et bien formés.

Le Cob

C'est un petit cheval trapu, aux membres courts, capable de porter un adulte poids lourd. Il est gentil, généreux et imperturbable avec des manières parfaites, et en plus il peut transporter un poids important : c'est la monture idéale pour un cavalier lourd et âgé – ou pour tous ceux qui ne sont pas très sportifs.

Il n'y a pas de formule établie pour élever un cob. Les meilleurs sont pour la plupart des produits de la chance bien que le sang de trait irlandais donne souvent de très bons résultats, surtout lorsqu'il est mélangé au pur-sang. La conformation musclée et trapue du cob n'est pas conçue pour la vitesse, mais elle devrait tout de même donner des allures actives avec un bon galop et une belle aptitude au saut.

Autrefois le cob était utilisé comme cheval polyvalent, monté et attelé. De nos jours il fait plus souvent office de cheval de selle – dont les meilleurs sont d'excellents chasseurs. Les cobs font partie de la British Show Hack and Cob Association ; ils sont exhibés dans deux classes différentes : poids légers, capables de transporter jusqu'à 89 kg, et poids lourds, capables de transporter au-delà de 89 kg. Il y a aussi des classes de cobs au travail, dans lesquelles les chevaux doivent faire un parcours d'obstacles de type chasseur. La crinière du cob est traditionnellement rase. Il était coutumier d'amputer la queue du cob mais cette pratique cruelle est devenue illégale en Grande-Bretagne en 1948.

FAITS INTÉRESSANTS

En concours, les cobs sont jugés comme des chasseurs, et sont supposés montrer qu'ils peuvent galoper. Le juge monte chaque participant tour à tour pour juger de sa qualité sous la selle.

EN HAUT
La bonne conformation du cob lui procurera une liberté de mouvement incroyable en dépit de ses grosses proportions.

CI-CONTRE
Ce cheval très bien bâti devrait donner une impression générale d'intelligence, de calme et de confiance.

DESCRIPTION DE LA RACE

Hauteur Jusqu'à 1,53 m environ (en classes de concours pas plus de 1,51 m).

Robe Toutes.

Conformation Tête intelligente sans aucun signe de grossièreté ; encolure assez courte et incurvée ; épaules fortes et obliques ; corps large et profond, dos court et reins puissants ; arrière-main forte et bien musclée ; membres courts et robustes avec une bonne ossature ; pieds larges et ouverts.

Le Hack

En Grande-Bretagne, c'est un cheval de concours supérieurement élégant et raffiné – bien que le terme « hack » désigne tout cheval qui convienne à l'équitation classique (par opposition aux chevaux aptes aux sports compétitifs de type concours complet ou chasse).

Le term « hack » remonte à la période d'avant la mécanisation, et désignait les chevaux sur lesquels les gens à la mode se promenaient dans les parcs de Londres. Ils les appelaient les « Park Hacks ». Ces chevaux avaient des manières impeccables, et accompagnaient donc parfaitement leurs cavaliers élégants et bien tournés. Autrefois les cavaliers de chasse à courre utilisaient le « Covert Hack » (un cheval moins résistant que le chasseur) pour rejoindre le rendez-vous de chasse ; pendant ce temps le palefrenier montait le chasseur à une allure de promenade pour qu'il conserve toute son énergie en prévision de la journée à venir.

Le hack de concours d'aujourd'hui ressemble plus au park hack, et est habituellement pur-sang ou presque. Il est jugé sur sa conformation, sa présence, son action, son entraînement, sa monte et ses manières. On demande aux chevaux de se présenter seuls, démontrant ainsi leur obéissance et leur bon entraînement. Il devrait y avoir du pas, du trot et du petit galop aux deux mains, et un bel arrêt avec un cheval tranquille sur des rênes lâches.

CI-DESSUS
Gaieté et légèreté du mouvement sont les attributs essentiels du hack de concours.

DESCRIPTION DE LA RACE

Hauteur 1,42 – 1,53 m.

Robe Toutes robes simples.

Conformation Belle petite tête ; encolure élégante ; épaules obliques, garrot saillant ; corps robuste, bonne profondeur au passage de sangles, coffre ; arrière-main bien arrondie ; membres sains avec au moins 20 cm de tour de canon ; pieds sains.

FAITS INTÉRESSANTS

Les hacks participent dans deux classes : petit hack, pour les chevaux entre 1,42 m et 1,50 m, et grand hack pour les chevaux entre 1,50 m et 1,53 m. Il y a aussi des classes pour le hack des dames (1,42 – 1,53 m) dans lesquelles les chevaux sont montés en amazone.

CI-CONTRE
Le hack a le raffinement du pur-sang. Il doit être doux et confortable sous la selle, et avoir des manières parfaites.

Le Poney de polo

Ce jeu millénaire aurait vu le jour en Perse il y a de cela 2 500 ans. Ensuite pratiqué en Inde, en Extrême-Orient et au Tibet, il arrive en Occident (Angleterre puis Amérique du Nord et du Sud) au XIXe siècle. Tout poney utilisé pour ce jeu est un poney de polo ; mais le poney de polo moderne a évolué et le type s'est fixé. Les meilleurs ont pour la plupart été élevés en Argentine ou sont de souche argentine.

Au début du XXe siècle, le polo était déjà un sport bien établi en Argentine, où les éleveurs produisaient de bonnes montures en croisant leurs chevaux criollo avec des poneys welsh importés. En 1919, on décida de supprimer toute limitation dans la taille des poneys de polo (auparavant fixée à 1,42 m). Les Argentins commencèrent alors à faire des apports de pur-sang anglais, dont le résultat fut des chevaux de meilleure qualité, et plus rapides.

Le poney de polo doit être capable de courtes mais puissantes accélérations. Son action doit être douce (car le cavalier pourra plus facilement frapper la balle), et il doit être capable de faire demi-tour très rapidement. Ses qualités essentielles sont le courage, la résistance et un bon équilibre naturel.

PAGE SUIVANTE

Juments et leurs poulains au pré dans le Kentucky.

CI-CONTRE

Tête intelligente de poney de polo argentin. On a l'habitude de raser la crinière pour éviter qu'elle ne gêne le joueur.

DESCRIPTION DE LA RACE

Hauteur Environ 1,51 m.

Robe Toutes.

Conformation Variable, les critères principaux étant : encolure assez longue et musclée, épaules obliques et garrot saillant ; corps fort et profond, dos assez court et coffre ; arrière-main bien arrondie et musclée ; membres solides, canons courts, belles articulations et bonne ossature ; pieds ronds et bien formés.

CI-CONTRE

Quelle que soit leur taille, les poneys de polo sont toujours appelés « poneys », jamais chevaux.

FAITS INTÉRESSANTS

Durant l'entre-deux-guerres, les meilleurs joueurs de polo étaient originaires d'Inde, où ce sport était pratiqué aussi bien par les aristocrates anglais que dans l'armée indienne. Le jeu y fut immortalisé par Rudyard Kipling (1865 – 1936) dans « *The Maltese Cat* » , l'histoire d'un match inter-régiment vu par les chevaux eux-mêmes. Un gris moucheté extrêmement agile dénommé « The Cat » en sait plus sur la façon de « jouer le jeu » que les humains !

Les soins

Acheter un cheval

Lorsque l'on pratique régulièrement un sport, il arrive toujours un moment où l'on souhaite avoir son propre matériel. Que ce soit une raquette de tennis, un fleuret d'escrime, une paire de skis ou un bateau, la vie est plus facile quand on n'a pas besoin de louer son équipement. Il y a deux raisons à cela : on a tout sous la main quand on désire s'en servir et, surtout, les performances s'améliorent forcément quand le matériel a été choisi tout spécialement pour son utilisateur, en fonction de ses aptitudes et de ses faiblesses. Les cavaliers doivent cependant faire face à un problème que les autres sportifs n'ont pas : leur équipement principal n'est pas un objet que l'on peut façonner, que l'on peut adapter à son propriétaire. Le cheval est un être vivant, avec un mental, une volonté et une personnalité propres. De plus, c'est un animal dont l'achat comme l'entretien se révèlent onéreux. Il n'est donc pas toujours facile de choisir la bonne monture ; mais il peut être désastreux de prendre prétexte de ces difficultés pour se contenter d'un animal dont il n'est pas certain qu'il convienne. Alors soyez vigilant lorsque vous êtes à la recherche du cheval idéal : vous vous en féliciterez toujours !

Choisir le bon cheval

PAGE PRÉCÉDENTE GAUCHE
Le dartmoor est un bon poney pour les enfants.

PAGE PRÉCÉDENTE
Le kabardin est un excellent cheval d'endurance.

CI-CONTRE
Quand on a le bon cheval, c'est une expérience formidable que d'en être le propriétaire. L'animal et son cavalier en tirent tous deux un grand bienfait.

Avant de vous lancer dans l'achat d'un cheval, faites une liste de vos compétences en équitation, sans vous surestimer. Les cavaliers expérimentés ou talentueux obtiennent ce qu'ils veulent avec toutes sortes de chevaux, même les plus difficiles. Ils peuvent dresser le jeune cheval et le faire progresser, améliorer l'éducation du cheval plus âgé, et faire en sorte que le cheval bien entraîné soit utilisé à bon escient. Un cavalier novice, qui maîtrise les premiers fondements de l'équitation, sera incapable de faire tout cela et devra donc choisir sa monture en conséquence. Il lui faut un cheval bien dressé et malléable, un cheval plein d'égards pour son cavalier.

Le coût est, pour beaucoup, l'un des critères principaux. Le prix d'achat du cheval est déterminé par plusieurs choses : le type, la taille et la conformation de l'animal ; par son âge, son caractère et ses manières ; par ses capacités (potentielles ou effectives) et son niveau de dressage. C'est-à-dire qu'un cheval non débourré, qui a deux ou trois ans, sera moins cher qu'un cheval dressé qui a quatre ou cinq ans. Le prix aura tendance à augmenter jusqu'à l'âge de dix ans, et au-delà de cette limite il redescendra.

Le prix mis à part, choisissez le cheval en fonction de votre taille et de votre poids, de vos aptitudes, de vos installations de pâturage et d'écurie, du temps que vous pouvez lui consacrer, et de l'utilisation que vous voulez en faire. Par exemple, cela ne sert à rien de dépenser beaucoup d'argent pour un pur-sang fougueux si vous êtes un cavalier nerveux qui aspire aux promenades tranquilles. Ou alors, un pur-sang arabe ne va pas vous propulser au sommet dans le monde du saut d'obstacles. Quant à la taille, elle dépendra de votre propre carrure : si vous avez de longues jambes vous serez à l'aise sur un grand cheval, et l'inverse s'applique aussi. Le caractère et les manières du cheval sont deux critères à ne pas négliger. Si les cavaliers nerveux ne veulent pas avoir peur et abandonner l'équitation, il leur faudra une monture calme (pas paresseuse !). Un cavalier plus audacieux pourra manier, et apprécier, une monture plus vive.

Sauf dans le cas où vous vous destinez à une activité qui nécessite une race spécifique – comme une catégorie parti-

CI-CONTRE
La plupart des sang chaud, développés pour le sport, sont très bons en saut d'obstacles. Celui-ci est un holstein.

CI-DESSOUS
Les gros poneys britanniques, comme ce highland, sont adaptés aux adultes et aux enfants. De plus, ils sont économiques à entretenir.

CI-DESSOUS
Ne choisissez pas un cheval trop fougueux si vous n'envisagez que la promenade.

CI-CONTRE
Choisissez un cheval dont la résistance a été prouvée si vous vous destinez à l'endurance.
Les arabes et les demi-sang arabes sont particulièrement aptes aux plus hauts niveaux de ce sport.

culière de concours – vous aurez le choix parmi une grande variété de races. Mais n'oubliez jamais l'activité à laquelle vous destinez l'animal : pour l'endurance il devra être très vigoureux ; pour le concours complet il devra être vigoureux et rapide ; pour le dressage il devra avoir des mouvements excellents. Les étalons font toujours des merveilles dans cette dernière discipline, et sont de plus en plus présents dans d'autres sports équestres. Ils requièrent cependant un peu plus d'expérience que les hongres et les juments, et ne conviennent pas du tout à quelqu'un qui n'a jamais eu de chevaux. Les juments sont parfois mal lunées, et ont donc besoin de plus d'attention que les hongres (cela dit, la jument de concours est souvent très agréable). Bien entendu, elles sont régulièrement en chaleur pendant l'été, et cela peut poser problème.

Si vous avez un bon pré et de bonnes écuries, vous pouvez sans problème avoir toutes sortes de types et de races. Le manque d'écurie limitera votre choix, en particulier si dans votre région les hivers sont froids et humides, ou les étés trop chauds. Un poney britannique pourra passer toute l'année à l'extérieur, du moment qu'on lui donne plus de nourriture en hiver. D'un autre côté le pur-sang, qui est très délicat, ne vivra pas sans l'abri d'une écurie, au moins la nuit. Si vous voulez un cheval au mieux de sa forme pour le concours ou la chasse, vous aurez besoin de lui trouver une écurie.

Ensuite il y a la question du temps : combien pouvez-vous lui en consacrer ? Si vous travaillez à plein temps et que vous n'avez que peu de temps pendant le week-end pour l'entraîner, le mieux pour vous et pour l'animal serait qu'il vive à l'extérieur, ou au moins qu'il soit mis au pré pendant la journée.

Si vous ne comptez pas travailler dur pour la compétition, alors l'âge ne devrait pas avoir trop d'importance. Bien entendu, plus le cheval est âgé, plus il aura déjà travaillé, et plus ses membres et son corps seront usés au moment où vous l'achèterez. Mais il arrive souvent que les chevaux et les poneys de promenade vivent près de vingt ans. Un cheval jeune aura bien sûr beaucoup plus d'années utiles devant lui, et sera plus facile à vendre pour un bon prix. Mais les jeunes chevaux ne sont pas faits pour un cavalier novice, car celui-ci ne pourra pas les dresser correctement.

CI-DESSOUS
Le cavalier expérimenté pourra monter et dresser un jeune cheval, mais le cavalier novice devrait monter un cheval plus expérimenté.

Où l'acheter

CI-CONTRE
Beaucoup de particuliers vendent des chevaux. Essayez d'en savoir le plus possible sur l'animal.

Il y a différentes façons d'acheter un cheval : dans une vente publique, par le biais d'un marchand, par une petite annonce privée dans la presse locale ou spécialisée, ou même dans votre propre club d'équitation.

On conseille généralement au novice de ne pas acheter son cheval dans une vente publique. Ce n'est pas que les ventes soient faites par des gens peu fiables – ce n'est vraiment pas le cas – mais c'est simplement parce que tout s'y passe très vite et que l'acheteur ne pourra pas forcément essayer le cheval. Il n'y a qu'un expert qui puisse bien acheter dans ces conditions, car c'est à l'acheteur de savoir bien observer. Si le cheval a une tare évidente, il incombe à l'acheteur de le voir car il n'y aura, par la suite, aucun recours légal possible. D'un autre côté, le cheval doit correspondre à la description – un cheval décrit comme sauteur doit pouvoir sauter – et l'acheteur a le droit de le retourner si ce n'est pas le cas (et intenter une action en justice si nécessaire).

Les marchands sont des hommes d'affaires avec une réputation à sauvegarder, et il est peu probable qu'ils essayent de vous vendre un mauvais cheval. Le club d'équitation local pourra aussi vous mettre en contact avec quelqu'un, ou alors vous trouverez des petites annonces dans la presse équestre. L'avantage d'acheter par le biais d'un marchand, c'est qu'il vous proposera sûrement plusieurs chevaux, et que vous aurez tout le temps de les observer et de les essayer vous-même. Certains marchands vous permettront de les essayer chez vous, et si vous avez vous-même un cheval à vendre, ils peuvent vous proposer une reprise.

Acheter à un particulier – il y a toujours beaucoup de petites annonces dans la presse équestre, agricole ou locale – est peut-être le moyen le plus simple d'acheter un cheval, mais ce n'est pas forcément le plus sûr. Ici la règle est *caveat emptor* (aux risques de l'acheteur) ; cette maxime dit que vous ne pourrez pas vous plaindre d'une marchandise défectueuse si vous n'avez pas de garanties spécifiques du vendeur. La plupart des annonces sont tout à fait honnêtes, mais pas forcément toutes. Il est très facile de rédiger un texte qui vante les qualités de l'animal mais en oublie les défauts. Un cheval facile à mettre au box et à ferrer n'est pas nécessairement calme pendant le tondage ou dans la circulation. Le plus merveilleux des sauteurs peut être impossible à faire entrer dans un box ou dans une remorque. Une fois chez vous, le plus beau de tous les chevaux peut très bien passer son temps à sauter par-dessus la clôture, refuser de se laisser attraper, ronger le box, les couvertures ou les bandages – ou les trois. Il ne s'agit pas tant de ce que dit l'annonce, mais plutôt de ce qu'elle ne dit pas ; alors soyez prêt à poser les bonnes questions. Si vous êtes dans un bon club, le propriétaire devrait être capable de vous conseiller sur l'achat d'un cheval ou d'un poney. Il pourrait même en avoir un sur place qui vous convienne parfaitement. L'avantage dans ce cas, c'est que l'instructeur ait une bonne notion de vos capacités et de vos limites en équitation.

CI-CONTRE
Il vaut mieux laisser les ventes publiques aux experts car tout s'y passe trop vite.

Essayer un cheval

CI-DESSOUS
Quand vous essayez un cheval, faites-lui faire plusieurs allures et même quelques sauts.

Quand un cheval semble convenir, prenez rendez-vous pour le voir et l'essayer. Emmenez toujours une personne plus compétente que vous en la matière ; elle servira d'expert et de témoin. Si vous ne connaissez personne qui puisse assumer ce rôle, faites appel à un professionnel, cela en vaut vraiment la peine.

Dites clairement au vendeur ce que vous comptez faire de l'animal, et posez des questions précises : est-il calme pour entrer au box, ou dans la circulation ? Se laisse-t-il tondre, ferrer, attraper, etc. Faites mener le cheval à l'extérieur et observez bien ses réactions quand on lui ôte sa couverture et qu'on lui met la bride. Notez le mors qui est utilisé. Jetez un œil dans son box pour y détecter des marques de dents ou de coups de pieds ; vous en saurez plus sur son comportement. Faites attacher le cheval à l'extérieur pour en étudier la conformation, demandez à le voir marcher et trotter, vers vous et en s'éloignant ; assurez-vous que les rênes soient lâches (on peut masquer une action défectueuse avec des rênes courtes).

Demandez au vendeur de le monter pour voir comment l'animal se comporte avec une personne familière. Ensuite demandez à votre expert de l'essayer. Si le vendeur n'a pas réussi à obtenir certaines choses, comme partir au galop sur un pied précis, c'est un signe de problème ; votre conseiller pourra alors regarder cela de plus près. Pour finir, montez le cheval vous-même. Vous sentez-vous à l'aise : ni trop grand, ni trop large, ni trop étroit ? Y a-t-il une bonne longueur de rênes ? Essayez-le à toutes les allures, faites-le sauter, allez faire un tour sur la route pour voir s'il est fiable dans la circulation et essayez de vous faire une impression générale de lui.

C'est un peu précipité pour savoir si c'est le bon cheval, alors demandez à l'essayer chez vous pendant une semaine. Vous pourrez ainsi le monter plus librement, vous apprendrez à mieux le connaître : comment se comporte-t-il dans son box ou en présence d'autres chevaux ; a-t-il peur des chiens, de la circulation en général (pas uniquement des voitures), etc. Mais même s'il vous convient parfaitement sous la selle, il faut aussi qu'il vous plaise.

Si vous décidez de prendre un cheval à l'essai, prenez des accords écrits – vous serez responsable de sa nourriture, de payer le vétérinaire et ainsi de suite, et devrez répondre de toute négligence.

Les chevaux des ventes publiques ont souvent une ou des garanties. C'est un constat qui est fait avant ou pendant la transaction – par exemple un cheval peut-être « garanti sain ». Les chevaux achetés à un particulier n'en n'ont pas toujours, et si le vendeur vous la refuse, il y a lieu de s'en méfier (d'un autre côté, le vendeur se protège peut-être des « gens à procès » comme il y en a de plus en plus). Consultez votre conseiller équestre si vous avez le moindre doute, et si besoin votre notaire. La loi protège les acheteurs de chevaux, comme les autres acheteurs, mais la différence c'est qu'il s'agit ici d'un être vivant et donc bien moins prévisible qu'un réfrigérateur, une télévision ou une voiture.

Quand vous trouvez vraiment le cheval de vos rêves et que vous décidez de l'acheter, achetez-le « sujet à certificat vétérinaire » et faites appel à votre propre vétérinaire pour le faire examiner.

L'examen médical

Tâchez d'être présent lors de l'examen vétérinaire du cheval que vous souhaitez acheter. Le vétérinaire pourra ainsi en discuter avec vous.

Cet examen commence par une première inspection visuelle de l'animal. Le vétérinaire déduira bien des choses de son attitude générale : sa position peut indiquer une boiterie, l'état du box des problèmes de comportement, comme le fait de tourner en rond sans arrêt (si le vendeur ne l'a pas changé de box pour dissimuler les preuves !), le port de tête des problèmes d'équilibre ou de vue, et sa façon de réagir donnera une idée de son tempérament.

Le vétérinaire jugera l'état de santé général du cheval, notant tout écoulement des yeux ou des naseaux, l'état de la peau, toute lésion ou chaleur des tendons ou des articulations. Il examinera aussi les yeux et le cœur.

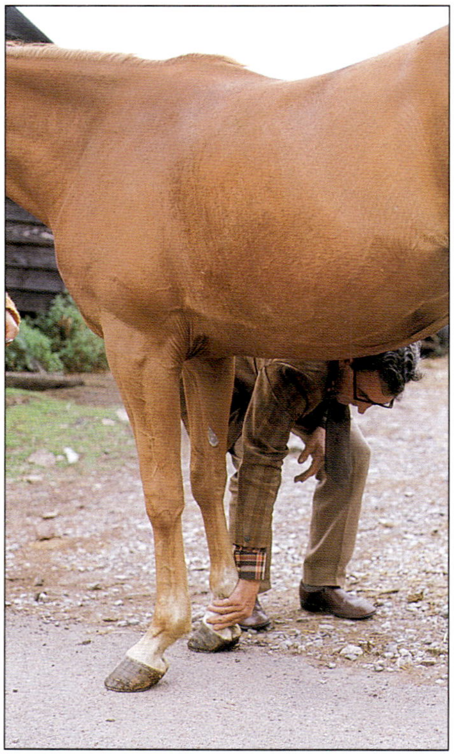

Une fois sorti de son box, le cheval est mis d'aplomb sur un terrain plat pour que le vétérinaire puisse juger de sa conformation, dans les détails. Ensuite il y a une inspection manuelle du cheval tout entier : la tête, y compris la bouche et les dents, l'encolure, les côtes, le sternum, le dos, l'abdomen et les membres. Après l'avoir examiné au repos, on fait marcher et trotter le cheval vers le vétérinaire et loin de lui afin qu'il puisse détecter tout signe de boiterie. D'autres tests pourront révéler des problèmes de santé : lui faire faire des petits cercles dans les deux sens, quelques pas en arrière, ou le faire trotter à la longe sur une surface plate et dure.

On peut faire des tests de flexion au niveau des membres, surtout si l'on soupçonne quelque chose. Mais les avis divergent quant à ces tests, car ils peuvent eux-mêmes provoquer une boiterie s'ils sont faits trop durement.

EN OPTION

En payant un peu plus, on peut avoir quelques examens supplémentaires : des prises de sang pour détecter des anti-inflammatoires ayant servi à masquer une boiterie, et des rayons X si l'on soupçonne une tare dans le pied (du type maladie naviculaire). De plus, les juments peuvent subir un examen rectal si vous le demandez.

EN HAUT
Le vétérinaire va examiner le cheval tout entier de ses propres mains.

CI-CONTRE
Le vétérinaire contrôlera le cœur et la respiration de l'animal, au repos et après l'effort.

CI-CONTRE
On met le cheval devant les écuries pour en étudier la conformation dans ses moindres détails.

CI-DESSOUS
Pendant l'examen vétérinaire, on réchauffe le cheval puis on le fait galoper un peu. Il en ressortira parfois des problèmes de boiterie.

Pour tester le souffle et le cœur du cheval, on le selle, on le réchauffe gentiment au pas, au trot et au petit galop, puis on le fait galoper franchement. Le vétérinaire notera si le cheval creuse le dos quand on lui met la selle et que le cavalier monte. Certains chevaux le font par habitude, d'autres parce qu'ils ont un problème au dos. Après le travail le vétérinaire auscultera les poumons et le cœur pour y détecter toute anomalie. Le cheval sera ensuite refroidi et mis au repos pendant une demi-heure, après quoi on le fera de nouveau trotter à la longe. S'il souffre de problèmes arthritiques ou musculaires, qui peuvent disparaître quand le cheval est chaud, il peuvent très bien réapparaître après le repos. Certaines vieilles boiteries peuvent aussi réapparaître après un travail rapide. On peut aussi refaire un examen du cœur et de la respiration. Le vétérinaire remplira ensuite le certificat.

Le certificat comprend une description détaillée du cheval, le rapport du vétérinaire et son avis sur la validité de l'achat, ayant à l'esprit l'utilisation que l'acheteur veut en faire. Souvenez-vous que ce n'est pas une garantie, mais seulement l'opinion d'une personne qualifiée. Le certificat signifie que le cheval a été jugé libre de certains désordres au moment de l'examen. Il ne garantit pas que le cheval ne sera jamais malade, c'est impossible – ce sont des vétérinaires, pas des voyants. Ce certificat ne garantit pas non plus que le cheval n'a aucun « vice » d'écurie, comme le tic à l'appui ou le tic de l'ours. Si vous voulez une garantie écrite à ce propos, vous devez l'obtenir du vendeur lui-même.

FEED ROOM

Entretenir un cheval

C'est une grosse responsabilité que d'être propriétaire d'un cheval, et ce n'est pas à prendre à la légère. Vous ne devriez même pas envisager la chose si vous ne possédez pas les installations nécessaires et si vous n'avez jamais rien appris sur l'entretien des chevaux. Il faudra que vous sachiez les nourrir, les panser, entretenir les écuries et donner les premiers secours. Tous les poneys et les chevaux ont besoin de sécurité et d'attention en permanence – on ne peut pas les mettre de côté le dimanche après-midi et les oublier jusqu'au week-end suivant. Contrairement aux petits animaux domestiques qui partagent le foyer de leurs maîtres, ils ont besoin d'un grand espace tout à eux dont l'entretien coûte du temps et de l'argent. Ils devront être gardés soit au pré, soit à l'écurie (soit une combinaison des deux) selon la tâche à laquelle on les destine et leur race ou type. Le propriétaire devra donc avoir accès à un pâturage, à une écurie, à un endroit sec pour le fourrage, la litière et les outils, et à un endroit sûr pour entreposer la sellerie et les autres équipements.

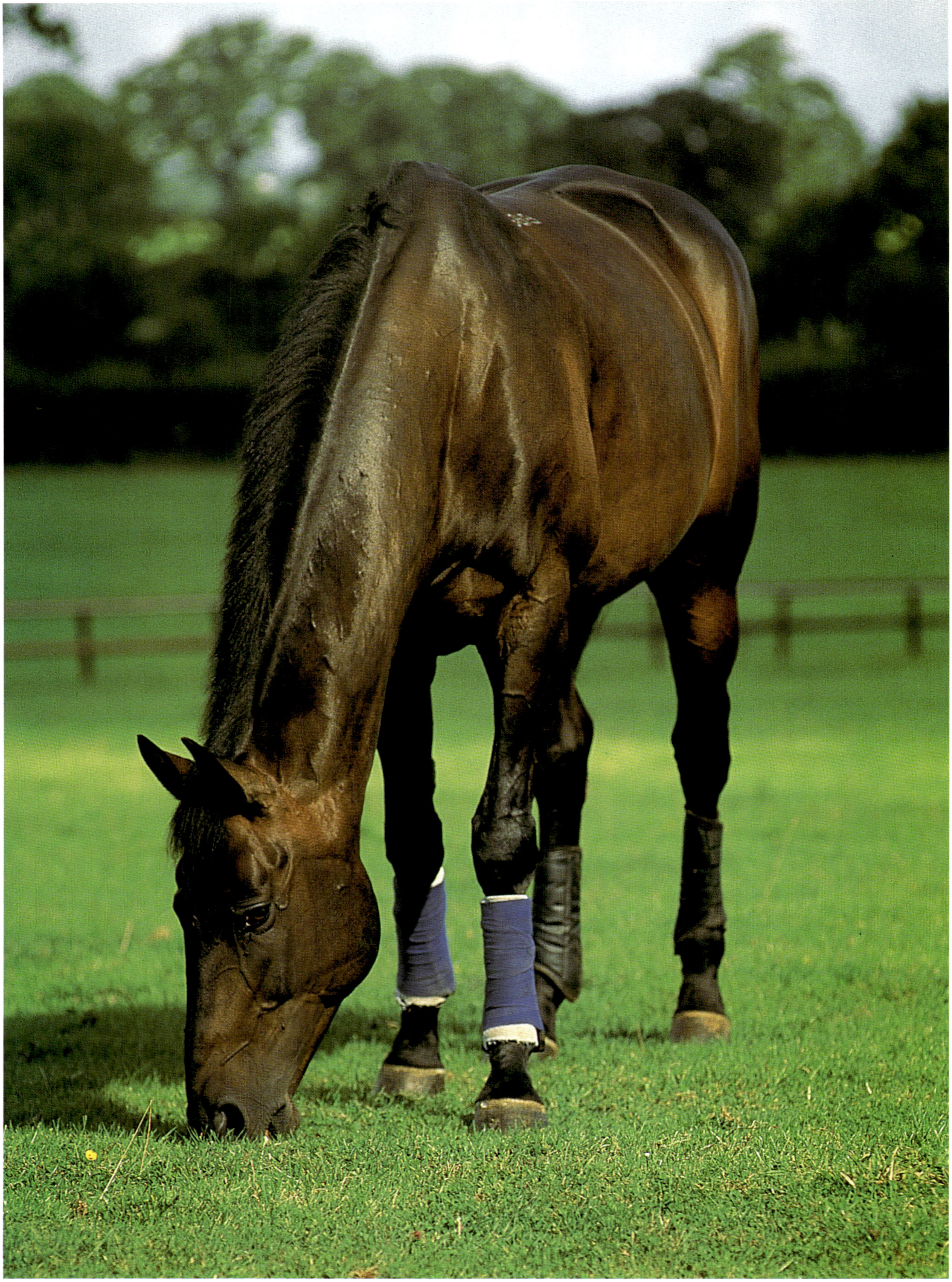

LE CHEVAL AU PRÉ

Le cheval est un animal qui broute et se déplace. Il est donc beaucoup plus naturel – et moins contraignant – de le garder dans un enclos plutôt que dans une écurie. Cependant, l'enclos fermé, peu importe la taille, n'est toujours pas un environnement naturel pour le cheval : vous devrez donc prendre certaines précautions si vous voulez qu'il soit heureux.

PAGE PRÉCÉDENTE À GAUCHE Les chevaux à l'écurie requièrent des soins et une attention constants.
PAGE PRÉCÉDENTE La plupart des petits poneys sont très résistants et peuvent vivre dehors toute l'année.
PAGE DE GAUCHE Les chevaux en bonne santé qui passent une partie de la journée au pré devraient porter des bandes et des guêtres de protection.
CI-DESSUS Juments poulinières broutant dans un bon enclos.

La clôture

Tous les pâturages pour chevaux doivent être soigneusement clôturés. Comme il est dans la nature du cheval de se promener, il sera inévitablement attiré par le moindre trou. Et s'il y a la moindre petite chose qui peut le blesser, il la trouvera – il est notoire que les chevaux domestiqués sont enclins aux accidents.

La clôture la plus efficace (et malheureusement la plus chère), c'est la bonne vieille palissade en bois. C'est très solide et résistant, et en plus, c'est joli. Les poteaux devraient faire 10 cm d'épaisseur, et être profondément enfoncés dans la terre car les chevaux aiment bien s'y frotter, surtout quand ils muent. Pour une clôture de 1,20 m de haut, les poteaux ne devraient pas faire plus de 2 m de long. Ce devra être du bois de qualité, protégé des intempéries et de la mastication des chevaux avec des produits inoffensifs. La première barre transversale devrait être alignée avec le haut du poteau ; elle sera d'ailleurs coupée en diagonale pour laisser glisser la pluie. Les barres devraient être fixées à l'intérieur pour

CI-CONTRE
Les murs en pierre sont des barrages efficaces, à condition d'être solides et assez hauts pour que les chevaux ne les sautent pas.

EN BAS
En fixant les barres transversales à l'intérieur des poteaux, vous éviterez que les chevaux ne les arrachent en s'y frottant.

RÈGLES DE SÉCURITÉ

- Vérifiez régulièrement les clôtures.
- Réparez toute section de la clôture qui serait abîmée.
- Vérifiez bien que la clôture métallique reste toujours tendue.
- Fixez le dernier fil de la clôture métallique à 46 cm du sol.
- Utilisez toujours des planches solides pour boucher les trous dans la haie.
- N'utilisez jamais un grillage à cochons ou à moutons – les chevaux peuvent glisser le pied dans les mailles carrées et y rester coincés.
- N'utilisez jamais des poteaux à moutons car ils sont très pointus.
- Isolez tout danger potentiel, comme les fossés ou les terrains traîtres.
- Si la clôture est électrique, rendez-la visible en y accrochant de solides morceaux de plastique à intervalles réguliers (prenez-les par exemple sur les sacs de nourriture ou de fertilisants).
- Évitez les poteaux en béton ou en métal – beaucoup plus dangereux que le bois si un cheval venait à s'y heurter.

PAGE DE GAUCHE EN HAUT
La clôture idéale c'est une bonne palissade en bois, et en plus c'est agréable à l'œil.

CI-DESSOUS AU MILIEU
Le métal rouillé, les barbelés et les poteaux en béton peuvent être fatals aux chevaux. Les sections en mauvais état devraient être remplacées.

CI-CONTRE
La clôture électrique peut être très utile, surtout quand on doit diviser un paddock. Les chevaux apprennent vite à la respecter.

EN BAS
La clôture arrondie, sans angles droits, est ce qu'il y a de mieux pour la sécurité des chevaux.

éviter que l'animal ne s'y cogne en galopant, ou qu'il ne les arrache en se frottant ou en s'appuyant dessus.

Une bonne grosse haie fera tout à fait l'affaire, pourvu qu'elle ne contienne ni plantes ni baies toxiques. Le hêtre et le noisetier sont particulièrement conseillés car les chevaux ne les mangeront pas. Contrairement à la palissade, la haie servira d'abri en cas d'intempéries. Il faudra néanmoins l'entretenir régulièrement en la taillant – et en bouchant les trous qui y apparaissent.

La meilleure des clôtures est sans aucun doute une combinaison des deux : une belle haie touffue entourant une palissade.

La toile métallique est aussi une clôture efficace mais moins chère, et bien sûr moins belle. Elle doit avoir de petites ouvertures en forme de V pour que le cheval ne s'y coince pas le pied, et être installée par un professionnel pour éviter qu'elle ne s'affaisse. Il y a des chances qu'elle se détende quand on s'appuie dessus.

La clôture en fil de fer est efficace quand elle est bien faite. Elle devrait consister en quatre ou cinq torons métalliques fixés à de solides poteaux en bois, avec des tendeurs dans les coins. Pour que le cheval voie bien la clôture, vous pouvez même remplacer le premier toron métallique par une barre en bois. Les torons devraient être espacés de 12 cm, l'emplacement du dernier étant particulièrement important : il devrait être à 46 cm du sol, car s'il est plus

bas le cheval peut passer son pied dedans et rester coincé, et s'il est plus haut il sera tenté de passer la tête en dessous. Évitez les barbelés autant que possible – si vous en utilisez, gardez-les parfaitement tendus car les barbelés lâches peuvent causer des blessures effroyables. De plus les chevaux peuvent se couper en s'y frottant.

La clôture électrique peut être utile quand on veut diviser temporairement un pré, par exemple pour laisser reposer une partie du pâturage.

Les murs de pierre contiendront aussi les chevaux pourvu qu'ils soient suffisamment hauts et solides – toute enceinte devra mesurer au moins 1,20 m, sinon les chevaux pourraient la sauter. Comme la haie, le mur fournira une protection contre la pluie.

La clôture moderne en plastique (en différentes couleurs) fait beaucoup moins « naturel » que le bois mais elle a des avantages certains : les chevaux ne la rongent pas, elle ne pourrit pas, et en plus, elle encaisse les chocs de l'animal sans le blesser. Elle devra être parfaitement tendue sur de solides poteaux en bois, comme le fil de fer.

Quelle que soit la clôture, évitez les angles droits et les coins pointus pour les enclos à chevaux. Avec des coins arrondis le cheval aura moins de chances de se blesser. De plus, les coins pointus peuvent être des pièges à chevaux timides, car ils risquent de s'y retrouver littéralement « coincés » par un compagnon agressif.

La barrière

L'accès aux pâturages doit être facile. Il faudra une barrière assez large pour laisser passer les chevaux mais aussi les grosses machines qui servent à entretenir le pré (tracteurs, herses…). Pour des raisons de sécurité, elle devra être assez loin des routes fréquentées. Qu'elle soit en bois ou en métal (les deux conviennent), pour plus de solidité elle devrait avoir une barre transversale.

Le mieux serait de la faire poser par un professionnel pour éviter qu'elle ne penche, qu'elle racle le sol ou autre chose. Elle doit s'ouvrir facilement – le cheval pourrait essayer de s'échapper pendant que vous vous démenez pour l'ouvrir – et de préférence vers l'intérieur – le cheval ne pourra pas l'ouvrir quand vous aurez défait le loquet. Si elle est en bois, la barrière devra être lourde, solide et bien sûr traitée, comme la clôture. Si elle est en métal galvanisé, vous devrez la peindre régulièrement. Les montants devront être très résistants, enfoncés d'environ 90 cm dans le sol et maintenus dans du béton. Il faudra des gonds solides et un loquet à l'épreuve des chevaux – un loquet qu'ils ne puissent pas ouvrir avec les dents – mais toujours facile à ouvrir d'une seule main. Il ne devrait pas y avoir de crochets ou autres attaches qui dépassent, l'animal pourrait s'y blesser.

Le vol des chevaux n'étant pas rare, il vous faudra un système de sécurité. Utilisez de grosses chaînes avec des cadenas solides et mettez-en aux deux extrémités de la barrière ; ainsi les voleurs ne pourront se contenter de la soulever de ses gonds. Évitez de grimper sur la barrière car vous risquez de l'affaiblir. Si vous ne pouvez pas faire autrement, grimpez au niveau des montants, et faites-le vite.

Les jours de pluie, le sol devient vite bourbeux à cet endroit à cause du va-et-vient des chevaux, ou d'autres piétinements. Alors essayez d'installer votre barrière sur un sol bien drainé, pas dans un creux boueux.

CI-DESSOUS
Les montants doivent être solides. Les barrières devraient être fermement attachées aux deux extrémités avec de grosses chaînes à cadenas.

EN BAS
Cette barrière cassée est totalement inutilisable pour un pâturage. Les vieilles barrières rouillées causent de vilaines blessures, et les barrières trop légères encouragent les chevaux à s'échapper.

RÈGLES DE SÉCURITÉ

- Vérifiez régulièrement toutes les barrières.
- Remplacez ou réparez immédiatement les attaches et les gonds usés ou abîmés.
- Gardez les barrières solidement fermées avec des chaînes à cadenas des deux côtés.
- N'attachez jamais vos barrières avec des ficelles ou de la corde – les chevaux pourraient les cisailler avec les dents et les voleurs les enlèveraient facilement.
- Évitez les barrières qui font moins de 1,80 m de large – les chevaux s'y cogneraient les hanches au passage.
- Évitez d'installer la barrière près d'une grande route – cela peut être dangereux et faciliter le vol.
- N'utilisez jamais de barrières en métal léger – elles se plient et se cassent facilement.
- Évitez les barrières en métal rouillé – les chevaux peuvent s'y blesser.
- Évitez d'affaiblir les barrières en grimpant dessus.
- Évitez de nourrir les chevaux près de la barrière – en hiver le sol y devient vite bourbeux.

L'abri

Quand ils sont en liberté, les chevaux utilisent des abris naturels (arbres, levées, rochers...) pour se protéger des vents violents, de la pluie ou des mouches. Il faut donc fournir une forme de protection équivalente aux chevaux qui sont au pré. Instinctivement, la plupart des chevaux domestiqués iront s'abriter contre une haie ou sous un arbre au lieu d'entrer dans le petit refuge que le propriétaire leur a construit. Mais les pâturages n'ont pas tous des haies et des arbres, alors l'abri en bois sera leur seule alternative.

Puisque les chevaux sont plus heureux à plusieurs, l'abri devra être assez grand pour accueillir tous les chevaux du pré sans qu'ils soient entassés et qu'ils se querellent. Il devrait être situé sur une zone bien drainée, ou il faudra renforcer le sol et les abords, avec du béton par exemple. Il devra être dos au vent, très solide et traité. Le toit devra être suffisamment haut pour que les chevaux aient de la place au niveau de la tête (évitant ainsi d'éventuelles blessures) ; il devra être en pente vers l'arrière pour que la pluie ne s'écoule pas devant l'entrée. Les abris ouverts sont les plus sûrs, car un cheval pourra facilement s'en échapper si l'un de ses compagnons le harcèle. Tout aménagement du type mangeoire, râteliers à fourrage, etc. devra être solide et fixé bien en hauteur, encore une fois pour éviter les blessures. Il devra être vérifié régulièrement et réparé comme il se doit, ainsi que l'abri tout entier.

Certains types de petits abris ont été conçus avec une demi-porte en bas ; une fois cette porte fermée, l'abri se transforme en box. Cela peut être très utile si vous n'avez pas d'écuries et que vous devez parfois garder votre animal à l'intérieur. Cela peut aussi servir de box d'isolement dans le cas d'une maladie contagieuse.

Vous pouvez obtenir un abri plus économique en construisant un mur de planches près de la clôture. Ce paravent devra faire au moins 2 m de haut ; il pourra être à un ou à deux côtés si vous l'installez dans un coin du pré. Les paravents multiples protègent du vent qui arrive de plusieurs directions, et peuvent donc être construits loin de la clôture.

EN HAUT
Un abri en bois bien conçu : très ouvert à l'avant, avec un toit élevé et en pente, et des parois solides.

CI-CONTRE
Ce petit abri, avec son ouverture étroite, convient à un cheval seul. En y ajoutant une porte il pourrait servir de box d'appoint.

Arbres, arbustes et plantes toxiques

EN BAS
Les chevaux aiment l'abri des grands arbres, comme ce chêne. Malheureusement les glands sont toxiques s'ils en mangent beaucoup, alors enlevez-les.

Il en existe plusieurs types. Certaines plantes, comme les **boutons d'or**, sont toxiques si l'animal en mange beaucoup mais elles ne sont pas très agréables au goût. Par contre, le cheval adore l'if, dont chaque partie lui sera fatale. Une quantité aussi infime que 0,5 kg pourra le tuer. Tous les pâturages devraient être soigneusement inspectés avant d'y mettre un cheval, puis contrôlés régulièrement – le vent pourrait y déposer des graines de plantes toxiques.

L'une des plus dangereuses est la **jacobée**. Heureusement, c'est une grande plante à petites fleurs jaunes, facilement identifiable. Elle contient des alcaloïdes qui empoisonnent le foie. Les effets sont cumulatifs, c'est-à-dire que de petites quantités mangées sur une longue période de temps seront aussi fatales qu'une grosse quantité mangée en peu de temps. Il n'existe aucun traitement particulier contre ce type d'empoisonnement, et l'issue en est généralement la mort.

On peut l'éliminer par pulvérisation – le meilleur moment étant entre fin avril et fin mai, avant que les pousses ne se développent et pendant que les jeunes plantes s'installent. Ou alors vous pouvez les arracher, mais c'est beaucoup de

RÈGLES DE SÉCURITÉ

- Sachez reconnaître les plantes et les arbres toxiques.
- Avant de mettre un cheval dans un nouveau pré, vérifiez minutieusement qu'il n'y ait pas de plantes toxiques dans l'herbe ou dans les haies.
- Déracinez et brûlez les plantes toxiques.
- Isolez tout arbre toxique qui ne peut pas être enlevé ; il doit être hors de la portée des chevaux.
- Après les avoir arrachées, ne laissez jamais les plantes toxiques traîner dans le pré. Les chevaux les trouvent bien meilleures fanées ou mortes, surtout la jacobée.
- Entretenez bien votre pâturage : une herbe bien dense empêchera la semence de plantes toxiques.
- S'il y a des arbres toxiques dans les environs, vérifiez souvent qu'il n'y en ait pas de brindilles ou de branches à terre – surtout quand il y a du vent.
- Si le pré est mitoyen avec un jardin, assurez-vous que la personne voisine ne jette rien de votre côté quand elle fait son jardin ; il pourrait y avoir des plantes toxiques.
- Sortez les chevaux du pré pendant plusieurs semaines après utilisation de désherbants, au moins jusqu'à ce qu'il y ait eu une forte pluie.

CI-CONTRE (SENS DES AIGUILLES D'UNE MONTRE)
Jacobée, if, laurier, rhododendron et troène sont tous dangereux pour les chevaux. La jacobée doit être éliminée du pré ; les arbres et les arbustes seront enlevés ou isolés.

travail. Toutes les racines devront être extirpées du sol, et les têtes brûlées. Si vous vous contentez de les couper pour empêcher la production de nouvelles graines, vous ne résoudrez rien car elles n'en seront que plus fortes l'année d'après. Si le pré en est vraiment infesté, la meilleure solution sera de le labourer et de le ressemer. Mieux vous entretiendrez le pâturage, moins vous aurez de jacobée. Plus le tapis d'herbe sera dense, plus il lui sera difficile de s'installer.

La **digitale**, qui comme la jacobée est meilleure séchée dans le foin que fraîche, est tout aussi dangereuse pour le cheval. Cent petits grammes peuvent lui être fatals. Les symptômes sont convulsions et difficultés respiratoires. Le cheval mourra en quelques heures.

La **ciguë** a un effet tout aussi désastreux, bien qu'il en faille davantage (entre 2,5 et 5 kg) pour causer la mort. Toutes les plantes de type **belladone** et **aconit** sont toxiques. Les **prêles** poussent couramment sur des terrains en mauvais état ; elles sont très dangereuses si le cheval en mange beaucoup, séchées dans le foin (il n'y touchera pas autrement).

Les arbustes et les arbres à éviter complètement sont les **rhododendrons** (de petites quantités entraînent la mort par asphyxie), les **lauriers roses**, la **cytise** (en particulier les graines), le **buis**, les **troènes** et le **laurier**. Toutes les parties de l'**if**, vivantes ou mortes, sont mortelles en petites quantités – aucun antidote ici non plus. Le **colchique** contient un poison qui met du temps à agir, après quoi on ne peut plus rien pour le cheval. Les poisons contenus dans la **fougère** ont aussi un effet cumulatif qui entraîne une croissance réduite, des problèmes de coordination et une perte générale de santé. Il faut également faire attention aux chênes qui se trouvent à l'intérieur ou autour du pré, car le nombre de **glands** varie d'une année sur l'autre. Si le cheval en mange beaucoup, cela peut lui faire du mal ; alors enlevez-les régulièrement.

Arbres, arbustes et plantes toxiques pour le cheval

Fougère, bouton d'or, lin, digitale, ciguë, prêle, lupin, colchique, belladone, astragale pourpre, jacobée (herbe de Saint-Jacques), chardon jaune étoilé
Buis, laurier, laurier-rose, troène, rhododendron
Nerprun, cytise, magnolia, if
Glands

L'eau

Les chevaux et les poneys au pré doivent pouvoir avoir de l'eau propre en permanence. Un cours d'eau naturel serait idéal, mais de nos jours il y a de fortes chances qu'il soit pollué. S'il ne l'est pas, alors les animaux devront pouvoir y accéder librement. Attention au sable : le cheval pourrait en avaler en buvant.

Les abords du point d'eau doivent être propres, plats et sans danger. Évitez les talus raides car les chevaux pourraient y glisser, et il y a des risques d'affaissement. Si le cours d'eau est étroit, cela pourrait arrêter le courant. Toute clôture qui traverse un cours d'eau doit être vérifiée régulièrement pour s'assurer que les chevaux ne s'échappent pas par là. Le cours d'eau ne doit jamais stagner, surtout en été. On ne doit jamais laisser un cheval s'approcher d'une rivière polluée, d'une mare stagnante ou d'une zone marécageuse ; elles doivent être isolées.

L'alternative au cours d'eau naturel est un système manufacturé. La cuve en métal galvanisé, alimentée par des canalisations et contrôlée par un robinet à flotteur est un substitut efficace, mais il y a toujours le problème du gel des tuyaux en hiver. Ils devront donc être profondément enterrés, et la partie extérieure

bien isolée. Protégez le robinet à flotteur pour que les chevaux ne l'abîment pas.

Si on ne peut pas faire arriver l'eau jusque-là, l'abreuvoir pourra être rempli avec un tuyau d'arrosage, ou même avec un seau. Dans ce cas l'eau ne circulera pas ; il faudra donc vider l'abreuvoir toutes les semaines et le remplir de nouveau. Les petits abreuvoirs, comme les vieux éviers en pierre, les bacs en plastique ou les seaux devront être remplis beaucoup plus souvent. L'avantage avec un petit abreuvoir, c'est qu'il sera facile à nettoyer, mais aussi à déplacer, évitant ainsi de trop abîmer le sol à un endroit. L'inconvénient, c'est qu'il peut être facilement renversé, mais il y a une solution à cela : poser le seau ou le bac dans un vieux pneu.

CI-CONTRE
Un cours d'eau naturel est l'abreuvoir idéal, pourvu qu'il soit propre.

CI-DESSOUS
Une cuve en métal galvanisé fera très bien l'affaire.

EN BAS
Tous les abreuvoirs doivent être bien remplis, et nettoyés régulièrement.

Positionnez l'abreuvoir parallèlement à la clôture. Les chevaux boivent beaucoup et l'accès au point d'eau doit donc être facile. Le sol devrait être dur – vous devrez peut-être y mettre du béton ou de la blocaille.

RÈGLES DE SÉCURITÉ

- Vérifiez tous les jours l'approvisionnement en eau des chevaux.
- Videz et nettoyez les abreuvoirs régulièrement.
- Pendant les périodes de gel, cassez souvent la glace sur l'eau.
- Isolez tout point d'eau stagnant.
- Ne placez jamais un abreuvoir dans un coin du pré ; le cheval pourrait y être coincé par l'un des compagnons.
- Ne placez jamais un abreuvoir sous un arbre à feuilles caduques ou près d'une haie car les feuilles, les brindilles et les graines pourraient tomber dedans.
- Ne placez pas l'abreuvoir au milieu du pré car il pourrait être une cause de blessures.
- Placez les abreuvoirs parallèlement à la clôture pour minimiser les risques de blessures.
- Ne laissez jamais d'espace entre l'abreuvoir et la clôture car un cheval pourrait s'y coincer la jambe.
- N'utilisez pas de vieux bacs à bords coupants ou qui dépassent trop.

L'entretien du pré

CI-DESSOUS
Pour avoir moins de problèmes de vers et de mauvaises herbes, faites paître des chevaux et du bétail ensemble, ou en alternance.

AU MILIEU
Les crottins ne doivent pas s'accumuler dans le pré. Ils doivent être hersés à défaut d'être enlevés régulièrement.

Il faut bien s'occuper du pré si on veut qu'il résiste aux dents et aux sabots du cheval. Un pré mal entretenu aura vite l'air « malade » – zones dénudées alternant avec des zones de mauvaises herbes (orties, patiences, chardons...) – et sans une bonne couche d'herbe, il se transformera en bourbier à la moindre goutte de pluie. Même un beau pâturage s'appauvrit si l'on ne s'en occupe pas correctement.

Le pâturage idéal aura été semé avec un mélange spécial pour chevaux : 50 % d'ivraie vivace, 25 % de fétuque et 25 % d'un mélange de crételle des prés, de pâturin et de trèfle blanc. Il faudrait aussi un peu de fléole des prés pour le foin, si on le souhaite.

L'ivraie vivace pousse facilement quelles que soient les conditions ; mais sur un sol pauvre, elle ne durera que quelques années sans être fertilisée. Le mélange devrait en contenir deux sortes différentes. La fétuque est très utile dans des conditions difficiles (on s'en sert beaucoup sur les terrains de sport), et là encore il en faudrait deux sortes. Le pâturin doux pousse sur un sol sec et sablonneux, alors que la variété dure se plaira dans un sol plus riche et humide ; les chevaux la trouvent d'ailleurs plus à leur goût. Elle pousse lentement et tellement dense qu'elle prévient l'intrusion des mauvaises herbes et des plantes toxiques. Le trèfle est utile car ses racines produisent de l'azote ; il y aura donc moins besoin de fertilisant. Choisissez du trèfle blanc car les autres variétés risqueraient d'envahir le pré tout entier.

Même avec le mélange correct, la qualité et la quantité d'herbe varie en fonction de plusieurs facteurs naturels : le type de sol, la quantité de pluie, le vent et l'altitude. Testez le sol pour voir s'il supportera l'herbe. Exemple : s'il est acide il faudra le chauler (retirez les chevaux du pré jusqu'à ce que la pluie ait fait pénétrer la chaux).

Les terrains bien drainés produisent les meilleurs pâturages. Cela vaut la peine d'installer un système de drainage souterrain quand le sol est improductif et facilement bourbeux. Et si le système est déjà en place, il faut l'entretenir. Vérifiez régulièrement les saignées et retirez tout ce qui pourrait gêner l'écoulement des eaux (sachez que des saignées bouchées chez les voisins peuvent gêner le drainage de votre pré). Vérifiez tous les tuyaux qui arrivent et repartent des saignées et réparez-les si nécessaire.

L'idéal serait d'enlever les crottins très souvent pour prévenir une infestation de vers. Quand l'opération n'est pas pratique, sur de très grands terrains par exemple, les crottins doivent être régulièrement hersés. Faites-le quand le temps est chaud et sec (les crottins seront étalés et les larves tuées).

Une autre façon de prévenir les vers est de faire paître le bétail avec les chevaux ou en alternance, car leur système digestif détruit la larve. Le bétail et les moutons aident aussi à garder le pâturage propre car ils mangent les herbes plus dures. Les moutons abîment moins les sols trempés que le bétail.

Herser au printemps élimine les pousses mortes et fait de la place aux nouvelles ; un pré devrait toujours être hersé avant application d'un fertilisant. Rouler le terrain aidera à raffermir le sol et à réparer les endroits creusés.

Il vaut mieux s'occuper du désherbage au printemps, quand les jeunes pousses apparaissent. Les mauvaises herbes tenaces doivent être arrachées et brûlées avant qu'elle ne montent en graine.

Un pâturage doit se reposer régulièrement. Si vous n'avez pas d'autre endroit pour vos chevaux, divisez-le en deux sections ou plus. Laissez reposer une section, mettez les chevaux dans l'autre et, si possible, mettez du bétail ou des moutons dans la troisième.

LE CHEVAL À L'ÉCURIE

Il est absolument vital pour la santé et la sécurité du cheval qu'il ait une bonne écurie, qu'il y soit tout le temps, la moitié du temps (au pré le reste du temps) ou seulement à l'occasion.

PAGE DE GAUCHE
Toutes les écuries devraient avoir des loquets à l'extérieur, et à l'épreuve des chevaux.

CI-DESSUS
Un sol en béton conviendra tout à fait à une écurie très fréquentée.

Les écuries

Il faut soigner l'emplacement et la construction des écuries, qu'il y ait un ou plusieurs boxes. Elles doivent être situées sur un terrain bien drainé, et de façon à ce que les vents du nord et de l'est ne puissent pas y entrer. Prenez plusieurs facteurs en considération dans vos plans : l'eau, l'électricité et l'accès des véhicules. Et il vaut toujours mieux construire les écuries près d'une maison pour dissuader les voleurs.

Le box est l'écurie la plus populaire. Il est généralement en bois, en béton ou en briques, avec un toit en bois (recouvert de feutre imperméable), en tuiles, en ardoises ou en plastique ondulé. On ne doit jamais utiliser de métal car c'est un matériau froid en hiver et chaud en été, et qui risque de blesser le cheval. Un box doit être assez large pour que son occupant puisse aller et venir, se rouler, s'allonger et se relever confortablement et en toute sécurité. Si le cheval mesure 1,60 m et plus, son box devra mesurer au moins 3,7 m × 4,3 m ; si le cheval fait moins de 1,60 m, son box fera 3,7 m × 3,7 m ; le box d'un poney de 1,40 m mesurera 3 m × 3,70 m. Un box de 2,40 m × 2,40 m conviendra à un petit poney.

CI-DESSOUS
Les grandes granges sont une bonne alternative aux boxes, surtout s'il fait très chaud ou très froid. L'inconvénient c'est la vitesse à laquelle peuvent se propager une maladie ou un incendie.

Le toit doit être en pente et avoir un système de gouttières correct. Le plafond doit être haut pour que le cheval ne se cogne pas la tête. Si l'écurie a un toit à double pente, les avances doivent être au moins à 2,25 m du sol, et le haut du toit entre 3,7 m et 4,5 m. Le point le plus bas d'un toit simple doit être à 3 m du sol minimum.

Mettez une épaisseur de planche supplémentaire jusqu'à 1,20 m de haut contre les ruades ; ce sera plus solide et plus sûr. Le sol du box doit être légèrement en pente vers l'arrière (pour le drainage) et sa surface doit être dure mais pas glissante. On utilise donc fréquemment du béton brut. On peut le recouvrir d'une matière spéciale en caoutchouc pour lui donner une meilleure prise. Il vaut mieux éviter les rigoles à l'intérieur du box car elles peuvent se boucher avec la litière et le cheval risque de se coincer le pied dedans.

Pour une question de sécurité, la porte de l'écurie doit être très grande – au moins 1,20 m de large et 2,10 m de haut pour un cheval. Elle doit être divisée en deux et ouvrir vers l'extérieur. La partie du haut doit être maintenue ouverte pour permettre une bonne aération et pour que le cheval puisse regarder dehors. Il arrive rarement que le temps soit si mauvais qu'il faille fermer les deux parties de la porte. Le bord

PAGE DE GAUCHE EN HAUT
De belles écuries en briques. L'avancée du toit protège animaux et humains des caprices du temps.

PAGE DE GAUCHE AU MILIEU
Notez la protection sur le haut des portes et les loquets antiruades sur le bas.

CI-DESSOUS
L'intérieur d'une grange-écurie avec l'équipement à portée de la main. C'est un système apprécié des humains, mais un environnement ennuyeux pour les chevaux !

CI-DESSOUS
Ce container converti est un piètre box, potentiellement dangereux pour le cheval. Le métal est un matériau froid en hiver et chaud en été, et le cheval pourrait se blesser sur cette porte de récupération.

RÈGLES DE SÉCURITÉ

- Prévoyez des extincteurs, lances à incendie, seaux de sable dans l'écurie. Faites régulièrement vérifier les extincteurs.
- Assurez-vous que les fils électriques soient bien protégés des rongeurs et des chevaux.
- Assurez-vous que toutes les lampes soient hors de la portée des chevaux.
- Mettez des interrupteurs à l'épreuve de l'eau, et hors de la portée des chevaux.
- N'ayez que les attaches et les accessoires d'écurie indispensables : deux anneaux, un pour attacher le cheval et un autre (si nécessaire) pour un filet à foin ; un seau d'eau ou un abreuvoir automatique ; une mangeoire.
- Vérifiez qu'il n'y ait pas de vis, de clous ou de bouts de bois qui dépassent.
- Vérifiez régulièrement tous les gonds et les loquets ; maintenez-les graissés.
- Grillagez toutes les fenêtres.
- Gardez toutes les rigoles propres.
- Recouvrez les rigoles dans la cour de grilles solides.

supérieur de la porte du bas doit être protégé par une bande métallique ; ainsi le cheval ne la rongera pas. De plus le loquet du haut doit être à l'épreuve des chevaux, et le loquet du bas à l'épreuve des ruades.

Il faut une bonne ventilation pour que le cheval, à l'écurie, ait constamment de l'air frais. La porte ouverte en haut et la grande hauteur de plafond y pourvoient. Mais il ne lui faut pas de courants d'air. Les fenêtres, qui aident à aérer et à illuminer l'écurie, sont donc situées du même côté que la porte du box pour éviter ce problème. Attention à ce qu'elles ne soient pas masquées par la porte du haut ! Elles doivent être grillagées. On peut augmenter la ventilation en mettant des aérations dans le toit ou des lucarnes dans les avances. On peut augmenter la lumière en faisant une fenêtre dans le mur face à la porte. Elle peut aussi être utilisée pour l'aération, mais doit alors être plus haute que la tête du cheval pour lui éviter les courants d'air croisés.

Les écuries internes, qui consistent en plusieurs rangées de boxes individuels à l'intérieur d'un bâtiment (ancienne grange ou bâtiment neuf), sont très populaires dans certains pays ; elles sont très pratiques dans les régions où il fait très chaud ou très froid, car si elles sont bien construites, il y fera frais en été et chaud en hiver. Il faut seulement faire attention à bien aérer, car les maladies contagieuses ont plus de chances de se développer dans ce type d'écuries. Les passages de porte et les allées centrales doivent être assez larges pour que les chevaux puissent aller et venir sans se cogner – les portes coulissantes seront parfaites dans ce genre de bâtiment car on peut les ouvrir sans gêner le passage. Les rigoles doivent toujours rester propres.

Un autre système d'écurie est celui où les chevaux évoluent ensemble dans un grand espace couvert. C'est un gain de travail considérable car les chevaux vivent sur une litière épaisse ; en plus, ils ne sont pas seuls et ils peuvent se déplacer librement. Attention cependant à mélanger des chevaux qui s'entendent bien… ou il y aura des coups de dents et de sabots dans l'air !

CI-DESSOUS À GAUCHE
Avec une bonne épaisseur de paille, qui recouvre bien les bords, le cheval aura un lit sans danger et confortable.

CI-DESSOUS
La paille de blé a moins bon goût que la paille d'orge ou d'avoine. Les chevaux en mangeront donc moins.

La litière

Voici les avantages d'une litière épaisse : elle encourage le cheval à se coucher et à reposer ses membres (qui seront donc moins sujets aux capelets) ; elle lui permet de se rouler et de s'installer confortablement (diminution des risques de blessures) ; elle réduit les chocs que provoquent les sols durs ; elle empêche l'animal de glisser ; elle l'encourage à uriner (les chevaux mâles répugnent à uriner sur un sol nu) ; elle le tient au chaud, protégé des courants d'air, et enfin elle permet de garder cheval et couvertures propres.

Il existe plusieurs sortes de litières, toutes avec des points positifs et négatifs. La **paille** a toujours été la plus populaire et la plus économique. De nos jours encore, c'est ce qu'il y a de mieux en matière de chaleur, de confort et d'écoulement. On en trouve très facilement, sauf quand l'année a été très pluvieuse. La meilleure paille pour les chevaux c'est la paille de blé, car elle est plus goûteuse que la paille d'orge ou d'avoine qui ont en outre des barbelures pouvant se loger dans les yeux du cheval ou irriter sa peau.

On se débarrasse très facilement de la paille : on peut la brûler (bien sûr loin des écuries, du foin, etc.), ou la vendre comme engrais à champignons. Son inconvénient majeur, c'est qu'elle peut contenir de la poussière ou des spores, donc entraîner des allergies ou des problèmes respiratoires chez certains chevaux, et ils en seront moins performants. Le premier symptôme est généralement un cheval qui tousse.

L'autre inconvénient, c'est qu'il est parfois difficile de trouver la paille en petits ballots, surtout quand la région compte peu de propriétaires de chevaux. Les petits ballots sont cependant ce qu'il y a de plus facile à manipuler.

EN BAS
Les copeaux de bois de belle qualité sont un bon substitut à la paille, mais apportent cependant moins de chaleur. Il est également plus difficile de s'en débarrasser.

Les gros ballots pèsent une demi tonne ou même plus, et sont donc impossibles à manipuler simplement, et très difficiles à entreposer pour un petit propriétaire. Il faut environ quatre petits ballots de paille pour faire un bon lit dans un box de taille moyenne, et un peu plus d'un demi-ballot par jour d'entretien (la quantité exacte est fonction du temps où le cheval occupe le box).

Après la paille, la litière la plus utilisée est faite de **copeaux de bois**. Bien entretenus, ils fournissent un lit propre et hygiénique que le cheval ne mangera pas. Ils ne contiennent ni spores ni poussière (les fournisseurs sont supposés les passer dans un extracteur), et peuvent donc remplacer la paille quand les chevaux ont un problème respiratoire quelconque.

Les copeaux sont fournis emballés dans du plastique, et peuvent par conséquent être entreposés à l'extérieur (sauf si l'emballage a été abîmé pendant le transport !) Mais ce système a lui aussi des inconvénients : il est difficile de s'en débarrasser – les copeaux se décomposent très lentement et on ne peut donc pas les disperser dans un champ – et c'est assez lourd à manipuler. Quand ils sont mouillés les copeaux deviennent encore plus lourds, bien plus que la paille. Il y a aussi le risque d'y trouver des corps étrangers (bout de bois, clou...), mais cela arrive rarement dans les copeaux de bonne qualité. Certains chevaux peuvent avoir des irritations de la peau si le bois utilisé contient des produits chimiques, et d'autres ont parfois des problèmes aux pieds.

Contrairement à la paille qui est très aérée, les copeaux de bois sont très tassés et moins stables. Ils fournissent donc un lit moins chaud et un peu moins confortable, car le sol peut se dénuder à certains endroits. Ce type de lit requiert environ trois ballots de copeaux par semaine.

L'**aubiose** est un nouveau produit totalement naturel tiré du chanvre. Il s'est avéré particulièrement efficace pour les

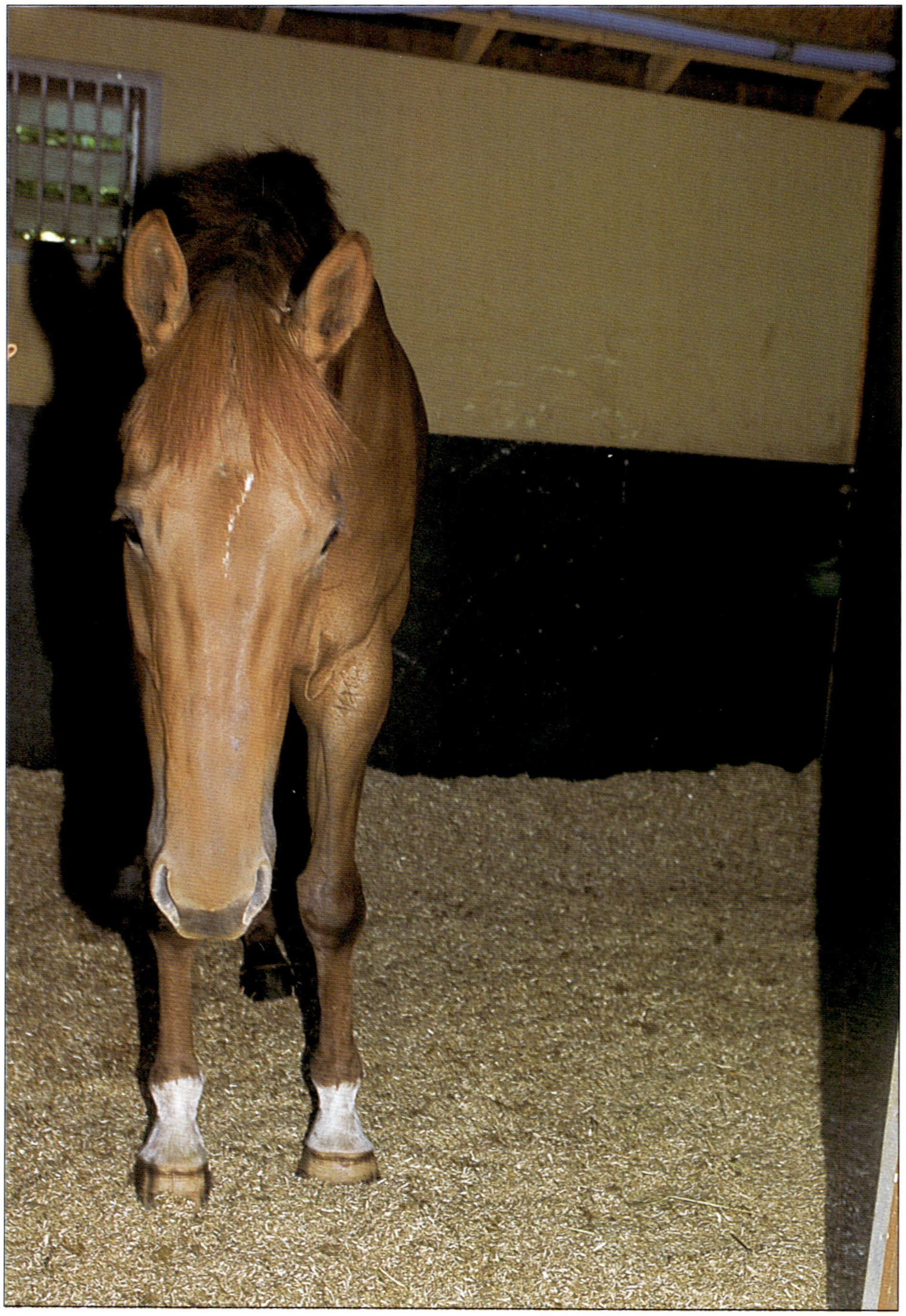

chevaux allergiques, et il est extrêmement absorbant : quatre fois plus que les copeaux de bois et douze fois plus que la paille ! Au départ, ce type de litière est plus onéreux que les autres car il requiert huit ballots pour un box de taille moyenne, mais par la suite il est économique. Il ne faudra qu'un demi ou un ballot par semaine pour l'entretenir. Quand on met la litière pour la première fois, il faut l'humidifier avec un tuyau ou un arrosoir pour qu'elle se pose bien, et pour en activer les propriétés absorbantes.

L'aubiose fonctionne un peu comme la litière pour chats : elle absorbe le liquide au fond du lit, laissant les couches supérieures au sec. C'est un système qui nécessite peu de travail car il n'y a qu'à retirer les crottins et ratisser la surface pour bien l'égaliser. Il faut cependant changer la litière trempée tous les cinq ou dix jours, en fonction du cheval. On peut aussi l'utiliser en litière épaisse.

Ce produit a un autre gros avantage, c'est qu'il se décompose, au bout de cinq ou six semaines, pour devenir un bon engrais ; il est donc facile de s'en débarrasser. Son unique inconvénient, outre le coût initial, c'est sa fluidité (les particules sont plus petites et plus molles que les copeaux) qui le rend difficile à monter sur les côtés.

Le **papier déchiqueté** fournit la litière la moins poussiéreuse qui soit ; il est par conséquent très utilisé pour les chevaux qui ont des allergies à la poussière ou des problèmes respiratoires. On l'utilise de plus en plus pour les chevaux de sport (chevaux de concours complet, de course, etc.), car leurs poumons doivent rester le plus sains possible. C'est une litière économique à l'achat, mais il en faut plus que de copeaux ou de paille car le papier se mouille vite. L'avantage de cette litière, c'est qu'elle est très légère et facile à manipuler, et qu'elle est vraiment chaude. L'inconvénient, c'est qu'elle est souvent composée de papier imprimé ; elle peut donc tacher les chevaux, en particulier les gris, ce qui donne du travail supplémentaire au palefrenier ou au propriétaire. Enfin, il est difficile de contrôler un monceau de papier souillé quand il y a du vent. Ce type de lit requiert trois ballots par semaine.

La **tourbe** fait une bonne litière quand on peut s'en procurer facilement. Comme les copeaux, on la trouve généralement en ballots plastifiés. Là encore il y a des avantages et des inconvénients : c'est un lit confortable, que le cheval ne mangera pas et dont on se débarrasse assez facilement. Mais, plus que tout, c'est la litière la plus sûre qui soit, car elle ne prendra pas feu si un incendie se déclare. Par contre, elle est chère, lourde à manipuler, il faut souvent la nettoyer et la ratisser pour éviter qu'elle ne devienne détrempée et compacte, et elle est de couleur tellement sombre que les zones mouillées sont difficiles à repérer.

Il existe aussi un système de **tapis caoutchouc**, qui est totalement exempt de poussière quand il est utilisé seul.

PAGE DE GAUCHE
Le chanvre est un type de lit relativement récent. C'est un excellent absorbant. Assez cher au départ, il devient économique (et facile) à entretenir par la suite.

CI-DESSOUS
Le tapis caoutchouc n'est pas poussiéreux, il dure longtemps et évite beaucoup de travail. Par contre, il apporte très peu de confort au cheval, sauf si on le recouvre d'un autre type de lit.

EN BAS
Le papier fournit une litière chaude et sans poussière, l'idéal pour les chevaux qui ont un problème respiratoire. Attention au papier imprimé car il peut tacher les chevaux... surtout s'ils sont gris !

Mis à part cet avantage, cette litière a beaucoup d'inconvénients : elle n'est pas très jolie ; elle n'offre ni chaleur ni protection contre les courants d'air ; elle n'absorbe pas les liquides, et si le tapis est utilisé tel quel, sans un autre lit par-dessus, le cheval éparpillera les crottins et se couchera dessus (résultat : il sera tout le temps sale !) Quand le tapis est utilisé seul il a un avantage intéressant : son entretien ne coûte rien. Une fois qu'il est installé, il n'y a plus de frais de litière, et il durera plusieurs années. De plus le nettoyage est simple et rapide, car il peut être fait au jet d'eau.

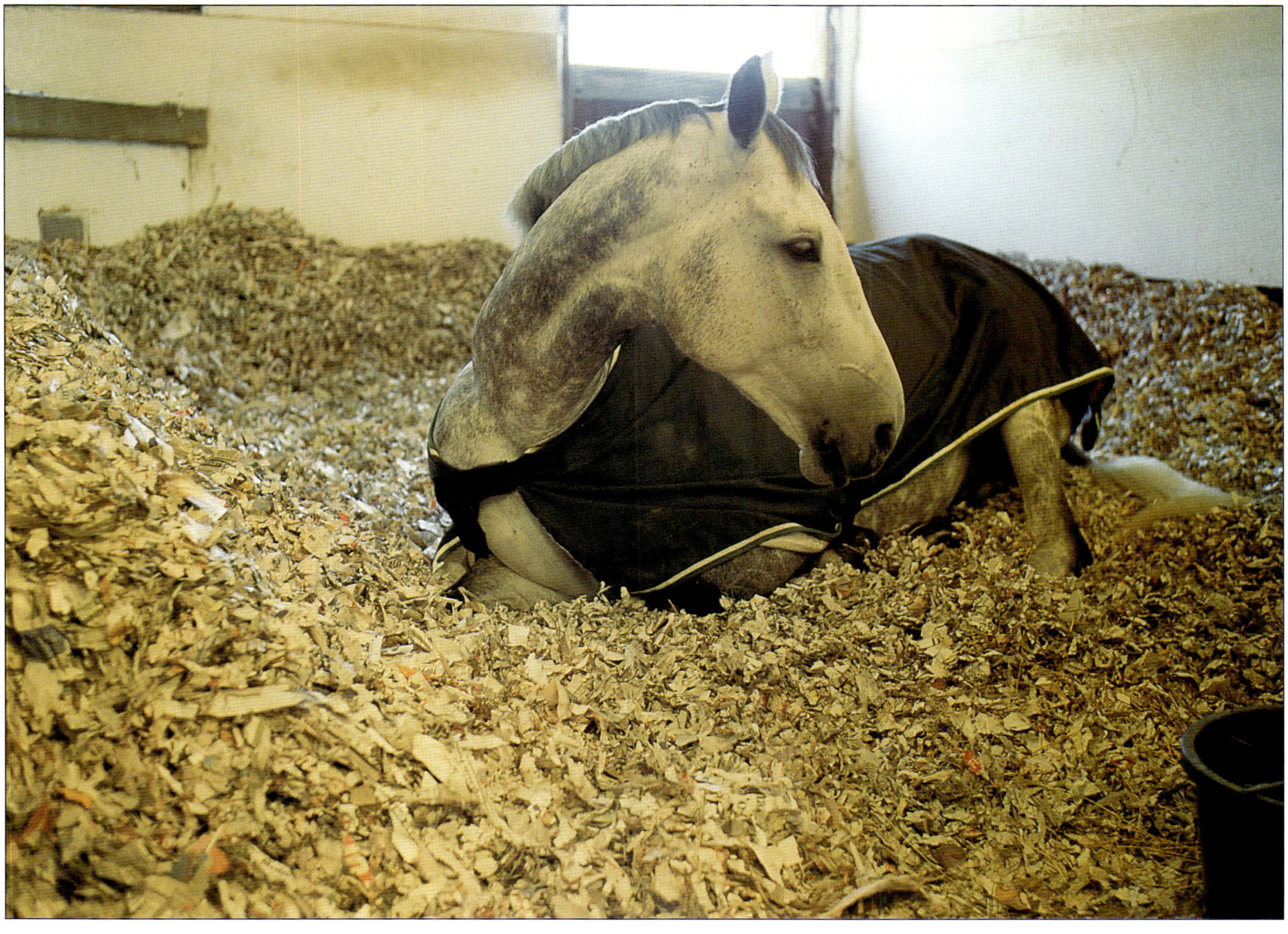

L'entretien de la litière

Le but c'est de donner un environnement sain et propre au cheval, et de le garder lui-même propre ainsi que ses couvertures. Les écuries peuvent être nettoyées tous les jours, ou alors vous pouvez adopter le système de la litière épaisse ou semi-épaisse. Le cheval doit être attaché pendant le nettoyage ou, mieux, sorti du box. En faisant cela, on protège l'animal de la poussière qui risque de s'envoler, et on se rend la tâche plus facile.

Le nettoyage quotidien implique d'enlever les crottins et la litière sale. Le meilleur moyen, c'est de tout ramasser et de laisser sécher le sol pendant que le cheval est à l'extérieur. Ce sera évidemment plus pénible à faire avec des copeaux de bois qu'avec de la paille ou du papier, beaucoup plus légers.

Vous aurez besoin d'une brouette ou d'une bâche à fumier, d'une fourche et d'un grand balai d'extérieur à poils durs. Beaucoup de gens utilisent une fourche à quatre dents pour soulever les crottins, mais on peut tout aussi bien utiliser une fourche à trois dents ou un fourchon. Tout dépend de l'adresse du manipulateur – moins il y a de dents, plus la fourche est légère, moins la tâche est fatigante et plus elle est rapide. Pour nettoyer des copeaux, il vous faudra une fourche spéciale, dont les dents sont plus nombreuses et plus rapprochées. L'avantage de la bâche à fumier, c'est qu'on n'a pas besoin d'une pelle. Une grosse partie de la litière sale peut être balayée dessus ou déposée dessus avec la fourche, et le reste ramassé à la main (si vous portez des gants). Si vous avez besoin d'une pelle, choisissez-la grande et légère.

Placez la bâche ou la brouette dans l'ouverture de la porte, ramassez les crottins visibles et déposez-les dessus. Enlevez la litière d'un côté du box (on choisit généralement le côté près de la porte et loin du cheval, mais si le box est grand on peut alterner les côtés pour tout faire sécher régulièrement). Balayez ensuite le sol à cet endroit et entassez-y la litière propre (en faisant attention à ne pas prendre trop de place). Mettez tous les crottins et la litière sale dans la brouette ou sur la bâche, et balayez le sol entièrement. Enfin, éparpillez une mince couche de litière propre dans tout le box. Elle empêchera le cheval de glisser et aidera le sol à sécher. Supposons que le cheval restera attaché pour être pansé, on peut alors laisser le box comme cela pendant un moment ; ainsi on s'assurera que le sol tout entier (les coins comme le milieu) aura séché avant d'y redéposer la litière.

Quoique moins bonne que la première, on peut procéder d'une autre façon : on enlève complètement la litière d'un côté du box chaque jour, s'assurant ainsi que la litière est entièrement retournée sur une base régulière.

Quand vous reposez la litière, faites un bon lit bien épais avec celle que vous avez récupérée, et utilisez la nouvelle litière pour les bords (si c'est un lit de paille que le cheval a tendance à manger, la paille fraîche devra être recouverte avec un peu de l'ancienne paille, qui sera moins bonne). Les côtés relevés

CI-CONTRE
Matériel pour nettoyer la litière : brouette, fourche à cinq dents, pelle, fourche à copeaux, balai et panier. La brouette est plus encombrante qu'une bâche à fumier.

CI-DESSUS
Attachez le cheval pendant le nettoyage et l'entretien (par sécurité, boutonnez vos vestes quand vous travaillez près des chevaux).

CI-CONTRE
Le tas de fumier est beaucoup plus propre et facile à entretenir lorsqu'il est contenu dans un espace à trois côtés.

CI-DESSOUS
Placez votre tas de fumier sur un site bien drainé et facile d'accès – tant pour les gros véhicules que pour les brouettes.

évitent les courants d'air et des blessures au cheval qui se couche ou qui se roule, et cela peut même éviter à un cheval de rester coincé, les jambes étant dans une position telle qu'il ne peut plus se lever.

Pour garder la litière aussi propre que possible, les crottins devraient être enlevés régulièrement, tout au long de la journée, dans un panier ou une petite benne (on dit aussi un *skip*) en métal, en plastique ou en caoutchouc. Dans les écuries nocturnes, les litières doivent être soigneusement nettoyées et préparées pour la nuit, c'est-à-dire que les côtés doivent être bien relevés et la surface principale égalisée.

Une litière épaisse doit être pratiquée dans un grand box bien aéré (s'il est petit, le sol sera vite détrempé). C'est un système qui fait gagner du temps car l'entretien se limite à l'enlèvement du crottin, pas de la litière mouillée. En effet on laisse le vieux lit tel quel, et on le recouvre simplement de litière fraîche tous les jours. Ce type de litière doit être bien entretenu et convient mieux aux chevaux qui sortent la journée, car ils lui laissent ainsi le temps de mieux sécher. La litière épaisse tient chaud en hiver, et peut parfois rester là pendant six mois. Cela dit, si elle commence à devenir un peu trop haute ou à sentir, il faut entièrement la retirer, laisser au box le temps de bien sécher, puis en recommencer une nouvelle. La menuiserie s'abîmera plus vite avec ce genre de lit à cause de l'humidité dans les couches inférieures.

La litière semi-épaisse est un bon compromis : les crottins et la litière mouillée sont enlevés tous les jours, mais le box est entièrement nettoyé une fois par semaine seulement ou tous les quinze jours. Ce système fonctionne bien avec les lits de copeaux. Quand vous utilisez le système de la litière épaisse, pensez à enlever les crottins très souvent.

Vous devez bien vous occuper du tas de fumier, c'est très important. Pour des raisons pratiques, il devrait se trouver assez près des écuries, et son accès devrait être nivelé, sec et adapté à un gros véhicule. Attention au sens du vent ! Le tas de fumier peut être à l'air libre ou, plus proprement, dans un espace à trois côtés – des parpaings conviendront parfaitement. Faites partir des rigoles d'écoulement des chemins et des allées.

Pendant le nettoyage, vous devriez entièrement balayer le sol du box et le laisser sécher avant de remettre la litière propre.

La litière devrait remonter sur les côtés pour éviter les courants d'air, et pour que le cheval ne se blesse pas en se couchant.

On utilise un panier pour enlever régulièrement les crottins dans la journée. Il peut être en plastique, en métal ou en caoutchouc.

Les aliments

Le cheval est herbivore, c'est-à-dire qu'il mange des plantes et de l'herbe. Quand il vit en liberté, il peut passer vingt heures sur vingt-quatre à brouter, se déplaçant lentement pour trouver ce qui lui plaît. Cet animal a un petit estomac comparé à ses longs intestins, et doit donc manger peu mais souvent. En liberté, il se porte bien quand il y a beaucoup à manger, et maigrit quand ce n'est pas le cas. L'homme lui impose des conditions artificielles – un faible accès à l'herbe et la nécessité de brûler de l'énergie au travail. S'il doit survivre, il faut donc qu'il ait des aliments qui remplacent efficacement l'herbe. L'alimentation des chevaux est, de ce fait, un sujet complexe. Comme chez les humains, la quantité et le type d'alimentation qu'il lui faut pour être en forme diffère d'un individu à l'autre. Mais en règle générale, l'alimentation du cheval domestiqué se compose de fourrage et de semis.

LE FOURRAGE

C'est généralement du foin, c'est-à-dire de l'herbe séchée. Il en existe deux sortes : le foin artificiel et le foin du pré. Le **foin artificiel** convient aux chevaux qui travaillent dur car il est plus nourrissant que l'autre. Il se compose d'herbes semées spécifiquement pour la récolte, et qui comprennent des plantes de très bonne qualité comme l'ivraie vivace et la fléole des prés. Le **foin du pré** provient des pâturages, et est plus doux au toucher et souvent plus vert. Il contient des variétés de plantes plus vertes (dont certaines sont de moindre qualité) et est souvent moins nourrissant, donc plus adapté aux chevaux qui travaillent moins.

Il y a une nouvelle forme de fourrage : de l'**herbe en sac plastique**. Il existe sous différents degrés nutritionnels et convient très bien aux chevaux qui ont des problèmes respiratoires. On peut le mélanger au fourrage habituel, ou même l'y substituer totalement.

Foin artificiel (gauche) et foin du pré (droite)

Avoine

Orge

Maïs en flocons

Le **foin haché** est aussi du fourrage, utilisé seul ou mélangé avec un tiers de paille d'avoine hachée. On peut le mélanger aux concentrés pour encourager la mastication et favoriser la digestion.

LES CONCENTRÉS

Les céréales comme l'avoine et l'orge sont connues sous le nom de concentrés. Ce sont des aliments énergétiques qui, ajoutés au fourrage, permettent au cheval d'accomplir ses tâches sans y perdre la santé.

L'**avoine** a toujours été considérée comme la céréale idéale pour les chevaux. La balle fibreuse qui enveloppe le grain encourage la mastication et empêche le cheval de manger trop vite (ce qui perturberait sérieusement son système digestif). L'inconvénient, c'est qu'elle a un faible rapport calcium-phosphore, et que le cheval doit par conséquent recevoir un complément de calcium pour contrebalancer les minéraux contenus dans le fourrage. Cela dit, l'avoine ne convient peut-être pas à tous les équidés car elle a un effet constipant, ce qui en rend le contrôle difficile. L'avoine devrait être légèrement roulée et utilisée dans les deux ou trois semaines suivantes, sans quoi elle perd ses qualités nutritionnelles.

L'**orge** est encore plus énergétique que l'avoine, mais contient moins de fibres. On peut la donner cassée, roulée, en flocons (traitée à chaud) ou micronisée (réduite en poussière). On peut aussi en faire une purée : on verse de l'eau bouillante sur l'orge en flocons, et on laisse refroidir. On ne devrait jamais donner d'orge complète aux chevaux, sauf si elle a été ramollie au préalable (sinon c'est beaucoup trop indigeste). Pour cela il faut la recouvrir d'eau bouillante puis laisser mijoter plusieurs heures, jusqu'à ce que le grain soit fendu, gonflé et ramolli.

Son

Graines de lin (qui doivent être bouillies !)

Betterave à sucre imbibée

Paille hachée mélangée à de la mélasse

Granulés à chevaux et à poneys

Mélange

Le **maïs** est riche en amidon mais pauvre en fibres et en protéines. On le donne en flocons ou micronisé et en petites quantités, car c'est très constipant.

Le **son**, un dérivé du blé, est riche en fibres. On en donne aux chevaux qui ne travaillent pas ou qui doivent manger peu de protéines. On le leur donne sec et en petites quantités avec les autres aliments, ou en purée. Pour cela il faut mettre le son et une poignée de sel dans un seau, verser de l'eau bouillante dessus (le mélange ne doit pas être trop liquide), couvrir, et laisser cuire puis refroidir.

La **graine de lin** est riche en huile et souvent utilisée pour embellir la robe. Il faut d'abord la faire bouillir car crue, elle est toxique (elle contient de l'acide prussique). Pour cela on la recouvre d'eau froide et on laisse tremper toute la nuit. Le lendemain on rajoute de l'eau (environ 2 litres pour 110 g de graines) et on porte le mélange à ébullition. On laisse mijoter plusieurs heures. Quand la gelée obtenue a refroidi, on peut l'ajouter à une purée de son ou aux aliments habituels.

La **betterave à sucre** est très digeste, énergétique et riche en fibres. Elle a un bon rapport calcium-phosphore et peut donc être utilisée avec les céréales qui ont un déséquilibre de ces éléments. La pulpe (ce qui reste après extraction du sucre) est en cubes ou défibrée. Avant de la donner aux chevaux, il faut la faire tremper au moins douze heures dans deux fois plus d'eau. Les cubes devront peut-être tremper plus longtemps dans plus d'eau. Si ce n'est pas bien fait, cela gonflera dans l'estomac du cheval, ce qui peut être fatal.

La **mélasse** est un dérivé du sucre. De couleur foncée, collante et très agréable au goût, on peut en mettre un peu dans les aliments pour donner de l'énergie, embellir la robe et tenter les « rechigneurs » !

Il existe aussi des **aliments complets** en cubes ou mélangés. Ce sont différents ingrédients scientifiquement choisis pour fournir une alimentation équilibrée. On trouve des aliments complets spécialement conçus pour poulains, poulinières, chevaux de course, etc. Ils sont très utiles au novice, car ils lui épargneront bien des hésitations !

L'alimentation

CI-CONTRE
Les aliments doivent être gardés dans un endroit propre et sec, à l'écart des rongeurs. Dosez-les précisément.

Pour bien nourrir un cheval, il faut prendre en compte sa taille, son âge, son type, et la quantité de travail qu'il fournit. L'alimentation est à la fois une science et un art. La science nous renseigne sur les principes alimentaires et la valeur nutritionnelle des différents aliments, mais les chevaux sont tous différents et la qualité de leur alimentation se révèle au travers de leur apparence et des performances. Vous pouvez apprendre à juger de la santé de votre cheval simplement en observant des chevaux similaires (race, âge, taille, carrure et type de travail) dans votre club ou dans des concours locaux.

Le rapport entre fourrage et concentrés variera en fonction de la nature et de la quantité de travail que l'animal doit fournir. S'il travaille peu il n'aura pas besoin d'une alimentation très énergétique, mais si c'est un chasseur ou un cheval de concours complet il devra manger plus d'aliments énergétiques et moins de fourrage. Si le travail est léger (environ six heures par semaine de promenade et de travail léger) et si c'est un poney, c'est 30 % de

Voici un guide des besoins journaliers de l'animal basés sur sa taille (n'oubliez pas que c'est une approximation car les carrures varient ; même s'ils fournissent la même quantité de travail, un cheval mince mangera moins qu'un cheval lourd) :

Hauteur	Besoins journaliers
Moins de 1,20 m	6,3 – 7,2 kg
1,20 – 1,30 m	7,2 – 8 kg
1,30 – 1,40 m	9 – 10 kg
1,40 – 1,50 m	10 – 11 kg
1,50 – 1,60 m	11 – 12 kg
plus de 1,60 m	12 – 12,5 kg

Pour être encore plus précis, vous pouvez calculer cette quantité par rapport au poids de l'animal (un cheval mangera l'équivalent de 2 à 2,5 % de son poids chaque jour). Le meilleur moyen de le peser c'est sur un pont-bascule ou, à défaut, en lui mesurant le tour du ventre avec un mètre spécial.

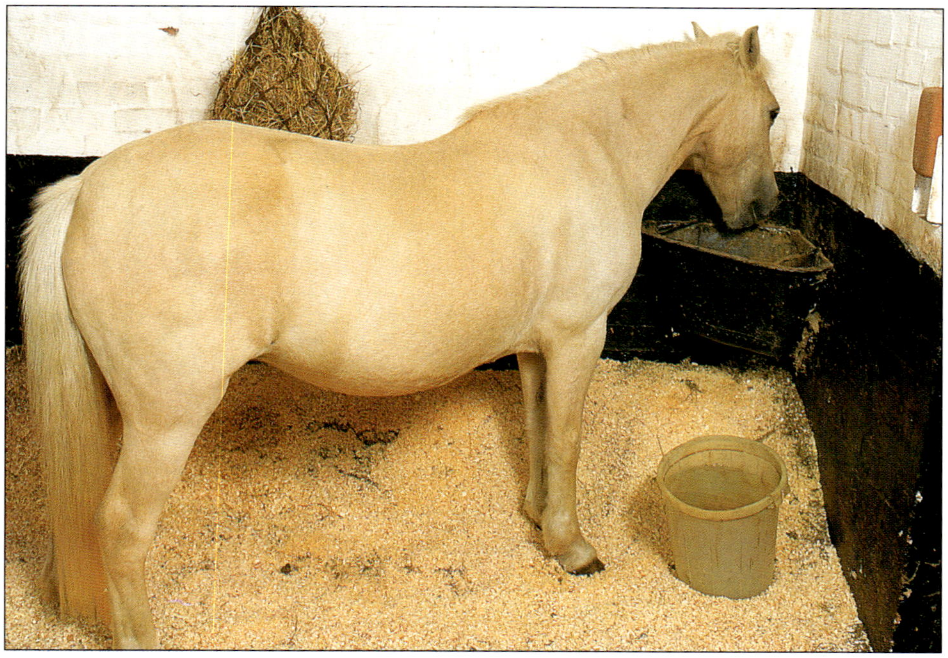

MILIEU HAUT
Certaines écuries ont des auges battantes. Elles font gagner du temps quand il y a beaucoup de chevaux à nourrir.

MILIEU BAS
Ce type de mangeoire à crochet est très utile pour nourrir les chevaux au pré.

CI-CONTRE
La grande mangeoire d'angle convient tout à fait aux chevaux à l'écurie. Les auges doivent être nettoyées régulièrement.

concentrés et 70 % de fourrage qu'il faudra. Si le travail est moyen (environ dix heures par semaine, dont deux heures par jour de travail, un peu de dressage, d'obstacles et de promenade), c'est 50 % et 50 %. Si le cheval travaille dur (plus de dix heures par semaine, ou en cas de chasse, de concours complet ou d'endurance), c'est 70 % de concentrés et 30 % de fourrage. Ce ne sont pas là des chiffres exacts, mais quel que soit le travail fourni, le cheval ne devra jamais descendre sous la barre des 25 % de son poids en fourrage.

Quand les chevaux et les poneys passent l'hiver dehors il leur faut la même quantité de nourriture qu'aux autres si l'on veut qu'ils gardent la forme et qu'ils restent en bonne santé. Au printemps et en été (si le temps est clément), un pâturage de bonne qualité devrait apporter le nécessaire aux poneys et aux chevaux à sang froid qui ne font pas plus d'une heure ou deux de travail léger. Il est cependant préférable de les peser régulièrement pour s'en assurer. Pendant l'hiver le pâturage sert juste à l'entretien, mais si le climat est rigoureux il ne servira même pas à cela. Il faut donc apporter un supplément d'alimentation au cheval pour qu'il garde la forme.

RÈGLES D'OR DE L'ALIMENTATION

- Donnez à manger peu mais souvent – le cheval a un petit estomac.
- Donnez la ration de concentrés en deux ou trois fois ; ne donnez jamais plus de 1,8 kg de concentrés en une seule fois.
- Ayez des horaires réguliers.
- Nettoyez les auges régulièrement à l'eau claire.
- Ne laissez jamais de nourriture dans les mangeoires – si votre cheval ne finit pas ses rations, c'est que quelque chose ne va pas.
- Laissez-lui deux petites heures pour digérer avant de le faire travailler.
- Laissez-lui une heure pour récupérer après l'effort avant de le faire manger.
- Ne faites pas de changements brusques dans son régime – faites-le petit à petit sur une semaine.
- Donnez du foin après les concentrés et beaucoup de fourrage le soir.
- Ne laissez jamais un cheval plus de huit heures sans manger.
- Assurez-vous qu'il ait toujours de l'eau propre et fraîche.
- Faites vérifier ses dents régulièrement.
- Administrez régulièrement des vermifuges à votre cheval.
- Gardez les aliments dans des récipients propres, secs et à l'abri des rongeurs ; gardez le foin au sec, loin de toute humidité.
- Donnez-lui des tranches de pommes ou des carottes (coupées en longueur pour qu'il ne s'étouffe pas), surtout s'il mange timidement.

EN HAUT
Les filets à foin doivent être solidement attachés, et suffisamment hauts pour que le cheval ne se coince pas le pied dedans.

CI-CONTRE
Les chevaux ont besoin de manger du sel pour parer à toute insuffisance dans leur alimentation. Une pierre à lécher fera parfaitement l'affaire.

À GAUCHE
Pour éviter que le cheval inhale des moisissures, trempez le foin quelques heures dans l'eau propre avant de le lui donner.

L'eau

L'eau constitue environ 60 % du poids d'un cheval adulte, le pourcentage exact étant fonction de son âge et de sa santé. Elle est présente dans toutes les sécrétions et joue un rôle vital dans le bon fonctionnement du sang, de la digestion et dans le processus d'excrétion. Un cheval peut vivre plusieurs semaines sans manger mais quelques jours seulement sans boire.

La quantité d'eau journalière d'un cheval varie en fonction de son régime, du climat, de sa tâche, et de son état de santé. Un cheval à l'écurie boit environ 37 litres d'eau par jour, mais il arrive parfois qu'il descende à 20 litres ou qu'il monte jusqu'à 40 litres. Un cheval au pré boit moins car l'herbe contient déjà de l'eau. Il boira plus par temps chaud et humide ou quand il transpire au travail. Un cheval malade refuse parfois de boire.

Le cheval à l'écurie doit constamment avoir de l'eau fraîche à sa portée, sauf avant un travail dur et rapide. Les chevaux sont très difficiles quant à leur eau et préféreront mourir de soif plutôt que de boire de l'eau sale ou colorée.

Le cheval à l'écurie peut avoir un seau d'eau ou un abreuvoir automatique. L'avantage du seau c'est que l'on peut facilement vérifier la quantité d'eau que le cheval boit. Le seau doit être grand et solide – le gros caoutchouc est ce qu'il y a de mieux. Les seaux en plastique sont certes légers à transporter, mais ils ne sont pas très sûrs car ils peuvent se fendre et causer des blessures. Les seaux métalliques sont plus résistants mais ils pourraient aussi blesser un cheval agité.

Le seau doit être placé dans un coin du box, ni trop près ni trop loin de la porte pour être facile à remplir. La poignée doit être éloignée du cheval. Bien des chevaux ne renverseront jamais leur seau, même vide. Par contre, certains ont pris l'habitude de jouer avec le leur, et d'autres sont tout simplement maladroits. On peut donc le fixer au mur avec des pinces ou, si la taille du box le permet, le poser dans un pneu.

CI-CONTRE
Le seau en gros caoutchouc est ce qu'il y a de mieux pour le cheval à l'écurie. C'est plus sûr et plus durable que le plastique.

CI-DESSOUS
Si le cheval a l'habitude de renverser son seau d'eau, posez-le dans un pneu.

Dans la journée le seau doit être vérifié et rempli régulièrement. Pour cela, videz-le et remplissez-le de nouveau avec de l'eau fraîche. La nuit, il faut donner deux seaux à un grand cheval pour être sûr qu'il n'en manquera pas. Nettoyez le seau régulièrement à l'eau claire.

Les abreuvoirs automatiques, contrôlés par un petit robinet à flotteur, sont très appréciés dans les très grandes écuries car ils économisent beaucoup de travail. Ils ont néanmoins quelques inconvénients : ils sont petits comparés à un seau, le cheval ne pourra donc pas avoir le plaisir de boire franchement ; ils ne sont pas toujours faciles à nettoyer ; on ne peut pas y jeter un simple coup d'œil pour voir ce que le cheval a bu (alors que c'est l'un des points qui renseigne sur l'état de santé du cheval). Aujourd'hui il existe heureusement des abreuvoirs équipés d'une jauge qui règle ce problème. De plus, tout ce qui dépasse dans un box est une source potentielle de blessure ou, au contraire, c'est le cheval qui risque de casser l'abreuvoir. Ce type d'abreuvoir doit être vérifié tous les jours – un tuyau

CI-DESSOUS
L'abreuvoir automatique est un autre système possible. Il doit être vérifié tous les jours pour s'assurer qu'il fonctionne correctement.

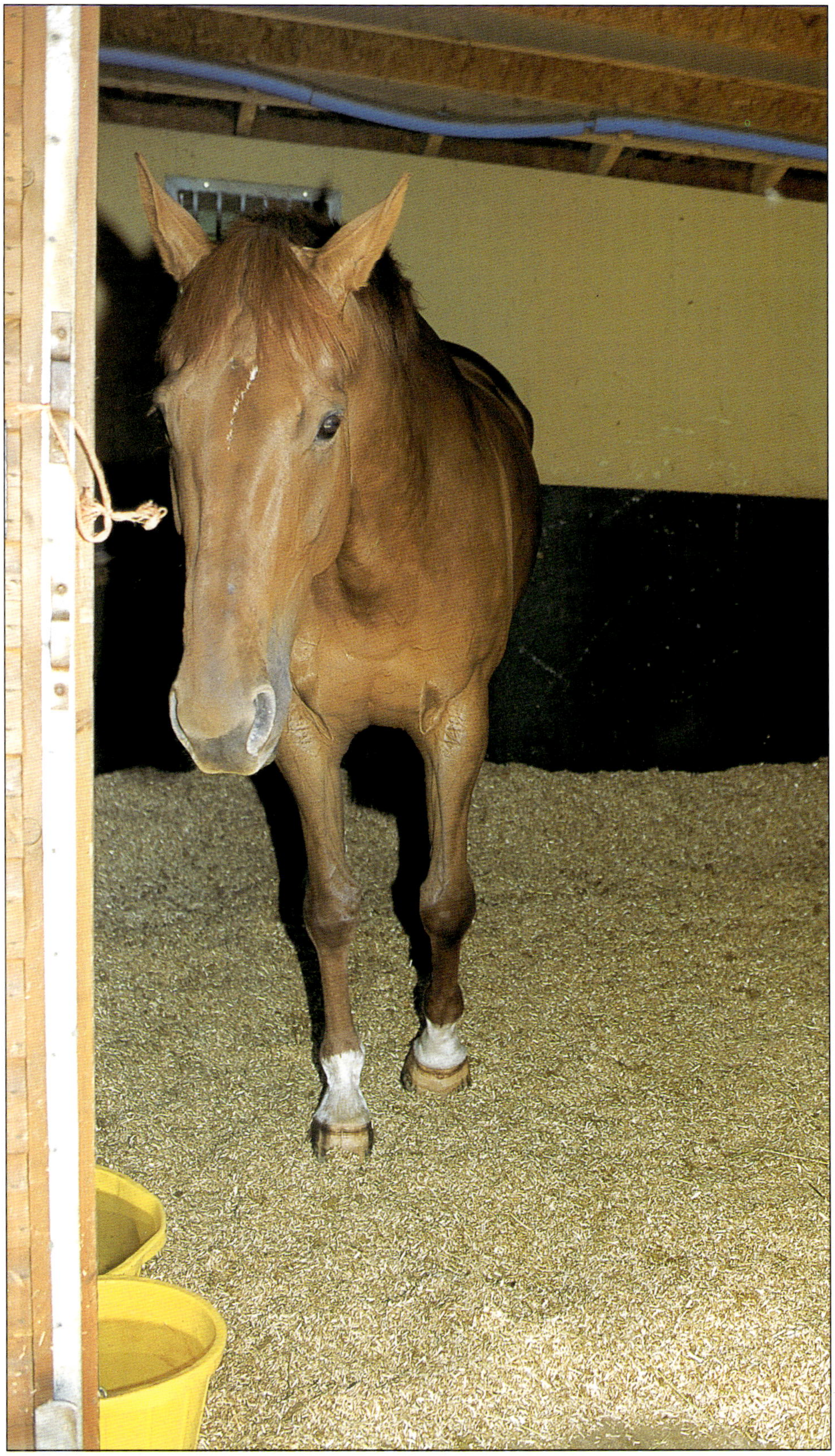

RÈGLES D'OR DE L'EAU

- Le cheval à l'écurie doit toujours avoir de l'eau fraîche à sa portée.
- L'eau vient toujours avant les aliments.
- Ne faites pas travailler un cheval trop durement juste après qu'il a beaucoup bu.
- Après un travail difficile, donnez un peu d'eau au cheval – environ 2,5 litres tous les quarts d'heure jusqu'à satiété.
- Donnez toujours de l'eau avec les sels minéraux.
- Les ustensiles pour l'eau doivent rester toujours propres.
- Vérifiez les abreuvoirs automatiques tous les jours.

bouché peut profondément affliger le cheval et un débordement tremper sa litière. Attention de bien protéger les tuyaux contre le gel.

CI-CONTRE
Le cheval à l'écurie doit toujours avoir de l'eau à sa portée. Un grand cheval aura besoin de deux seaux.

Soins quotidiens

Un cheval en forme est prêt à accomplir tout ce que vous attendez de lui. Mais, pour le maintenir en bonne santé, il faut s'en occuper tous les jours, y faire attention. Il y va de la responsabilité du propriétaire de vérifier qu'il est régulièrement et correctement entraîné, et il doit apprendre à reconnaître les premiers signes de mauvaise santé. Tout cheval, qu'il soit au pré ou à l'écurie, devrait être examiné chaque jour ; on vérifie son état, sa santé, qu'il n'ait pas de blessures, de bosses ou de boules. De plus, cet animal a des habitudes, il aime la routine. Il faut donc l'examiner, le nourrir, le sortir, etc., tous les jours à la même heure. L'homme de cheval expérimenté saura s'occuper des maladies les plus courantes et des blessures légères ; pour le reste il aura besoin de faire appel à un vétérinaire. C'est au propriétaire d'estimer le moment où il a besoin des conseils d'un expert, sans perdre de vue que plus le traitement commence tôt, plus il y a de chances de guérison. Les visites régulières du maréchal-ferrant sont aussi une partie importante des soins à donner au cheval. Il n'y a jamais eu maxime plus juste que « pas de pied, pas de cheval ».

Le travail

Le cheval a besoin de travailler quotidiennement pour rester en bonne santé et, comme les athlètes, il a besoin d'exercices supplémentaires pour se muscler et garder la forme.

Quand on traite de la santé du cheval, le travail est toujours lié à la nourriture. Un cheval au pré (sauf si le pâturage est tout petit) peut prendre autant d'exercice qu'il le souhaite pour rester en forme. L'espace, et la possibilité d'aller et venir à sa guise, font intrinsèquement partie de la vie quotidienne du cheval en liberté ; alors plus le pâturage est grand, plus il est proche de son environnement naturel, et plus il est heureux.

« VICES » D'ÉCURIE

Rester cloîtré dans un box vingt-deux heures sur vingt-quatre, c'est contraire à la nature du cheval, et ennuyeux. Le cheval peut alors prendre de mauvaises habitudes, ou « vices » d'écurie : ronger le bois, tourner en rond sans arrêt, tic à l'appui (le cheval appuie ses dents sur la mangeoire, la porte, ou autre chose, et avale de l'air) ou tic de l'ours (le cheval se balance d'un antérieur sur l'autre, souvent avec la tête à l'extérieur du box). Tous les vices d'écurie peuvent nuire au cheval d'une manière ou d'une autre, mais il n'en développera aucun si vous le tenez à l'écart de l'ennui et de la frustration.

CI-CONTRE
Le cheval à l'écurie doit travailler un peu tous les jours pour rester en forme. La promenade lui permet de rester en bonne santé et de se relaxer après le travail.

PAGE DE DROITE EN HAUT
Les chevaux de course, entre autres, ont besoin d'un programme d'entraînement bien planifié.

PAGE PRÉCÉDENTE GAUCHE
La plupart des poneys, comme ce haflinger, aiment être au pré.

PAGE PRÉCÉDENTE
Malgré sa taille, le suffolk est économique à entretenir.

CI-DESSOUS
Les chevaux et les poneys en liberté, comme cette jument exmoor et son poulain, ont tout l'exercice nécessaire.

Cela dit, le cheval qui se nourrit uniquement d'herbe ne pourra faire qu'un peu de travail léger en été. En gardant le cheval à l'écurie on peut contrôler ce qu'il mange et graduellement améliorer sa forme physique, le rendant apte à faire le travail requis. Mais puisqu'il est maintenant privé de sa liberté pendant une partie de la journée (si ce n'est toute), il faut lui faire prendre un peu d'exercice pour qu'il reste heureux et en bonne santé.

L'idéal serait que tous les chevaux à l'écurie passent une partie de la journée au pré en plus de leur travail quotidien. Un cheval sain risque bien sûr de s'y blesser, alors mettez-lui des guêtres de protection et ayez une clôture sûre. Il arrive parfois qu'on ne puisse pas l'exercer (par exemple quand le temps est trop mauvais et les routes impraticables) ; dans ce cas il faut pouvoir le mettre au pré tous les jours, ou au moins l'amener à l'extérieur pour qu'il mange un peu d'herbe. Le travail à la longe est une autre alternative au travail monté.

Il faut panser le cheval avant de le sortir ou de l'entraîner ; ainsi il sera beau et

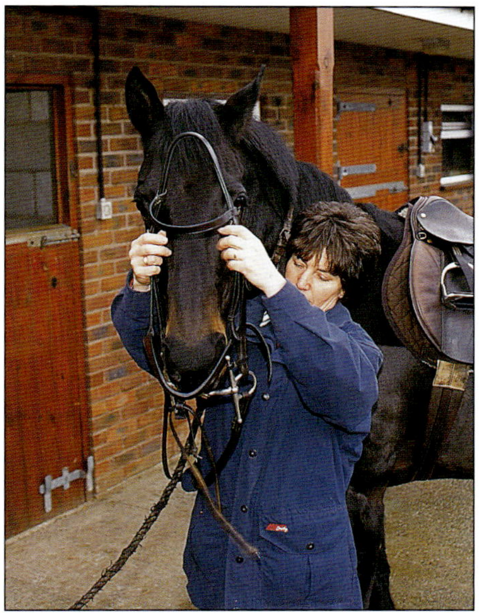

CI-CONTRE
Une simple bride à filet et une selle tous usages seront parfaits pour entraîner votre cheval.

EN BAS
Cheval et cavalier prêts à partir. Si vous prévoyez d'aller sur la route, mettez-lui des protège-genoux.

propre. Les taches d'écuries sont nettoyées à l'éponge, on retire la paille de litière qui lui reste dans les crins, on cure les pieds et on vérifie les fers.

Une selle tous usages conviendra parfaitement à la promenade et au travail sur route. Elle sera protégée de la poussière et de la graisse du cheval par un tapis de selle, ce qui sera aussi plus confortable pour le dos de l'animal.

Quand on a une bride pour tous les jours, on abîme moins la bride des « grands jours » (présentation et concours). Le type de bride et de mors utilisé dépendra du cheval. La plupart peuvent être emmenés tranquillement en promenade avec un simple filet à muserolle française. Mais s'il faut un peu plus de contrôle, utilisez une muserolle croisée ou combinée. L'utilisation d'une martingale dépend une fois encore du cheval, et de la difficulté à le contrôler.

Il lui faudra des protège-genoux pour travailler sur les routes – ils ne le gêneront pas s'ils sont bien mis. Il peut facilement glisser sur le macadam et se blesser aux genoux, mais pourtant peu de gens prennent cette simple précaution. Les bottes de canon sont un autre moyen de protéger les jambes du cheval.

En hiver, le cheval tondu aura besoin d'une couverture de travail pour avoir les reins au chaud. On la met sous la selle pour l'empêcher de glisser, et on la fixe avec une sangle de queue (autour de la queue) pour qu'elle ne s'envole pas.

Vous pouvez exercer deux chevaux en même temps : vous en montez un et vous menez l'autre. Dans ce cas le cheval mené porte une bride, et vous pouvez le tenir soit par les rênes, soit par une laisse en cuir qui passe dans les anneaux de son mors. Ne menez jamais un cheval à la longe car cela s'emmêle facilement, et n'enroulez jamais la laisse ou les rênes autour de votre main. Le cheval monté doit toujours se trouver entre le cheval mené et la route, et vous devriez toujours monter dans le sens des voitures. Montez et menez uniquement sur des routes peu fréquentées et si les chevaux sont à l'aise et sages dans la circulation. Pour avoir un bon contrôle, la tête du cheval mené devrait être à la hauteur de l'épaule de l'autre cheval, ou juste derrière.

Pour le travail plus sérieux – dressage, obstacle, etc.–, le cheval devra porter le mors et la bride adaptés à cette activité ainsi que des bandes ou des guêtres de protection. Pour le saut d'obstacles, vissez des crampons sur les fers pour l'empêcher de glisser.

Mise en forme

CI-CONTRE
Le travail en montée développe les muscles, surtout dans l'arrière-main, et améliore le travail du cœur et des poumons.

CI-DESSOUS
Après le travail, une bonne promenade réjouira chevaux et cavaliers.

La mise en condition physique du cheval se fait en trois étapes distinctes. D'abord il y a un temps de travail lent destiné à le préparer au travail sérieux. Ensuite il y a un travail plus intense pour l'amener à la forme physique correspondant à ses activités quotidiennes. Et enfin il y a les petits réglages nécessaires pour l'amener au sommet de sa forme physique, et pratiquer régulièrement des loisirs exigeants comme la chasse, l'obstacle, le concours complet ou la course.

ÉTAPE UN

La période de travail lent est vitale et ne doit jamais être bâclée. La meilleure façon pour que les chevaux soient en forme et évitent les entorses et les foulures en passant au travail sérieux, c'est le travail sur route. Quand le cheval est monté après une période de repos il lui faut seulement de la marche. Trois quarts d'heure par jour suffiront si le cheval était au pré. Petit à petit, sur **deux ou trois semaines** (ou plus si le cheval est destiné à un travail dur et rapide), vous pouvez augmenter jusqu'à marcher une heure et demie à deux heures par jour.

Bien que ce soit du travail lent, le cheval n'a pas le droit de se traîner. Il doit aller de l'avant, droit et avec du rythme pour commencer à faire travailler les bons muscles. Variez le parcours pour qu'il reste alerte et intéressé ; et accordez-lui une journée de repos par semaine.

Vous pouvez commencer à trotter pendant les semaines **trois à quatre**. Au début, le cheval devra marcher une trentaine de minutes avant de passer au trot pour échauffer les muscles. Terminez le travail au pas pour refroidir votre cheval. Le trot doit être contrôlé et rythmé. Au début les périodes de trot doivent être

CI-CONTRE
Semaine cinq, le cheval devrait avoir la forme nécessaire pour commencer à faire des exercices de sauts d'obstacles.

CI-DESSOUS
L'entraînement sérieux peut commencer après six semaines de travail lent.

courtes et mêlées de longues périodes de pas. Au fil des jours le cheval sera plus en forme et vous pourrez allonger les périodes de trot. L'allure doit toujours être contrôlée : le trot sur route (ou sur toute autre surface similaire) est très dur pour les membres et peut donc causer des blessures. Le trot en montée vaut mieux que le trot sur le plat car il soulage les antérieurs. Veillez à changer régulièrement de diagonale quand vous trottez et, en montée, mettez votre poids vers l'avant.

On peut introduire des périodes d'entraînement sur le plat pendant la **semaine quatre**, mais pas plus d'une vingtaine de minutes ; galopez le moins possible. Pour encourager le cheval à se détendre et faire avancer le processus de mise en forme, emmenez-le en promenade juste après.

On peut commencer à travailler en montée pendant la **semaine cinq**. C'est un excellent moyen de développer les muscles du cheval. La promenade et le travail à plat continuent.

Arrivé à la **semaine six**, il devrait être prêt à travailler au petit galop. Permettez-lui d'allonger ses foulées mais ne le laissez pas partir au grand galop. Comme le trot, le petit galop en montée est très bénéfique.

ÉTAPE DEUX

Quand vous aurez terminé l'étape un du programme, le cheval sera physiquement prêt pour le travail sérieux. Pour commencer, travail sur le plat et exercices d'assouplissement tels que serpentines et grandes voltes. Les séances de travail doivent être courtes au début, mais elles deviendront progressivement plus longues à mesure que le cheval se tonifiera. Les exercices de sauts d'obstacles l'aideront beaucoup.

ÉTAPE TROIS

Selon le type de travail auquel on le destine, on demandera à un cheval particulier d'être plus ou moins en forme. Un sauteur, par exemple, doit avoir la puissance musculaire nécessaire pour passer des obstacles très hauts, mais on ne lui demandera jamais de galoper plat ou longtemps. Par contre, le cheval de concours complet de trois jours doit être assez vigoureux et résistant pour assurer tout ce qu'on lui demande de faire.

Pour préparer un cheval à des sports qui demandent de la vitesse et de la résistance, il faut faire de longues séances de travail au galop. Il faut commencer petit à petit et toujours travailler sur un bon terrain pour limiter les risques de blessures. On commence par de courtes périodes de galop, et plus tard on utilise de longues périodes de galop tranquille pour amener le cheval à une grande forme physique. On demande occasionnellement un très grand galop, par exemple pour les derniers petits réglages d'un cheval de course ou de concours complet de trois jours, mais c'est rare. La chose importante dont il faut se rappeler, c'est que plus l'allure est rapide plus on risque la blessure.

Votre cheval deviendra revêche si vous ne lui accordez pas des moments de détente, même quand il est au plus haut de sa forme : des promenades dans la campagne ou un peu de liberté dans le paddock feront l'affaire. Et il appréciera beaucoup d'être mis au pré pendant son jour de repos, après un travail intense.

Bonne santé, mauvaise santé

Il faut savoir reconnaître les signes de mauvaise santé chez le cheval. Quand l'homme de cheval expérimenté s'occupe d'un cheval, il remarque tout de suite quand quelque chose ne va pas. Si vous arrivez à reconnaître les signes avant-coureurs d'un problème, vous aurez plus de chances de le voir disparaître rapidement.

Le premier symptôme d'un ennui de santé, c'est quand un cheval change sa façon de manger : le bon mangeur qui perd l'appétit. Il y a aussi les changements de comportement : le cheval vif et alerte qui devient indifférent et nonchalant. Un quelconque écoulement du nez, la toux ou une robe très terne sont des indicateurs de mauvaise santé. Un changement dans la consistance et la quantité des crottins peut aussi être un signe de maladie.

Tous les propriétaires devraient apprendre à vérifier la température de leur cheval, ainsi que leur pouls et leur respiration, pour savoir quand appeler le vétérinaire.

La température du cheval en bonne santé avoisine les 38 °C. Entraînez-vous à prendre sa température quand il va bien, car vous serez rapide et précis au moment voulu. Prenez un thermomètre médical, introduisez-le dans le rectum de l'animal et attendez une minute. Tenez la queue de l'animal pour éviter qu'elle ne déloge le thermomètre.

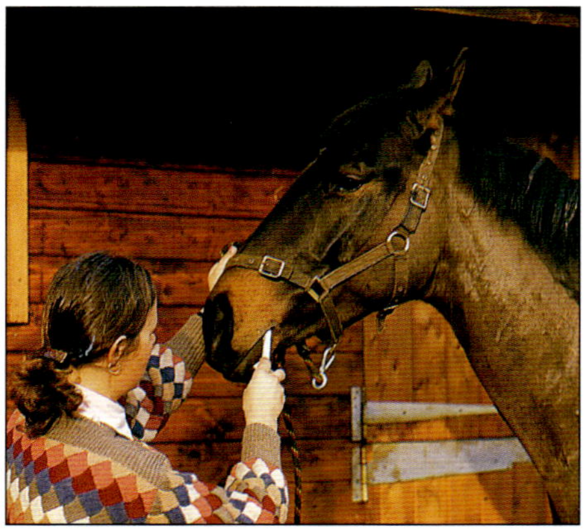

Tous les chevaux ont une charge parasitaire ; il convient donc de les vermifuger régulièrement. La vermifugation se fait habituellement par voie orale.

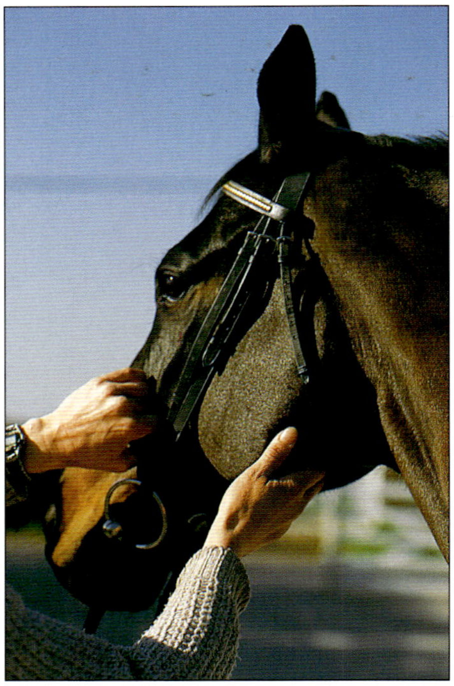

Le pouls d'un cheval peut se prendre sous la mâchoire inférieure. Il est de 40 pulsations par minute s'il est en bonne santé.

Quand il est au repos, le cheval a un rythme cardiaque d'environ 40 pulsations par minute. Au-delà de 60 pulsations par minute, il n'y a plus de doute : quelque chose ne va pas. Pour vérifier le cœur il faut un stéthoscope ou, à défaut, on peut compter les pulsations en posant le doigt sur l'artère située sous la mâchoire inférieure, au milieu. Il vous faudra un peu d'entraînement avant de la trouver.

Le cheval en bonne santé et au repos respire entre huit et seize fois par minute. Pour compter les respirations regardez les flancs de l'animal.

Le cheval, comme l'homme, peut avoir des bruits cardiaques ou un rythme défectueux ; mais il n'y a pas lieu de s'alarmer si le défaut disparaît quand il commence à travailler.

Les problèmes au niveau des membres se manifestent de différentes façons. La moindre apparition de chaleur ou de gonflement indique souvent un problème sérieux au tendon. Une boiterie se détecte simplement en regardant le cheval trotter (par-devant et par-derrière), et si on remarque un affaissement de l'arrière-main ou un mouvement de la tête au moment où le pied touche le sol (c'est alors l'autre membre qui lui fait mal). Quand vous achetez un cheval, notez toute cicatrice ou développements osseux pour différencier les nouveaux problèmes des anciens.

Tous les chevaux ont une charge parasitaire ; il faut donc régulièrement les vermifuger si on veut éviter de gros problèmes de santé. Votre vétérinaire vous conseillera sur le vermifuge qui convient.

Chez les jeunes chevaux, la fièvre et les symptômes du rhume comme l'écoulement nasal sont parfois des indicateurs d'ascarides, des vers assez gros qui donnent la colique. Chez le cheval adulte, le plus gros danger vient du grand vers rouge, le *Strongylus vulgaris*, dont les larves se nichent dans les artérioles de la paroi intestinale. Les dégâts qu'elles causent aux parois des vaisseaux sanguins peuvent aboutir à la coagulation du

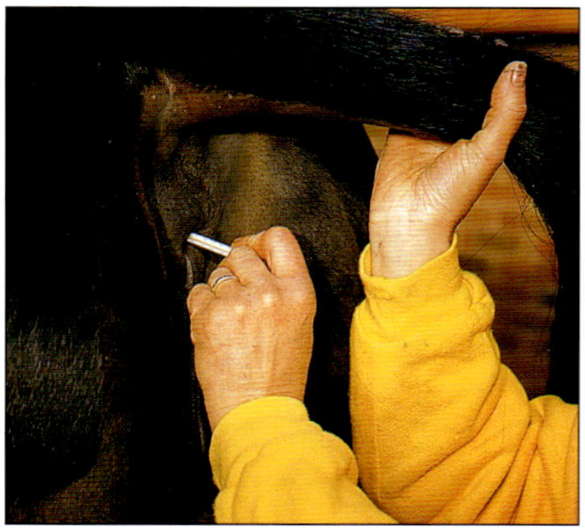

Pour prendre la température d'un cheval, on introduit un thermomètre dans le rectum. La température normale est de 38 °C.

CI-CONTRE ET CI-DESSOUS
Pour détecter une boiterie, regardez le cheval trotter, par-devant et par-derrière. Recherchez un mouvement de la tête ou un affaissement de l'arrière-main.

sang. Une infestation de *Strongylus vulgaris* peut provoquer colique et anémie, et même perturber le mouvement normal des boyaux.

Si le cheval se frotte au niveau de la queue, c'est qu'il souffre peut-être d'oxyures, des vers parasites du rectum.

Pendant l'été, les œufs clairs qui sont parfois attachés aux poils du cheval, et en particulier sur les membres, sont des œufs de gastrophiles. C'est une mouche dont les larves arrivent à pénétrer la peau pour s'installer dans l'estomac. Si l'infestation de gastrophiles est importante, cela risque d'ulcérer la paroi intestinale et d'affecter la digestion.

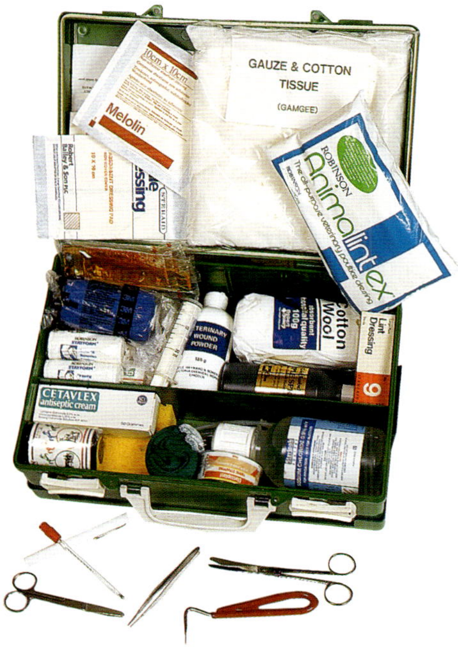

Tous les propriétaires de chevaux devraient avoir une mallette de premiers soins complète sous la main.

CI-DESSOUS
Infection cutanée bactérienne sur le bas des membres. Ce cheval a des capelets et des molettes (dilatation exagérée des membranes synoviales au-dessus du boulet).

EN BAS
Quand le cheval est atteint d'habronémose cutanée, il se gratte tellement qu'il arrache les crins de la région affectée.

Maux courants

La **myoglobinurie**, dénommée aussi *eau noire* ou *coup de sang*, est un raidissement musculaire du dos et de l'arrière-main. Elle provient d'une grosse accumulation d'acide lactique. On n'en trouve pas toujours la cause, mais c'est courant si le cheval mange beaucoup et ne travaille pas. Le cheval transpire et a des difficultés pour avancer ; ses muscles sont durs au toucher et il a visiblement mal ; l'urine devient foncée. Il faut mettre une couverture au cheval et le garder au calme, puis appeler le vétérinaire. Celui-ci prescrira alors des antalgiques et des anti-inflammatoires.

L'**asthme** est une obstruction chronique des voies respiratoires de l'animal due à une allergie aux spores dans le foin ou la litière. Les symptômes sont un écoulement nasal suivi de toux. Le cheval ne peut plus travailler autant et sa respiration au repos s'accélère. Pour guérir, il lui faut du repos, de l'air frais, des antibiotiques et un box propre avec une litière et une alimentation sans poussière.

Il y a deux grandes sortes de **grippe équine**, et plusieurs sous-classes ; c'est un problème respiratoire sérieux qui peut causer la mort. Comme symptômes, le cheval ne mange plus, il a de la fièvre et les signes classiques du rhume. Les antibiotiques peuvent le soulager et il doit se reposer. Les chevaux peuvent être vaccinés efficacement contre plusieurs sortes de grippes – c'est d'ailleurs conseillé pour les chevaux de concours.

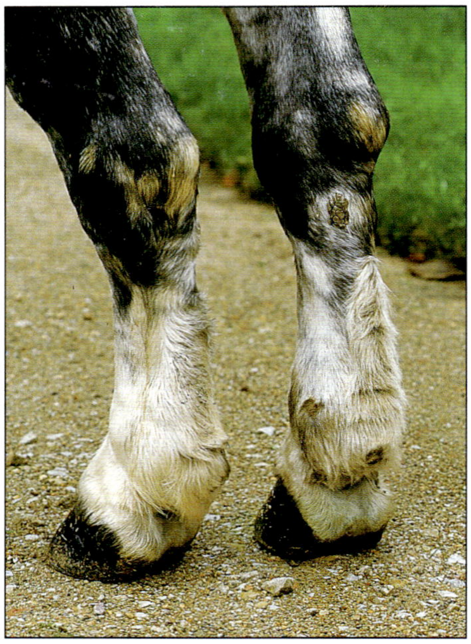

Le **mal de l'herbe** est une maladie douloureuse et fatale qui affecte le système nerveux de l'animal. Il maigrit, les muscles se convulsent, il a du mal à déglutir et un liquide vert sort de ses naseaux. Si c'est un cas aigu le cheval peut mourir en quelques jours. Sinon cela peut durer plusieurs semaines, voire quelques mois. La cause de ce mal est inconnue, mais certaines régions sont plus touchées que d'autres.

Il existe une **infection cutanée bactérienne** des membres et/ou du bas du corps. Le plus souvent, c'est sur le bas des membres. Des plaques apparaissent, suintent, et une croûte se forme. Souvent la peau se crevasse à l'arrière des paturons et des talons. On voit souvent ce genre de problème quand la peau est exposée à beaucoup de poussière, de sécheresse ou de boue. La peau avec des poils blancs est la plus sensible. Le meilleur moyen de prévenir tout cela est de protéger la peau quand elle est sèche en appliquant une crème appropriée. Pour traiter le problème, il faut tondre les poils de la zone infectée, la nettoyer régulièrement (avec un shampooing antiseptique) et retirer les

COLIQUE

C'est une douleur abdominale qui peut avoir plusieurs causes, comme un changement soudain de régime, des larves de vers, une occlusion intestinale ou, plus rarement, un boyau vrillé. Les symptômes sont un cheval debout qui se regarde le flanc ou qui essaye de le frapper, un cheval qui transpire et/ou qui se roule régulièrement par terre.

Il faut le mettre à l'écurie sur un lit épais pour qu'il puisse se coucher et se rouler sans risquer de se blesser, puis appeler le vétérinaire. Celui-ci prescrira un antalgique ou un calmant et/ou un lubrifiant, selon le type de colique. S'il s'agit d'un boyau vrillé, il faut opérer le cheval immédiatement sinon il risque de mourir. Les coliques potentiellement dangereuses s'accompagnent d'une forte fièvre (plus de 39 °C) et d'une accélération du pouls (plus de 60 pulsations par minute).

croûtes, bien sécher puis appliquer une pommade antibiotique.

L'échaudure est une autre infection cutanée causée par la même bactérie. Elle se développe sur le haut du corps. On utilise également un shampooing antiseptique et on retire les croûtes, qui abritent les bactéries.

La **teigne** est une infection fongique de la peau et des poils. De petites plaques de poils disparaissent et laissent place à une croûte. Le cheval doit être isolé car c'est très contagieux. On traite cette maladie avec des solutions antibiotiques, mais on traite aussi l'équipement du cheval et son box pour éradiquer l'infection. Attention : la teigne s'attaque aussi à l'homme.

La **gourme** est une infection bactérienne des glandes lymphatiques sous la mâchoire, due au *Streptococcus equi*. Les symptômes sont : forte fièvre (parfois jusqu'à 41 °C), écoulement nasal, gonflement des glandes sous la mâchoire et difficultés à déglutir. Le cheval infecté doit rester au chaud et manger des aliments mous. Les antibiotiques peuvent aider. Les abcès des glandes doivent être soignés avec des cataplasmes chauds – souvent la santé du cheval s'améliore dès qu'ils crèvent. Le pus de ces abcès est extrêmement contagieux ; il faut donc isoler les chevaux infectés. L'hygiène doit être irréprochable pour éviter de répandre l'infection sur les vêtements et l'équipement. Les abcès qui crèvent à l'intérieur sont très dangereux car ils risquent de provoquer une pneumonie.

L'**habronémose cutanée,** l'une des **plaies d'été**, est une hypersensibilité aux piqûres de moucherons. Elle se développe surtout le long de la crinière et à la base de la queue. Cela démange tellement qu'il arrive fréquemment que le cheval s'arrache les crins en se grattant, et qu'il laisse la peau à vif. Un cheval ou un poney sensible en souffrira tous les ans et doit donc être protégé des moucherons ; pour cela, gardez-le à l'écurie à l'aube et au crépuscule, moments où les insectes sont les plus actifs. On utilise du benzoate de benzyle pour calmer l'irritation et éloigner les moucherons. On devrait mettre des moustiquaires aux portes et aux fenêtres ouvertes quand le cheval est à l'écurie. Il existe des couvertures spéciales qui protègent l'encolure et le corps tout entier.

Tous les chevaux devraient être vaccinés contre le **tétanos** et avoir un rappel tous les deux ans. Le tétanos est causé par une bactérie qui se trouve dans la terre et qui peut pénétrer le corps de l'animal par le biais d'une blessure. Les symptômes sont : raideur musculaire, tressaillement, étirement du cheval, et plus la maladie progresse plus il est sensible aux bruits soudains et aux mouvements brusques. Très vite le cheval n'arrive plus à rester debout, et la mort survient quand les muscles respiratoires sont touchés. La maladie peut être enrayée avec des antibiotiques et des antitoxines. Il faut absolument la prendre à ses débuts et laisser le cheval se reposer dans un box calme et sombre.

Blessures courantes

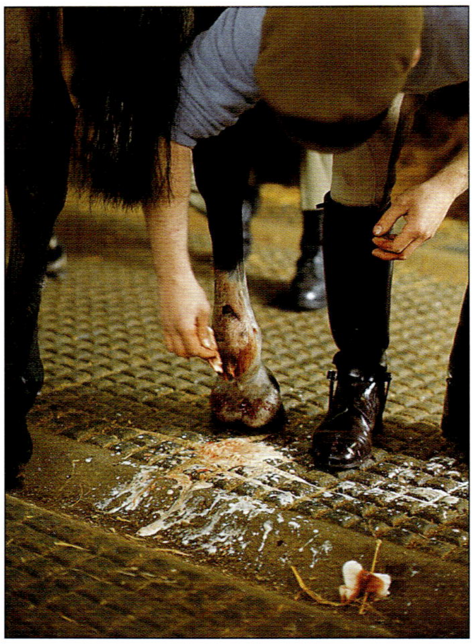

CI-CONTRE
Il faut soigneusement nettoyer la plaie puis appliquer une poudre ou une pommade. Les plaies cicatrisent moins bien sur les membres que sur le corps, où la peau est plus lâche.

Les **blessures au dos**, au niveau des os ou des muscles, sont souvent le résultat de chutes. Il faudra donc du repos et des anti-inflammatoires. La faradisation (stimulation électrique des muscles), les massages et la thérapie au laser peuvent aussi aider.

L'**éponge** est un abcès à la pointe du coude. Elle est due au choc d'un fer quand le cheval se couche. La tumeur est molle, chaude et douloureuse quand elle apparaît. Le **capelet** est une blessure similaire. Elle survient quand le cheval frappe son jarret contre quelque chose de dur comme le mur de l'écurie (il manque de la litière ?) ou la cloison du box (on peut lui mettre des protège-jarrets, surtout s'il voyage mal). Il n'y a besoin d'aucun traitement, sauf en cas de boiterie ou d'infection. Le cheval qui a une éponge doit porter un bourrelet à rondelle sur le paturon pour protéger le coude.

Le cheval peut aussi **s'atteindre en talon**, c'est-à-dire qu'il se frappe lui-même le talon ou le tendon du membre antérieur avec la pince du membre postérieur. Ce genre de blessure doit être bien nettoyée, et un pansement antibiotique la protégera de l'infection. C'est parfois grave – grosses contusions – et souvent lent à guérir.

Les **suros** sont des turgescences situées entre les os métatarsiens et l'os du canon. Habituellement, on les trouve sur la face intérieure des membres antérieurs, mais ils peuvent survenir sur les deux faces et sur les postérieurs. Ils apparaissent souvent lorsque le jeune cheval commence à travailler. La conformation est un facteur important. Les suros sont généralement associés à un mauvais équilibre du pied et du membre, auquel cas il faudra un fer cor-

TROUSSE DE SECOURS

Contenu de la trousse de secours que devrait avoir tout propriétaire :

- Désinfectant – pour laver les plaies.
- Tampons imprégnés de désinfectant pour nettoyer la plaie quand il n'y a pas d'eau.
- Crème ou liquide antiseptique.
- Poudre ou pommade cicatrisante.
- Pansements.
- Bandes Velpeau.
- Bandes adhésives.
- Gamgee.
- Coton hydrophile.
- Emplâtres.
- Cataplasmes.
- Thermomètre.
- Ciseaux (affûtés, mais à bouts ronds pour plus de sécurité).
- Produit anti-mouches.

Causes d'un gonflement des articulations : blessure, infection ou problèmes d'alimentation.

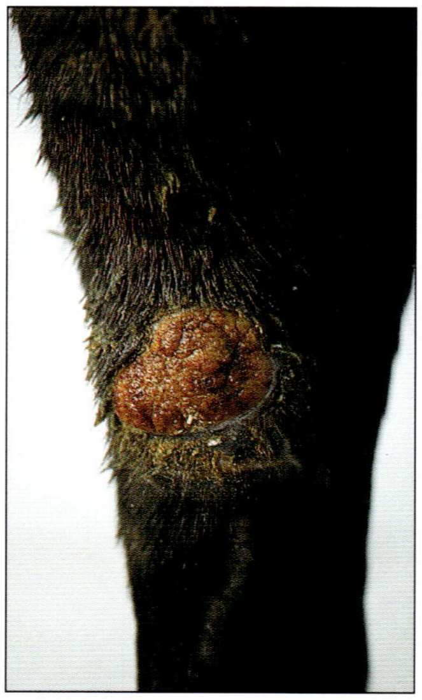

Le bourgeon charnu peut devenir une tare permanente. Il faudra faire appel à la chirurgie pour l'éliminer.

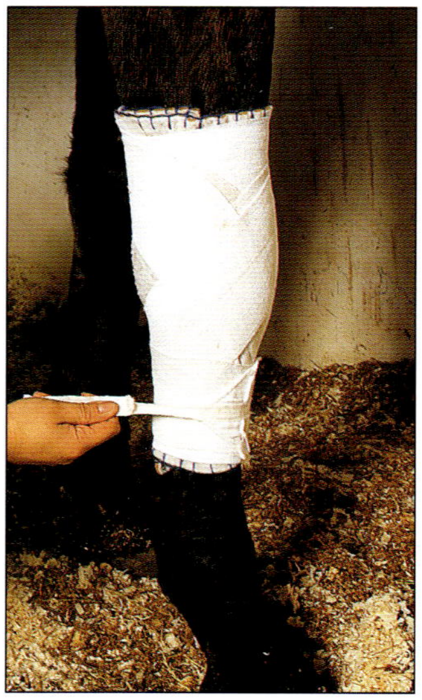

Quand vous faites un bandage, mettez du coton hydrophile ou du Gamgee en dessous.

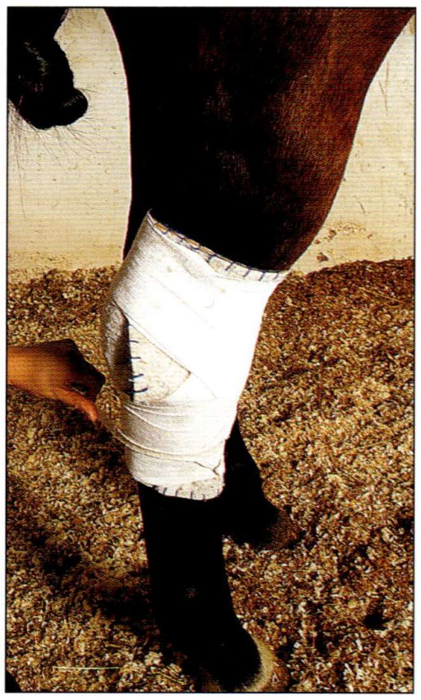

La façon correcte de bander un jarret.

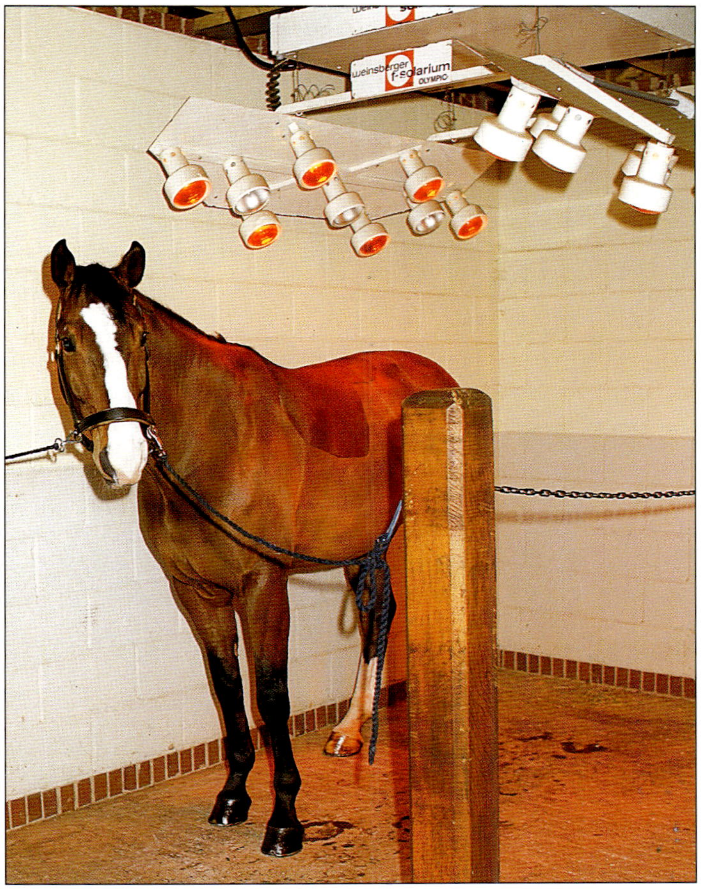

CI-CONTRE
Les rayons infrarouges détendent les muscles et soulagent la douleur. Ce cheval apprécie sa petite séance de solarium.

CI-DESSOUS GAUCHE ET DROITE
Les blessures aux yeux peuvent être dangereuses et requièrent l'attention d'un professionnel.

EN BAS
La stimulation électrique des muscles (faradisation) est très utile dans le traitement des blessures au dos.

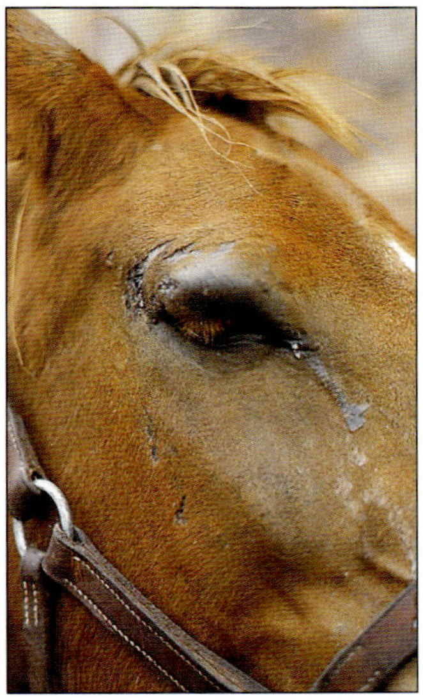

recteur. Une boiterie peut apparaître pendant la formation du suros, mais la douleur s'estompe avec le temps. Dans le cas d'une boiterie persistante, le membre devrait être passé aux rayons X pour éliminer toute éventualité de fracture.

Les chevaux ont souvent des **blessures aux tendons**, en particulier aux antérieurs, car il est vrai que le saut d'obstacles et le galop sollicitent beaucoup les membres. Les tendons fléchisseurs superficiels et profonds (qui descendent le long de l'arrière de l'os du canon), le ligament suspenseur du boulet (juste derrière la partie inférieure de l'os du canon), et le ligament accessoire (sous le genou) sont tous exposés. Les blessures aux tendons et aux ligaments sont une déchirure du tissu fibreux suite à un effort soudain. La blessure est douloureuse, puis elle chauffe et gonfle. Il est donc important de la refroidir. On peut utiliser des embâcles de glaçons ou, dans l'urgence, des petits pois surgelés que l'on applique sur la partie blessée dès que possible. Les glaçons doivent être remplacés régulièrement et le membre doit être maintenu bandé, solidement mais pas trop serré. Le traitement au laser peut aider à réduire le gonflement. Le plus vieux – et le meilleur – traitement pour les entorses et les foulures, c'est le repos. Un cheval qui a eu une blessure grave au tendon se remettra mieux au travail si on lui laisse douze à dix-huit mois de repos. Grâce au scanner, le vétérinaire pourra déterminer quand le tendon est guéri.

Les chutes, les accidents dans le pré ou dans l'écurie, les morsures et les ruades des autres chevaux peuvent causer toutes sortes de plaies. Certaines, comme les écorchures, guérissent vite. D'autres peuvent causer de sérieux problèmes. Les **clous de rue** sont souvent les plus dangereux car des bactéries entrent profondément dans la plaie. On ne peut absolument pas manquer une grande lacération mâchée qui saigne abondamment, mais on peut facilement passer à côté d'une piqûre profonde car la plaie est infime au niveau de la peau. Il faut absolument s'assurer que ce genre de plaie guérisse de l'intérieur – on peut avoir recours aux cataplasmes pour extraire l'infection.

Toutes les plaies doivent être nettoyées, si possible avec de l'eau froide ; il faut savoir que la blessure n'arrêtera pas de saigner juste parce que vous la lavez continuellement. L'application d'une compresse (un mouchoir propre par exemple) aidera à contenir le saignement avant l'arrivée du vétérinaire. Les grosses plaies auront parfois besoin d'être suturées. S'il y a un doute quelconque sur la vaccination du cheval, faites-lui une injection antitétanique. Si une blessure a besoin d'être couverte pour rester propre, utilisez de la gaze hydrophile qui ne collera pas à la plaie. Les plaies sur le corps, où la peau est lâche, cicatrisent bien alors que celles des membres ont tendance à développer un bourgeon charnu. C'est un excédent de peau autour de la plaie qui forme parfois une tare permanente. Le vétérinaire peut administrer une préparation caustique pour l'arrêter, ou il faudra faire appel à la chirurgie.

Cataplasmes et traitements froids

L'application de chaleur à l'aide d'un cataplasme stimule le sang dans la zone affectée et « aspire » le pus.

On peut les faire au kaolin, ou avec tout autre tampon spécialement préparé. Pour faire un cataplasme chaud au kaolin : faites chauffer la boîte (ouverte) au bain-marie pendant quelques minutes. Quand le kaolin est chaud (la chaleur doit être supportable sur le dos de la main), étalez-le sur un morceau de tissu ouaté, recouvrez de gaze et appliquez sur la blessure. Pour conserver la chaleur, entourez ensuite une feuille d'aluminium ou de polyéthylène autour de la gaze, puis un morceau de Gamgee ; maintenez le cataplasme par un bandage.

Le cataplasme doit être changé au moins deux fois par jour. Nettoyez tout le kaolin qui reste sur la blessure avant d'en appliquer un autre, ou elle n'« aspirera » plus. C'est malheureusement quelque chose de très salissant à mettre et à enlever. On peut contourner le problème en utilisant des cataplasmes tout

prêts, qui ne sont autres que du kaolin dans une enveloppe de polyéthylène.

On trouve aussi du Gamgee imprégné de produits chimiques « aspirants ». Trempez-le dans l'eau chaude pour les activer. C'est aussi simple à appliquer que le kaolin enveloppé mais cela laisse un résidu sur la peau ; alors n'oubliez pas de le nettoyer entre les applications. Le cataplasme au son sert pour les pieds infectés ou les bleimes. Versez de l'eau bouillante sur une ou deux cuillerées de son pour former une pâte (pas trop liquide). Vérifiez la chaleur du son sur la paume de votre main avant de l'appliquer au pied. Il peut être mis dans une botte à cataplasme que l'on fixe au pied, ou alors dans un sac et du polyéthylène maintenus par un bandage. Les chevaux tentent parfois de manger les cataplasmes au son, alors ajoutez un peu de désinfectant à l'eau bouillante pour leur enlever cette envie. Le cataplasme doit rester en place pendant douze heures.

On fait parfois des bains de pied quand il faut plus de chaleur à la plaie. Versez de l'eau chaude dans un seau ou une bassine non métallique et placez le pied du cheval dedans. Encouragez les chevaux réticents en leur aspergeant le membre doucement. On peut ajouter du sel d'Epsom (sulfate de magnésium) ou un antiseptique dans l'eau. Le bain de pied dure une vingtaine de minutes et doit être fait deux fois par jour.

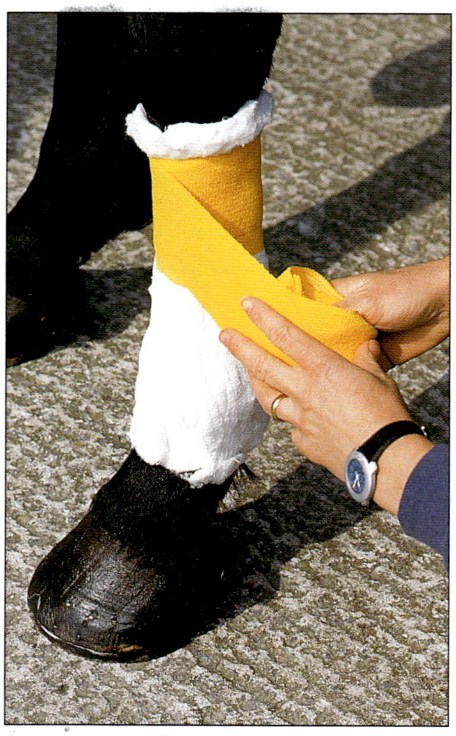

EN HAUT Trois types de bottes conçues pour maintenir un pansement sur le pied du cheval. On peut aussi utiliser un sac maintenu par un bandage.

À GAUCHE Le Gamgee, imprégné de produits chimiques, est un cataplasme efficace. Il faut le tremper dans l'eau chaude avant de l'appliquer.

CI-CONTRE Les cataplasmes doivent être enlevés au moins deux fois par jour. Nettoyez les résidus sur la peau avant d'en appliquer un autre.

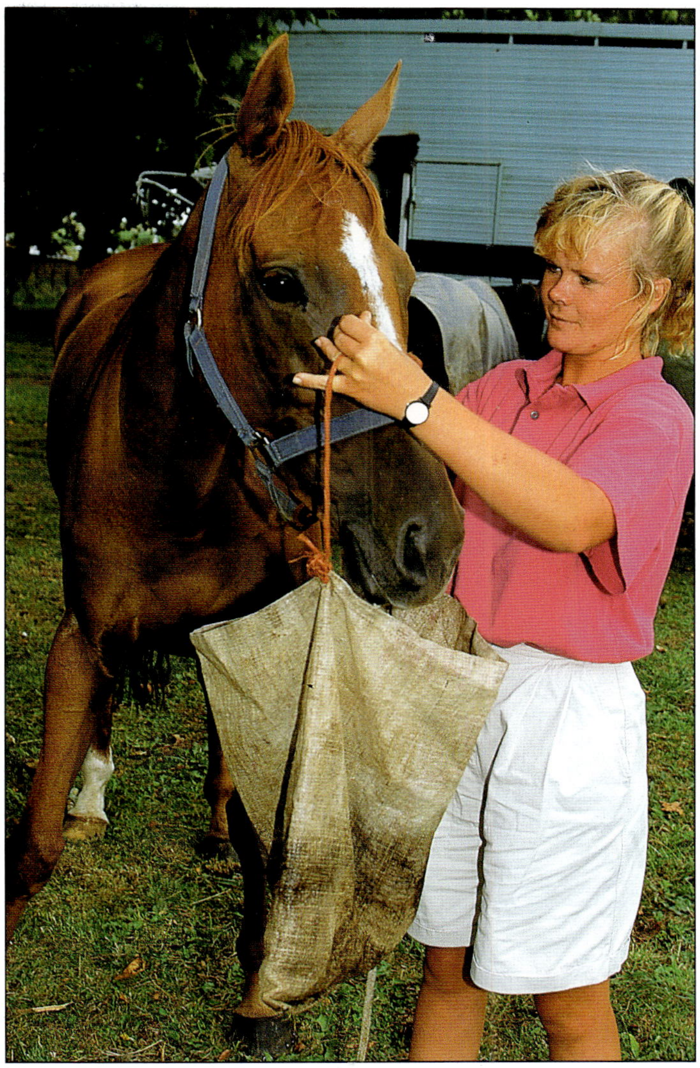

CI-CONTRE
On utilise parfois des inhalants si le cheval souffre des voies respiratoires. Le sac qui contient le produit se fixe comme un sac à fourrage.

CI-DESSOUS
Une blessure devient souvent chaude et gonflée. L'arrosage à l'eau froide sera donc très bénéfique.

CI-DESSOUS À GAUCHE
Une autre méthode efficace pour refroidir le membre : la « botte d'arrosage ».

CI-DESSOUS À DROITE
Le bain de pied chaud ou froid se fait en mettant le pied du cheval dans un seau – si toutefois il coopère !

D'un autre côté, il existe plusieurs sortes de traitements froids. Par exemple des applications régulières d'eau froide au jet d'eau pendant une dizaine de minutes. Habituez le cheval à l'eau en commençant par le sol puis en remontant petit à petit le long du pied et du membre. Les membres doivent être bandés entre chaque séance d'arrosage. Si l'endroit le permet vous pourrez même attacher le tuyau à la jambe du cheval. Donnez-lui un filet de foin pour l'occuper. Vous pouvez tout aussi bien faire marcher le cheval dans une rivière ou dans la mer.

Il existe aussi des sacs spéciaux qui restent froids pendant longtemps. Il suffit de les mettre au freezer puis de les placer où il faut. Vous trouverez par ailleurs des bandes absorbantes spéciales, assez souples pour être appliquées même quand l'eau a gelé. Une autre façon d'appliquer du froid sur un membre est de tremper des bandes dans de l'eau froide (retirez-les avant qu'elles ne soient sèches car elles peuvent rétrécir). Vous pouvez enfin refroidir un membre avec un sac en polyéthylène rempli de glace pilée ou, en cas d'urgence, un paquet de petits pois surgelés. Dans les deux cas, mettez d'abord un peu de Gamgee sur la jambe, et maintenez le tout au moyen d'un bandage.

L'anatomie du pied

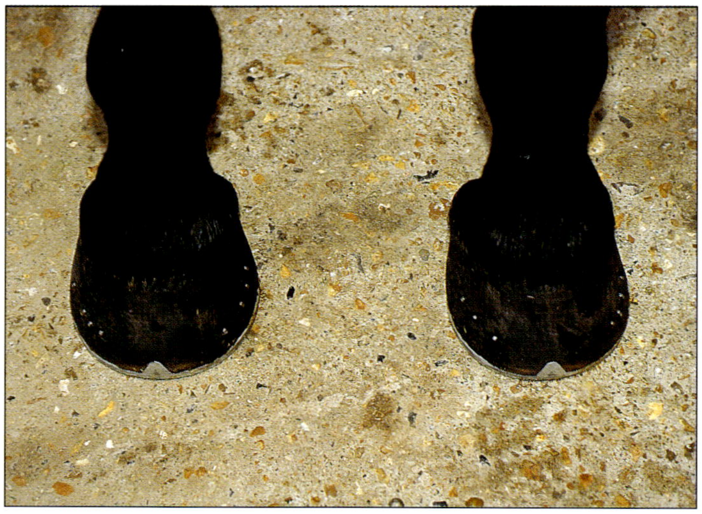

CI-CONTRE Une belle paire de pieds avant. Le pinçon en pince stabilise le fer pendant qu'on enfonce les clous qui le maintiendront.

Les chevaux ont plus souvent des boiteries au niveau des pieds qu'ailleurs. Ce n'est pas étonnant si on considère les efforts qu'ils fournissent. On demande en effet au cheval domestiqué de tracter de lourdes charges, de porter un cavalier au grand galop, de sauter, etc.

Le terme pied désigne le sabot – une enveloppe de corne dense – et toute la structure qui se trouve à l'intérieur. La partie externe et insensible du sabot comprend la muraille (couche de protection du pied appelée aussi *paroi du sabot*), la sole (plaque de corne dure qui fait un peu moins de 2 cm d'épaisseur), la fourchette (corne souple et élastique en forme de V allongé) et le périople (mince bande de corne molle entre la paroi et la peau).

Le rôle de la sole est de protéger la structure interne et sensible, et d'aider à porter le poids. La fourchette a la même fonction mais, en plus, elle offre une prise et absorbe les chocs. Le périople contrôle la lubrification de la corne juste en dessous.

La partie interne du sabot comporte la chair feuilletée, la sole sensible, la chair veloutée, le bourrelet périoplique et le bourrelet principal.

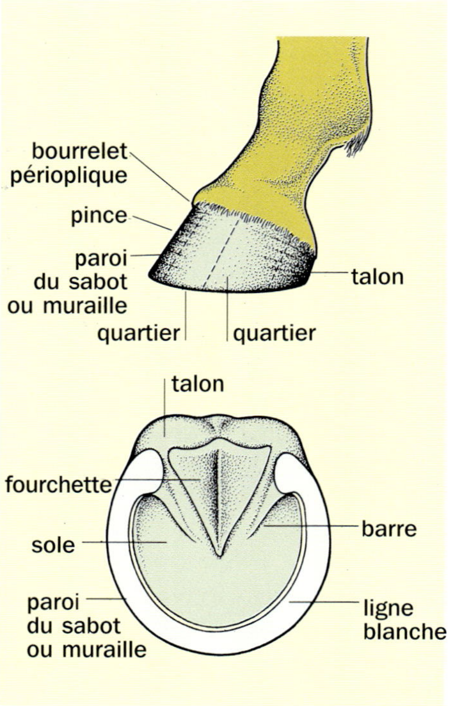

La chair feuilletée est un ensemble de lamelles de tissu vivant qui relient le sabot à l'os du pied. Des centaines de feuillets de chair sont engrenées avec des milliers de feuillets de corne qui poussent à l'intérieur de la paroi du sabot.

La sole sensible est solidement attachée à l'os du pied par en dessous. C'est une mince couche de tissu vivant qui correspond à la sole cornée et qui la nourrit.

La chair veloutée nourrit le coussinet plantaire sur lequel elle se moule. Ce coussinet est un tampon fibreux élastique situé dans un creux derrière les talons. Il a un rôle important puisqu'il se dilate quand le pied porte du poids et qu'il absorbe les chocs.

Le bourrelet périoplique se trouve juste au-dessus du bourrelet principal et sert à nourrir le périople. Le bourrelet principal est une structure épaisse située au-dessus de la chair feuilletée, dans la gouttière cutigérale. Il sert à nourrir la paroi du sabot.

Sur la face inférieure du sabot, là où sole et sabot se rejoignent, se trouve une bande étroite de corne plastique souple : la ligne blanche. Cette dernière est très importante pour le maréchal-ferrant car elle indique la position des structures sensibles du pied et l'épaisseur de la paroi. Elle l'aide donc à déterminer l'emplacement des clous pour maintenir le fer en place sans entamer les zones sensibles.

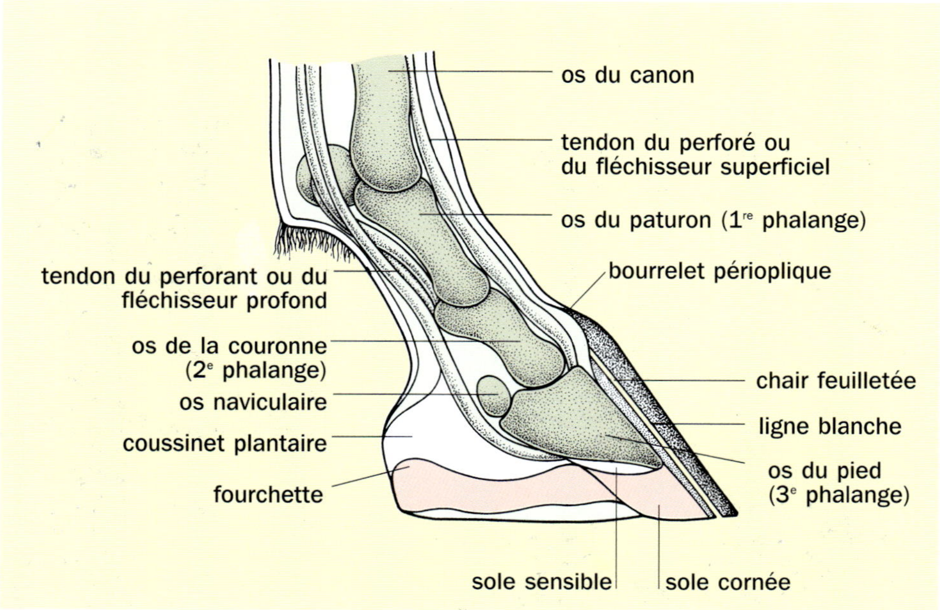

Le rôle du maréchal-ferrant

On ferre les chevaux depuis plus de deux mille ans. On ne sait pas exactement qui eut l'idée audacieuse de brocher un fer sous un sabot, mais beaucoup pensent que ce furent les Celtes et les Gaulois.

Le besoin de protéger les pieds du cheval se fit sentir quand on commença à l'utiliser pour le bât et la selle. L'usure anormale qui en découle, beaucoup trop rapide, ne laisse pas aux sabots le temps de se reformer. Ils s'abîment d'autant plus qu'ils voyagent sur des surface dures ou dans un environnement humide. Ce dernier provoque un ramollissement de la corne, qui s'use plus rapidement. C'est pour cette raison que les chevaux élevés dans des climats chauds et secs peuvent travailler déferrés sans problème.

Le rôle du maréchal-ferrant est d'une importance capitale car le cheval ne peut pas travailler s'il a mal aux pieds. C'est à lui de faire en sorte que les pieds du cheval soient bien ferrés mais aussi que la corne soit parée. En effet la corne pousse constamment et la ferrure empêche l'usure naturelle. En moyenne, la corne pousse d'environ 5 à 9 mm par mois et le cheval doit être paré toutes les quatre ou cinq semaines, selon la pousse. Si ses anciens fers ne sont pas usés, ils peuvent lui être remis.

Les fers peuvent être mis chauds ou froids. L'avantage de porter le fer à chaud sur le pied, c'est qu'il lui sera parfaitement adapté (il faut toujours déformer le fer pour qu'il s'adapte au pied, jamais l'inverse). Le fer est chauffé dans le fourneau puis placé contre le sabot préparé (insensible) pendant un court instant. L'empreinte laissée indique au maréchal-ferrant tous les petits réglages qu'il lui reste à faire. Une fois qu'il les a faits, le fer est plongé dans l'eau froide puis broché au pied.

Il faut cependant savoir que les chevaux déferrés (au repos peut-être) doivent quand même être vus par le maréchal-ferrant. Être confiné dans un pré ce n'est pas être libre de se promener à la recherche de nourriture, et les sabots du cheval ne s'useront donc pas aussi vite que s'il était en liberté.

Le travail du maréchal-ferrant requiert beaucoup d'adresse. Il doit être capable de parer le sabot et d'enfoncer les clous dans la partie insensible du sabot, très précisément. Un seul dérapage et le cheval sera boiteux. Mais il ne s'agit pas simplement de parer et de referrer les chevaux, toujours de la même façon. Il doit aussi pouvoir fabriquer un fer correcteur extrêmement précis, et doit donc connaître l'anatomie du membre dans ses moindres détails : os, articulations, système vasculaire et système nerveux. Une action défectueuse provenant d'une mauvaise conformation ou d'une blessure peut être nettement améliorée par un parage expert de la corne et la pose de fers spécialement conçus. Dans ce cas, le maréchal-ferrant travaillera en association avec le vétérinaire.

Autrefois on amenait le cheval au maréchal-ferrant qui avait tout sous la main : la forge permanente, les outils, etc. De nos jours, c'est souvent l'inverse : le maréchal-ferrant se déplace avec une forge mobile et c'est au propriétaire de lui trouver un endroit convenable pour travailler.

Il faut que le cheval puisse se tenir sur un sol plat et sec, et que le maréchal-ferrant ait beaucoup de lumière. En été le cheval devrait être à l'ombre, soit dans un bâtiment, soit sous un arbre, pour éviter les mouches. On conseille aussi d'avoir un produit anti-mouches.

Les pieds du cheval doivent avoir été nettoyés et séchés, et le propriétaire doit s'assurer que le cheval se comporte aussi bien que possible. La plupart des chevaux se tiendront tranquilles, mais rappelez-vous qu'un cheval sera extrêmement rétif s'il voit que vous nourrissez les autres chevaux ou que vous les bougez de-ci de-là. Le travail du maréchal-ferrant n'en sera que plus difficile !

CI-CONTRE
Le maréchal-ferrant doit bien savoir arquer, tourner et former le métal. Il utilise une enclume spécialement conçue pour cela.

Les outils du maréchal-ferrant

Ils se répartissent en deux catégories : les outils à forger qui servent à fabriquer le fer, et les outils de ferrage qui sont utilisés pour la préparation du pied puis pour la pose du fer.

Les outils à forger sont l'enclume (sur laquelle on façonne le métal), divers marteaux et tenailles, l'étampe (pour faire l'emplacement des clous dans le fer) ; un raineur (pour faire une rainure autour de la partie inférieure du fer), et un poinçon pour évider le trou des clous mais aussi pour transporter le fer chauffé à blanc jusqu'au cheval.

Les outils de ferrage sont le brochoir, les tricoises à déferrer, les tenailles à corne et la râpe-lime. Le brochoir a un pied-de-biche court et arrondi ; il sert à enfoncer les clous, à en arracher la pointe, à les river, à les retirer.

Pour déferrer, le maréchal-ferrant utilise un ciseau-enclume (ou hache à sabots) pour couper les rivets ou les relever avant de chasser les clous.

Les tricoises à déferrer servent à faire levier sur les fers pour les enlever, et à retirer les clous. On s'en sert aussi pour tourner les rivets.

Pour le parage on utilise une tenaille à corne ; sa tête ressemble à une tenaille, mais elle a un côté coupant et l'autre plat. Pour retirer la corne en trop on place le côté plat sur l'extérieur de la muraille et le côté coupant sur l'intérieur.

Pour retirer des morceaux ébréchés de fourchette ou des éclats de sole on utilise un couteau anglais. On se sert d'un outil similaire, mais avec une plus petite lame, pour parer la corne autour d'une plaie de clou de rue.

La râpe-lime est moitié dure (râpe) et moitié douce (lime) et a des dentures. Le maréchal-ferrant utilise la râpe pour éliminer l'excédent de muraille et pour finaliser l'aplanissement de la surface d'appui du pied. Elle sert aussi à finir les rivets. La partie lime sert à finaliser le fer et à façonner les rivets. Le maréchal-ferrant utilise les dentures pour éliminer les bords tranchants de la paroi (et qu'elle ne se fende pas) après avoir broché le fer.

CRAMPONS

Bien que les fers améliorent la prise du cheval sur l'herbe, il est souvent nécessaire de leur ajouter des crampons. Ils peuvent être permanents ou à vis (auquel cas le maréchal-ferrant aura prévu des trous).

1 Le maréchal-ferrant coupe ou remonte les rivets puis utilise une tenaille à déferrer pour soulever le fer.

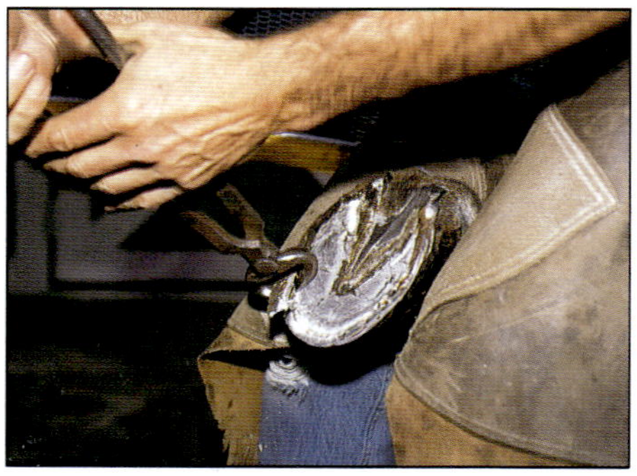

2 Il enlève l'excès de corne avec une tenaille à corne, qui a un côté plat et un côté coupant.

3 Il utilise un couteau anglais pour diminuer la paroi et éliminer les éclats de sole.

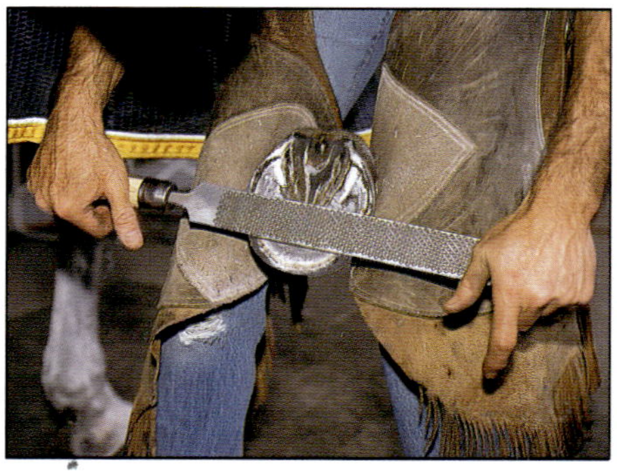

4 La surface d'appui du pied est ensuite aplanie avec une râpe avant la pose du fer.

5 La pose du fer à chaud assure un ajustement parfait et le cheval ne souffre pas.

6 Les clous sont enfoncés dans la muraille insensible pour fixer le fer.

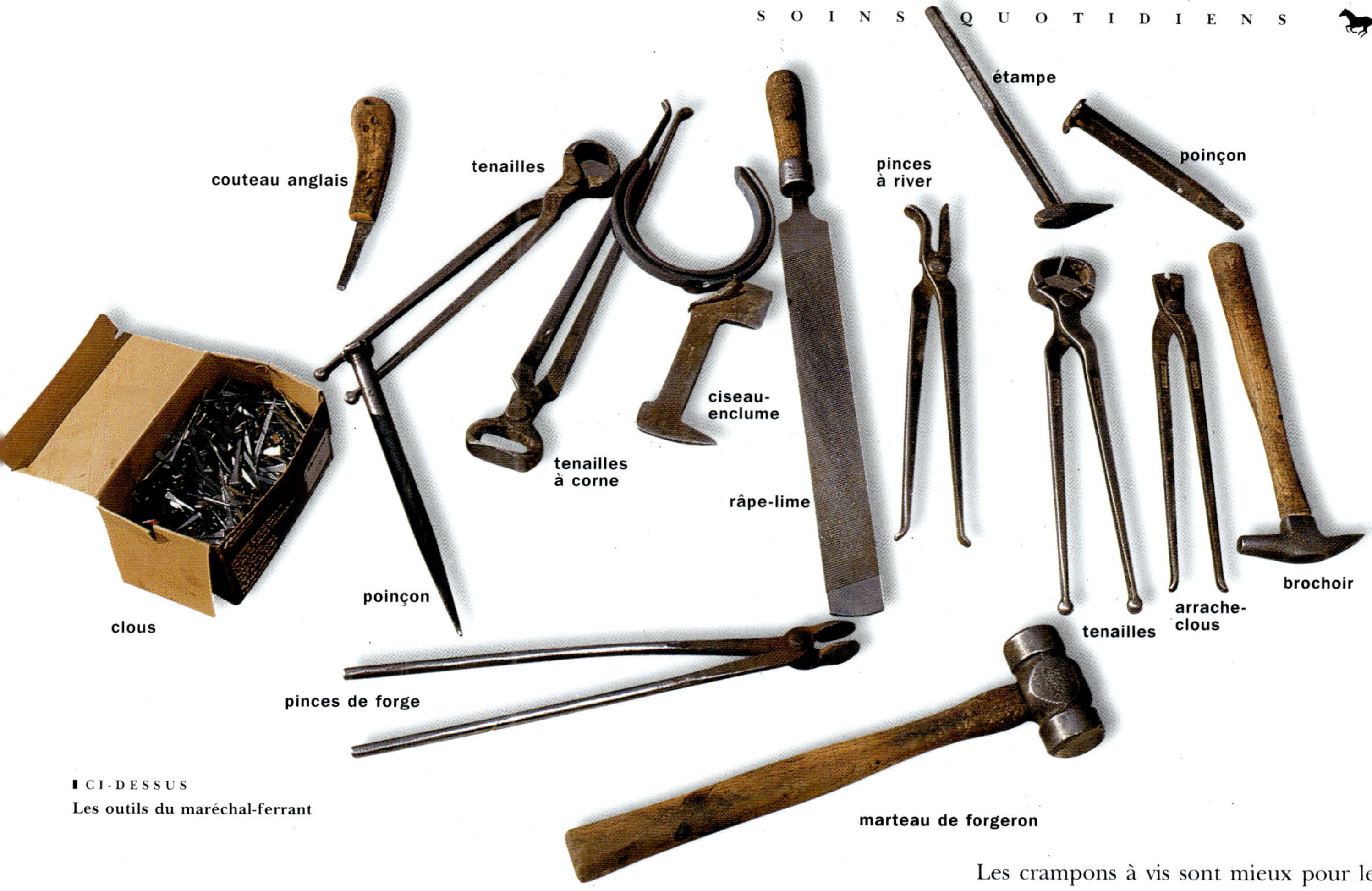

CI-DESSUS
Les outils du maréchal-ferrant

CI-CONTRE
Les crampons à vis sont incontournables pour les chevaux de sport. On les enlève après usage et les trous sont obstrués pour protéger le pas de vis. Le taraud en T (au milieu) sert à nettoyer le pas de vis avant insertion du crampon.

Les crampons à vis sont mieux pour les chevaux de concours parce qu'ils ont besoin de différentes sortes de crampons selon le travail qu'on leur demande d'accomplir et selon l'état du terrain.

Il existe toutes sortes de crampons : petits, pour la promenade de tous les jours et le travail sur route (centre en tungstène, très résistants) ; gros, carrés ou ronds, pour piste molle ; pointus, pour augmenter la prise sur un terrain très ferme. Il y a deux écoles pour ce qui est de la pose des crampons : les uns mettent un crampon sur l'extérieur du fer ; d'autres pensent que cette méthode risque de déséquilibrer le pied et mettent donc un crampon de chaque côté du fer.

Le maréchal-ferrant utilise une râpe pour lisser la corne et façonner les rivets.

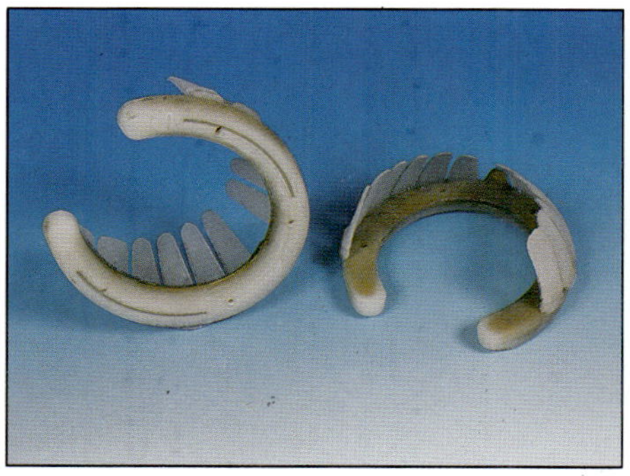

Il existe aussi des fers légers en plastique. On les colle aux sabots.

Les crampons sont vissés dans le fer peu avant l'épreuve. La taille et la forme dépendent de l'état du terrain.

Les pieds : problèmes courants

Les **bleimes** apparaissent dans les pieds avant. C'est une contusion de la sole dans l'angle, entre la paroi et la barre (« intérieur des arcs-boutants »). Les bleimes sont causées par la pression qu'exerce un caillou coincé, un défaut de ferrure, ou un fer en place depuis trop longtemps. Il faut déferrer le cheval et parer la corne décolorée. La pression peut être soulagée par un fer spécial qui évite le contact avec le sol, et s'il y a infection, un cataplasme s'impose.

La **laminite** (appelée aussi **fourbure**) est une inflammation très douloureuse de la chair feuilletée. Les pieds deviennent chauds et le cheval prend alors une position typique : il se penche en arrière pour soulager la partie avant des pieds. On ne comprend pas encore la cause pathologique de la fourbure, mais elle est associée à une grosse commotion et à la présence de toxines inflammatoires au niveau des vaisseaux sanguins, en particulier dans les pieds. C'est souvent le résultat d'une mauvaise alimentation (l'exemple classique est un poney trop gros, avec des pieds trop longs, dans un pâturage trop riche). Mais cela peut aussi provenir de la rétention du placenta d'une poulinière.

Il faut faire appel au vétérinaire. Si cela provient de l'alimentation, il

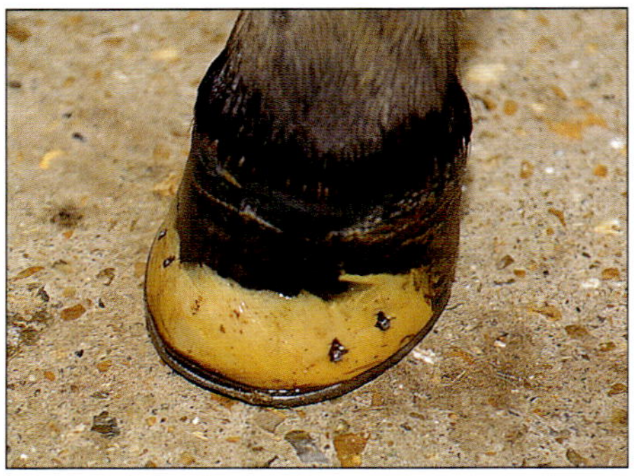

Un exemple de l'adresse du maréchal-ferrant : ce sabot a été allongé artificiellement.

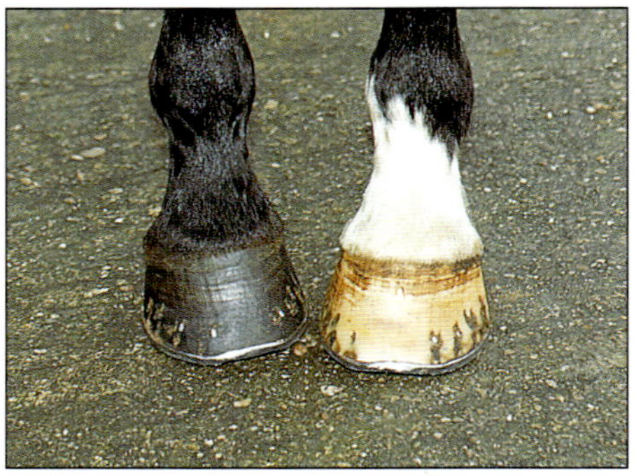

Les pieds cagneux causent une usure inégale des fers.

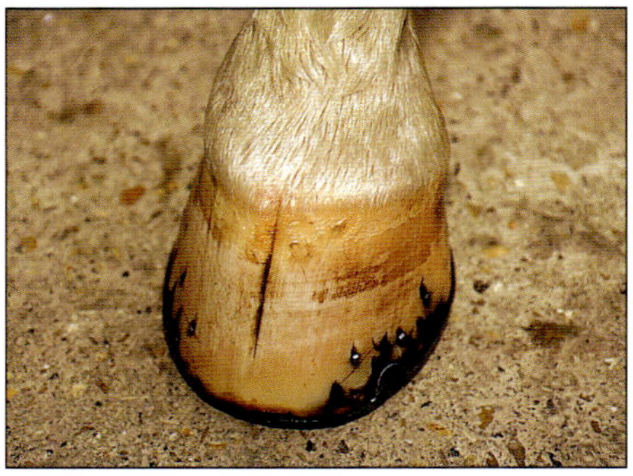

Une seime peut provoquer une boiterie si la partie sensible du pied est affectée.

Cette position penchée en arrière est un signe de fourbure, car le cheval met son poids sur les talons pour avoir moins mal. C'est l'une des causes majeures de boiteries, en particulier chez les poneys.

conseillera un purgatif. Le cheval doit être mis à l'écurie (on dit que le sable soulage la douleur en fournissant un support au pied). Il conseillera peut-être des médicaments (y compris des antalgiques), et si le cheval ou le poney est trop gros, il le mettra au régime.

L'un des dangers de la fourbure, c'est le risque d'une rotation de l'os du pied. Dans les cas légers, le cheval peut être promené doucement à la longe, mais sinon il doit rester à l'écurie.

Il est vital de bien soigner les pieds. Le parage correcteur aidera les structures du pied à se réaligner correctement et limitera la rotation de l'os. On peut aussi lui fixer un fer spécial.

La **maladie naviculaire** serait le résultat d'une mauvaise conformation du pied et/ou d'une commotion causée par un travail dur. Des changements osseux s'opèrent sur l'os naviculaire, un petit os en forme de navette qui sert de pivot au tendon perforant, avant qu'il n'aille s'attacher à l'os du pied. Dans la majorité des cas les deux pieds sont affectés.

Un cheval atteint de cette maladie marche sur la pince des pieds pour ne pas appuyer sur la zone douloureuse. Au début, la boiterie disparaît pendant le travail, mais à mesure que cela empire les périodes de boiterie deviennent plus nombreuses et plus longues. Avec le temps le cheval peut se mettre à trébucher.

autour de la couronne (forme basse). Elle provient souvent d'une blessure. Cela chauffe et cela gonfle, le cheval a une foulée raccourcie et boite davantage quand on le tourne court. Le repos peut apporter un soulagement dans les cas légers, mais si l'excroissance est importante, le cheval risque de ne plus redevenir totalement sain ; certains continuent cependant à travailler avec des anti-inflammatoires.

au niveau de la ligne blanche. Cela peut provenir d'une contusion de la pince, de la pression exercée par le pinçon supérieur du fer, ou après une fourbure. Il faut alors nettoyer la crevasse et l'étouper. Le maréchal-ferrant pare le pied et le ferre pour que le cheval puisse se déplacer sans augmenter les dégâts.

La **forme cartilagineuse** est une ossification des cartilages du pied. On sent

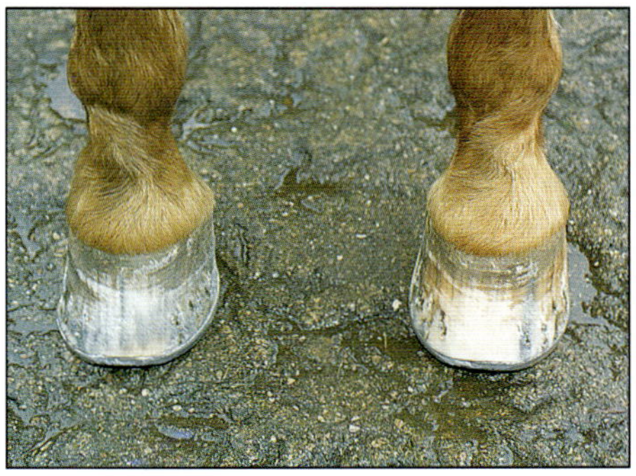

Les pieds pinçards ont un angle de plus de 55° et sont souvent associés à des paturons droits.

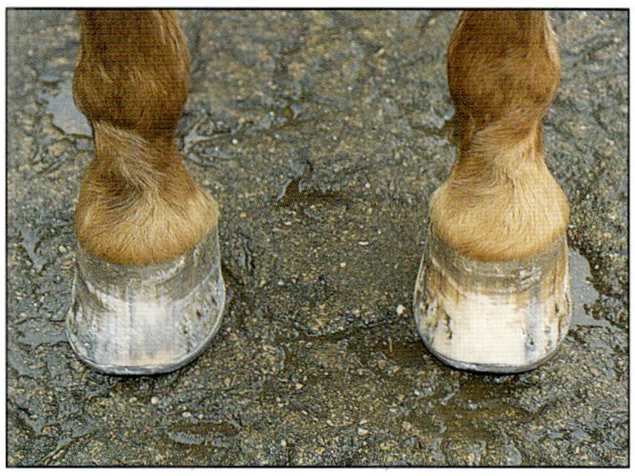

Les fers à pince laminée soulagent les tendons et l'os naviculaire.

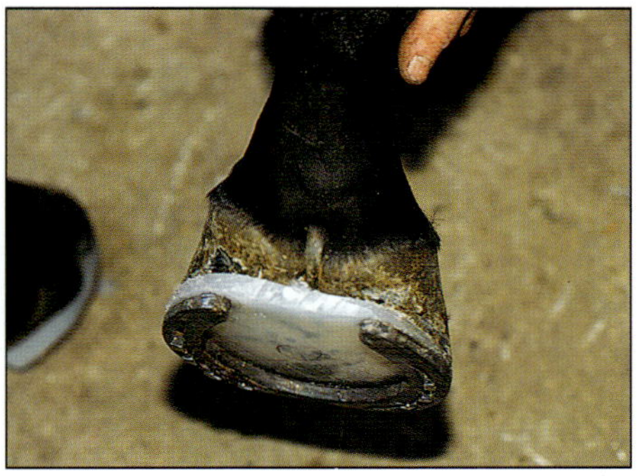

La cale en plastique sert à surélever le talon d'un sabot qui penche trop.

Bien que ce soit incurable, on peut soulager la douleur avec des fers correcteurs (ils relèvent le talon et réduisent la commotion au niveau de la zone naviculaire), des anticoagulants ou des anti-inflammatoires, ou encore avec le laser et les ultrasons.

L'**ostéite de la troisième phalange** est une inflammation de l'os du pied. Elle provient souvent de chocs, et parfois après une attaque de laminite ou un clou de rue dans la sole. Généralement les deux pieds sont touchés et le cheval aura tendance à traîner les pieds. Les rayons X révèlent aussi une déminéralisation de l'os. Une bonne ferrure peut soulager la douleur mais c'est malheureusement irréversible. Les thérapies au laser et aux ultrasons peuvent être bénéfiques.

La **forme** est une excroissance osseuse anormale qui survient soit au centre du paturon (forme haute), soit

La **seime** est une fissure dans la paroi du sabot et peut se situer n'importe où entre la couronne et le bas du pied. Elle peut résulter d'une blessure, d'une mauvaise alimentation, d'une sécheresse excessive du sabot (climat très sec par exemple), d'un râpage excessif au moment du ferrage ou de la négligence, par exemple si le sabot n'est pas régulièrement paré. Une fissure sérieuse peut entraîner une boiterie.

Le maréchal-ferrant devrait être capable de stopper la progression de la seime en faisant des rainures dans la paroi du sabot pour isoler la fissure, ou en utilisant des pinçons métalliques, ou alors, en cas de fissure profonde, en la remplissant avec une substance liante spéciale. Comme la fissure s'écarte sous le poids du cheval, on peut lui mettre des fers à pinçons.

On appelle **fourmilière en pince** une séparation de la paroi et de la sole

les cartilages durs à la jonction entre les poils et le sabot dans la zone du quartier. Les formes cartilagineuses sont souvent dues à une commotion. Les plus exposés sont les chevaux lourds et les chevaux élevés au pré. Le cheval peut boiter pendant l'ossification, et la boiterie persister à cause de la pression exercée sur la paroi. Le traitement se limite généralement à un peu de repos, mais si la boiterie dure, le maréchal-ferrant devrait pouvoir soulager la pression avec un fer correcteur et des rainures sur le sabot.

L'**échauffement de la fourchette** provient d'une mauvaise gestion d'écurie (litière sale et pas de curetage régulier). Elle se détecte facilement à l'odeur nauséabonde et au liquide noirâtre qui sortent de la fourchette purulente. Il faut ouvrir la zone affectée de la fourchette pour l'aérer, et ensuite la traiter avec des antiseptiques.

Les équipements

Au début, les hommes n'avaient pour tout équipement qu'une bride rudimentaire. C'était longtemps avant l'invention de la selle, et encore plus longtemps avant l'arrivée des étriers. En comparaison, le propriétaire de chevaux actuel peut disposer d'une quantité d'équipements absolument incroyable : autant de mors que de livres entiers traitant de leur utilisation ; toutes les selles possibles et imaginables ; des guêtres et des bandes de protection pour chacune des parties du cheval ; des couvertures pour le garder au chaud et au sec, et une foule de gadgets conçus pour le contrôler – et dont la plupart seraient inutiles si l'on dressait mieux les chevaux dès le départ ! Pour monter tous les jours, il suffit de quelques accessoires de base : une bride, une selle, et les revêtements essentiels. L'important c'est qu'ils soient parfaitement adaptés au cheval et bien entretenus : ils dureront ainsi plusieurs années. En ce qui concerne le cavalier, la popularité des sports équestres a engendré toutes sortes de vêtements d'équitation spéciaux pour chaque occasion. Les vêtements de tous les jours doivent être propres, confortables et surtout sans danger. L'équitation est un sport à risques et il ne faut rien négliger à cet égard.

Les brides et les selles

CI-CONTRE
La bride double utilise deux embouchures : un mors de filet et un mors de bride. Seul le cavalier expérimenté devrait s'en servir.

PAGE PRÉCÉDENTE GAUCHE
Le hackamore, ou bride sans mors, fonctionne comme un levier. Il vaut mieux également le laisser au cavalier expérimenté.

PAGE PRÉCÉDENTE
Un cheval avec une bride d'attelage. Les œillères l'empêchent d'être distrait par ce qui se trouve à côté de lui ou derrière lui.

CI-DESSOUS DE GAUCHE À DROITE
Bride sans mors ou hackamore ; licol en cuir ; bride de filet avec une muserolle éclair ; bride de filet avec une muserolle française et une martingale à anneaux.

EN BAS
Les tapis de selle sont confortables pour le dos du cheval. Ils doivent être propres – alors choisissez-les lavables !

L'équipement (harnachement) minimum se compose d'une selle et d'une bride. Il faut aussi un licol (ou licou) et une longe.

La bride à filet est la façon la plus simple de contrôler un cheval. Il existe plusieurs sortes de **filets**. Le plus doux a une embouchure rigide qui agit principalement sur les barres de la bouche (la partie édentée). Le filet articulé est plus sévère car il exerce une pression supplémentaire à la commissure des lèvres. Ces filets peuvent être à anneaux mobiles ou à olives (ne pince pas les lèvres). Le choix de l'embouchure dépend beaucoup du cheval ; il faut parfois procéder à des essais pour trouver le bon. Les filets sont en acier inoxydable, très facile à laver et très résistant, en caoutchouc, en plastique ou en nylon. Un cheval qui a la bouche fragile se sentira mieux avec une embouchure non métallique.

La **bride** se compose d'une têtière et d'un montant de filet réglable, d'une sous-gorge qui empêche la têtière de glisser sur les oreilles et d'un frontal qui l'empêche de glisser sur l'encolure. Il peut aussi y avoir une muserolle. La plupart des brides sont en cuir. Le cuir fin conviendra particulièrement à un cheval de qualité comme le pur-sang anglais, et le cuir épais à un cheval de trait.

FAITS INTÉRESSANTS

Aux États-Unis, toutes les selles sont « anglaises » si elles ne sont pas du type western. La selle western a un pommeau et un troussequin élevés (comme celles des conquistadores). Elle est conçue pour donner un maximum de confort au cavalier qui passe de longues heures à cheval.

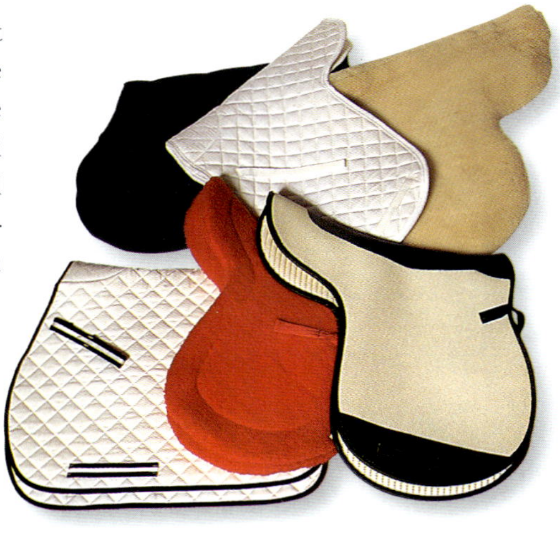

On peut utiliser plusieurs modèles de muserolles. La plus répandue, la muserolle française, ne sert souvent qu'à l'apparence – beaucoup de gens ont l'impression que le cheval est « nu » sans muserolle. D'autres sont faites pour mieux contrôler le cheval : elles l'empêchent d'ouvrir la bouche et de croiser les mâchoires pour échapper à l'action du mors.

La **martingale** est une courroie qui part de la sangle, passe entre les antérieurs et se fixe sur une partie de la bride. On s'en sert pour empêcher le cheval de trop lever la tête. La **bride sans mors** ou **hackamore** s'utilise sur un cheval difficile à emboucher, ou qui a un problème à la bouche ou aux dents. La bride fait levier sur le bout du nez ou sur le passage de la gourmette. Plus les montants de la bride sont longs, plus

DE HAUT EN BAS
Selle tous usages ; selle de dressage ; selle d'obstacle ; divers types de sangles.

CI-DESSOUS
(de haut en bas gauche puis droite)
Quelques mors de filets.

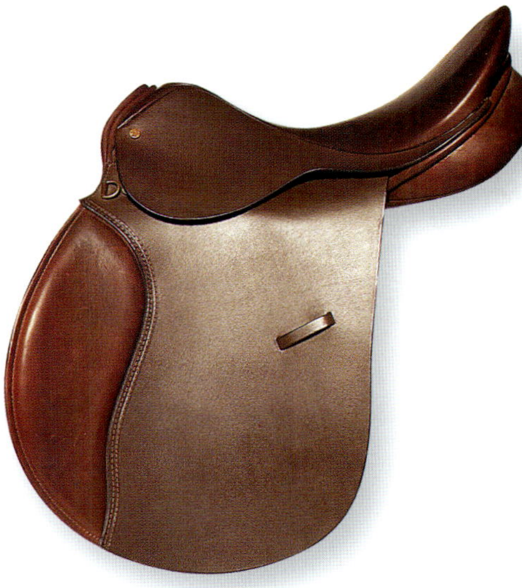

CI-DESSOUS
Les étriers sont en acier inoxydable pour plus de solidité. Les coussinets d'étrier empêchent le pied de glisser. Les étriers de sécurité (l'un des côtés se ferme par un anneau de caoutchouc) évitent au pied de rester coincé.

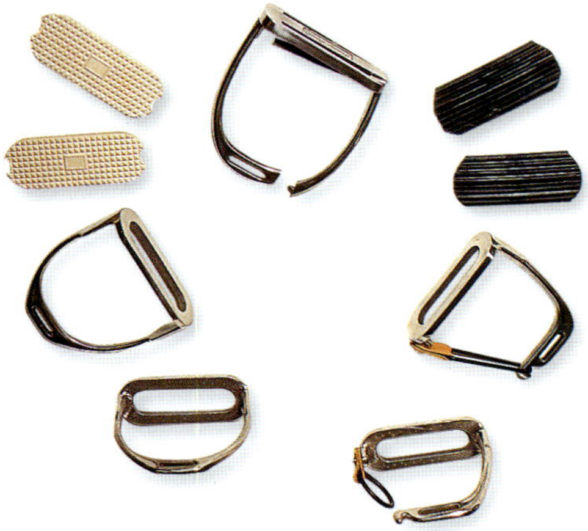

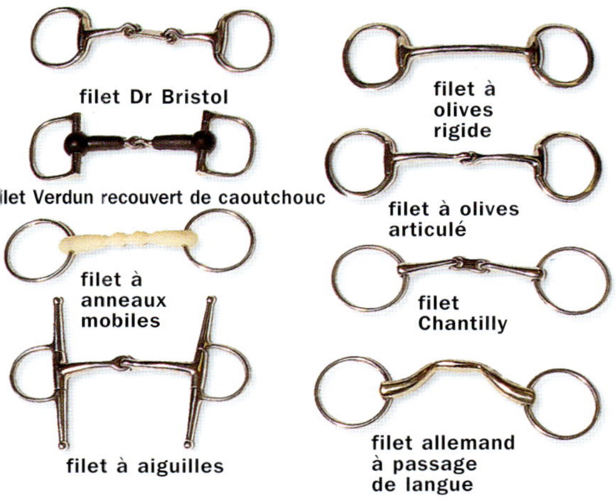

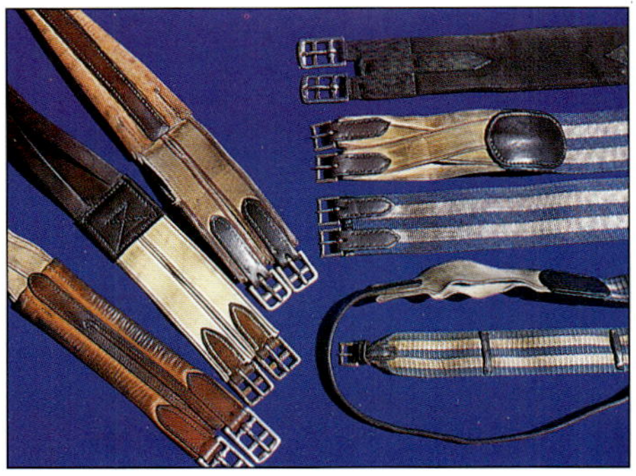

l'action est forte. La bride sans mors doit être utilisée uniquement par un cavalier expérimenté – le pouvoir de domptage du cheval est extraordinaire mais il est plus difficile de le faire tourner.

Les **selles**, comme les brides, sont traditionnellement en cuir mais on en trouve aujourd'hui des synthétiques, moins chères. Toutes les selles sont construites sur une charpente en contreplaqué agrémenté de ressorts (pour plus d'élasticité) ou en plastique.

La selle tous usages convient à l'équitation quotidienne, comme son nom l'indique. Les cavaliers qui se spécialisent en dressage ou en saut d'obstacles peuvent avoir des selles spéciales. La selle de dressage a un siège plus profond et des quartiers plus droits que la selle tous usages, ce qui permet au cavalier d'avoir des étriers plus longs et donc plus de jambe en contact avec le flanc du cheval. La selle d'obstacle a un arbre plus long et des quartiers avancés qui permettent au cavalier de raccourcir ses étriers et d'adopter la position en avant.

Les **étriers** doivent être en acier inoxydable pour plus de solidité, et assez larges pour laisser 1,5 cm de chaque côté de la botte du cavalier. Prenez des étrivières de bonne qualité.

Il est essentiel que la selle convienne autant au cheval qu'au cavalier. Elle ne doit pas entraver l'action des épaules, pincer le garrot ou trop appuyer sur la colonne vertébrale. Le poids du cavalier doit être bien réparti sur les muscles de chaque côté de la colonne. Une selle mal ajustée causera une plaie au dos. La forme et la taille du cavalier doivent aussi entrer en ligne de compte, car il est impossible de monter correctement si la selle est inconfortable.

La selle est maintenue par une **sangle** ou des sangles, dont la forme dépendra de la conformation du cheval, du type de selle et du type de travail. Les sangles étaient traditionnellement en cuir, mais on en trouve aujourd'hui en matières synthétiques.

Le **tapis de selle** (sous la selle) donne plus de confort au cheval que le cuir de la selle. Il devrait être en fibres naturelles pour absorber la sueur. Il faut bien remonter le tapis dans l'arcade de la selle pour l'empêcher d'appuyer sur la colonne. Les tapis de selle doivent être lavés régulièrement car la saleté peut causer une plaie au dos.

Pour éviter que la selle ne glisse en arrière, le cheval peut porter un **collier de poitrine**. Le collier de chasse en cuir a des courroies qui s'attachent aux anneaux de la selle. Le collier de course est une large bande de tissu ou d'élastique qui passe autour du poitrail du cheval et vient s'attacher aux sangles.

Les couvertures

CI-CONTRE
Une couverture d'écurie légère avec surfaix intégré.

Le pansage régulier prive le cheval d'une couche de protection naturelle faite de graisse et de saleté. Quand il est en liberté, c'est en effet ce qui lui tient chaud. De plus, le tondage d'hiver lui enlève la protection naturelle de sa robe. Il est donc important que le cheval, à l'écurie, ait une ou plusieurs couvertures, selon la race et les conditions climatiques.

La couverture d'écurie classique est en grosse toile de jute doublée de laine. Elle s'attache autour du poitrail et est maintenue par un surfaix. C'est une large bande, matelassée au niveau du dos et avec une arcade pour la colonne, qui s'attache avec deux grosses boucles. Les surfaix en cuir sont plus résistants mais plus lourds que les modèles en tissu. On peut ajouter une sangle de poitrine pour éviter qu'ils ne glisse en arrière. Les tapis de garrot que l'on met sous le surfaix ont été spécialement conçus pour protéger le dos de la pression. Tous les surfaix doivent être souvent vérifiés, en particulier les coutures qui sont très sollicitées quand le cheval se couche, se lève et se roule.

Il y a également différentes sortes de matières dans les couvertures d'écurie, des matières plus légères à manipuler que la toile de jute et qui sont parfois équipées de sangles « inchavirables » (qui reviennent toujours en place), ce qui élimine le besoin de surfaix.

Si le cheval a besoin de plus de chaleur, on peut lui mettre une ou plusieurs couvertures sous la première. La plus courante est la couverture Witney, en laine jaune orangé avec des rayures noires et rouges. Pour éviter que cette couverture ne glisse vers l'arrière, on la positionne assez haut sur l'encolure et on retourne les coins au garrot. On place la couverture d'écurie par-dessus, on l'attache à l'avant puis on rabat la partie retournée dessus ; enfin on pose le surfaix sur les deux. On peut placer une chemise de toile en coton sous la couverture pour qu'elle reste propre (les couvertures sont souvent difficiles à nettoyer). La couverture aura du mal à rester en place sans surfaix. Il vaudrait donc mieux utiliser une doublure piquée spécialement conçue pour être en dessous.

La couverture de jour est généralement en laine (plus ou moins lourde et épaisse selon la saison) et sert dans les

CI-CONTRE
Les couvertures néo-zélandaises sont faites pour les chevaux mis aux prés par temps froid ou humide. Un système de courroies d'attache sur les membres leur permet de rester en place même si le cheval se roule.

ENTRETIEN

- Vérifiez souvent les attaches et recousez-les quand c'est nécessaire – les courroies en cuir avec boucles sont les plus solides et les plus simples à utiliser.
- Les courroies en cuir doivent rester souples et les boucles graissées.
- Battez quotidiennement les couvertures et les chemises de toile, et si possible aérez-les.
- Lavez régulièrement les couvertures lavables et les chemises de toile avec une lessive sans danger (certains chevaux sont sensibles aux lessives aux enzymes) ; séchez-les bien avant de les réutiliser ou de les ranger.
- Brossez régulièrement les couvertures d'écurie en toile de jute.
- Brossez régulièrement les couvertures en laine – faites-les laver à sec quand c'est nécessaire.
- Vérifiez régulièrement les coutures et les boucles des surfaix.
- Lavez l'extérieur des couvertures néo-zélandaises au jet d'eau et à la brosse – sans détergent – et brossez les doublures.
- Faites réimperméabiliser les couvertures néo-zélandaises quand c'est nécessaire.
- Protégez les couvertures des mites quand vous les rangez.

CI-CONTRE
La couverture en mailles sert à faire sécher un cheval qui transpire. Notez le surfaix et le coussinet de selle qui l'empêchent d'appuyer sur la colonne.

occasions spéciales (concours ou autres apparitions en public).

Les chemises de toile sont très utiles en été car elles protègent des mouches tout en gardant le cheval propre. Les couvertures en mailles de chanvre ou de coton servent à sécher un cheval qui transpire. Par temps froid, on peut mettre une chemise de toile par-dessus pour le garder au chaud. Toutes les chemises de toile doivent être maintenues en place avec un surfaix, placé de préférence sur un coussinet de selle. Les couvertures de refroidissement en coton léger, qui recouvrent le cheval de l'arrière des oreilles jusqu'à la base de la queue, sont utiles pour les climats chauds. Il est alors protégé des mouches et de la chaleur.

Les chevaux qui vont au pré une partie de la journée et ceux qui restent dehors en permanence auront besoin d'une couverture néo-zélandaise. C'est une couverture chaude, imperméable et coupe-vent. Elle peut être en grosse toile de tente (risque de blesser le cheval) ou dans des matières imperméables plus légères.

Une couverture efficace est bien coupée, et descend bas sur les jambes et la croupe. Certains modèles ont des rabats pour la queue et couvrent l'encolure, pour le très mauvais temps. Il faut que la couverture soit bien ajustée au cheval pour lui permettre de bouger librement.

Les couvertures néo-zélandaises sont dotées de courroies d'attache pour les membres, et sont souvent inchavirables. Toutes les courroies doivent rester propres et souples pour prévenir une irritation des membres ou d'une autre zone sensible.

Le cheval doit parfois porter une chemise de paddock pour avoir les reins au chaud. La chemise de paddock (utilisée sur les chevaux de course) ne s'attache pas à l'avant mais se place sous la selle, généralement avec les coins retournés. Une sangle de queue l'empêche de voleter si le paddock est venté. Elle est souvent en coton ou en laine, mais on en trouve aussi dans diverses matières imperméables. La chemise fluorescente est un excellent dispositif de sécurité lorsqu'on monte à cheval sur les routes.

Les chemises de toile et les couvertures imperméables sont très utiles lors de concours et de compétitions, car elles gardent le harnachement et les autres couvertures au sec. Comme la plupart des matériaux imperméables ne « respirent » pas, attention à la transpiration ! Souvenez-vous aussi que les matières bruyantes peuvent effrayer les chevaux.

CI-CONTRE
Cet anneau métallique gainé de cuir sur le surfaix empêche le cheval de se rouler dans son box et de rester coincé. Le surfaix devrait être placé sur un coussinet de selle.

Les bandes

Elles servent à protéger, à soutenir ou à réchauffer. Les bandes de travail sont en crêpe ou en jersey et peuvent se substituer aux guêtres pour soutenir et protéger les tendons. Elles font environ 8 à 10 cm de large et doivent être enroulées autour d'une couche de Gamgee (ou autre ouate).

Bander un membre n'est pas aussi simple qu'il y paraît, le novice devrait donc s'y risquer uniquement sous la surveillance d'une personne d'expérience. Les bandes de travail doivent être assez serrées pour ne pas glisser – ce qui serait dangereux pendant le travail – mais pas au point d'écraser les tendons ou de couper la circulation du sang ; la pression doit être uniforme. Les bandages doivent être attachés avec du fil et une aiguille. On peut aussi utiliser du ruban adhésif mais il faut veiller à ne pas trop le serrer non plus.

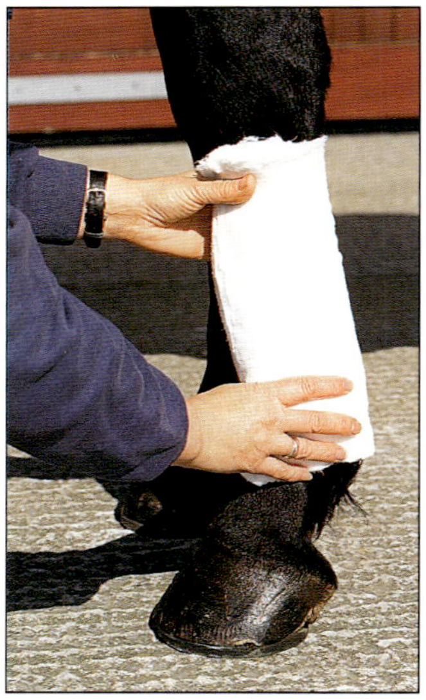

1 Avant de mettre la bande de travail entourez le membre de Gamgee ou d'une autre ouate.

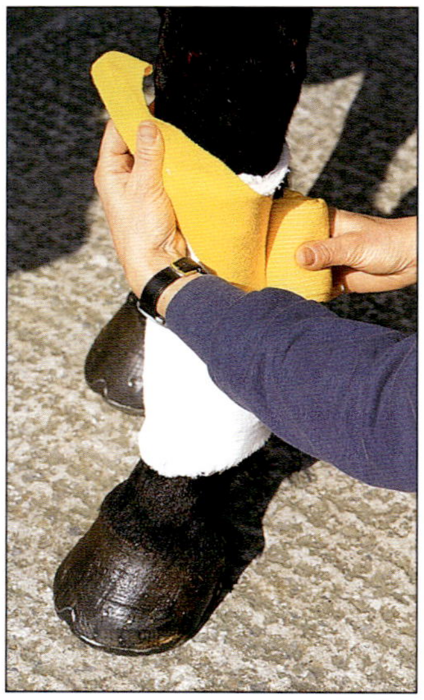

2 Commencez le bandage par le haut en en laissant dépasser un bout, comme ici. Les bandes de travail sont en matière élastique.

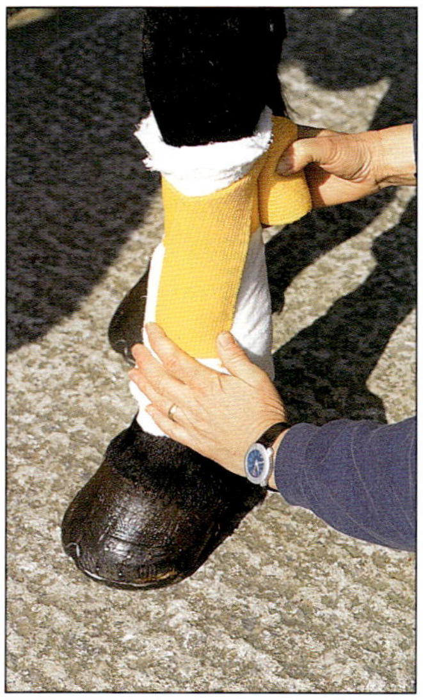

3 Rabattez le bout en trop et enroulez la bande par-dessus, recouvrant les deux tiers de la largeur à chaque tour.

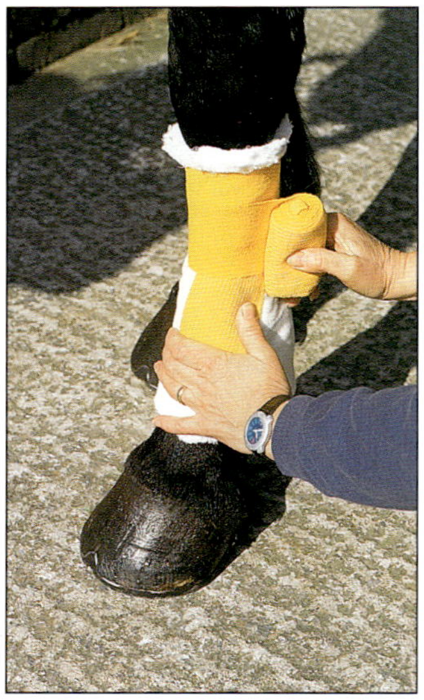

4 Membre gauche : enroulez la bande dans le sens inverse des aiguilles d'une montre ; membre droit : le contraire.

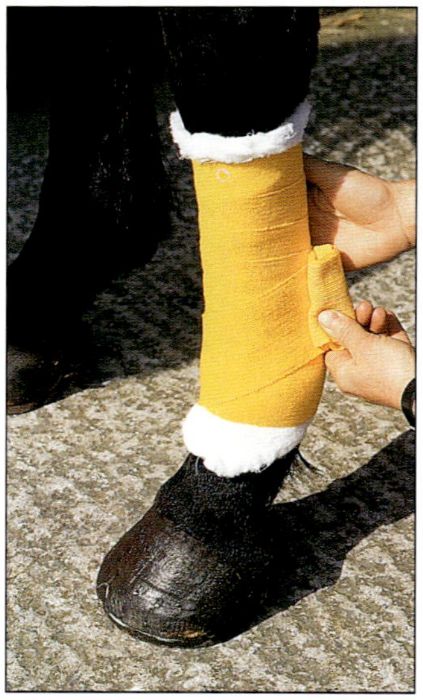

5 Descendez jusqu'à l'articulation du boulet puis remontez, en maintenant une pression uniforme à chaque tour.

6 Attachez toujours la bande sur l'extérieur du membre, jamais à l'avant ou à l'arrière.

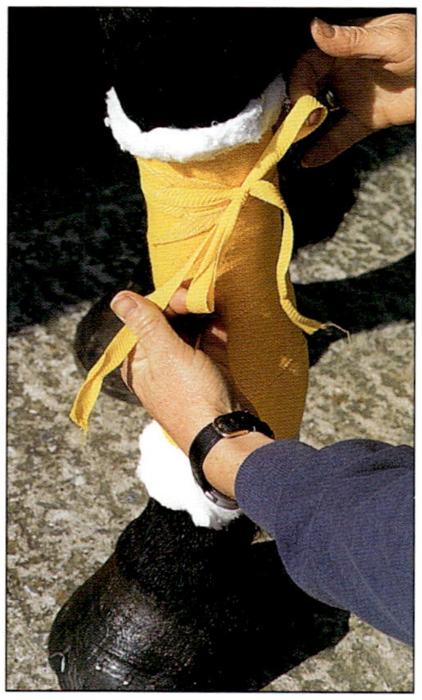

7 Nouez (ou cousez) du ruban en veillant à ne pas le serrer plus fort que la bande.

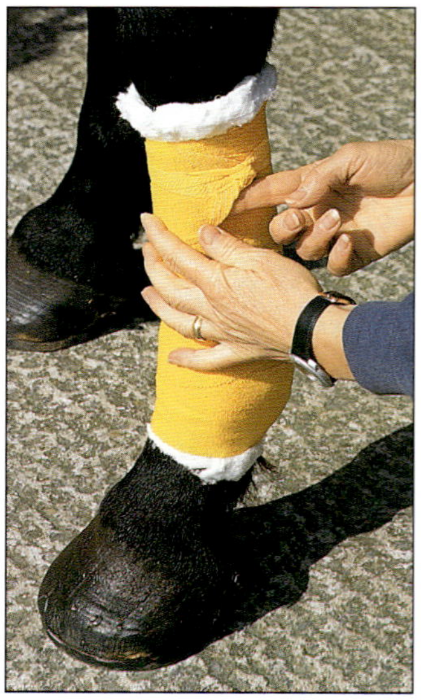

8 Pour plus de netteté et de sécurité, rentrez les bouts qui dépassent. Les bandes de travail doivent être serrées, mais pas trop.

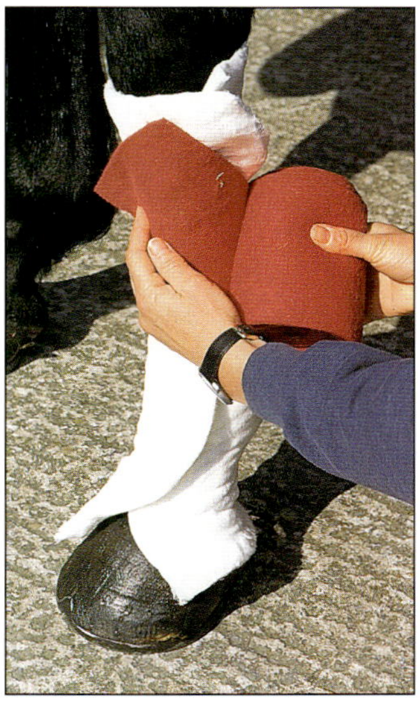

1 Les bandes de repos sont plus larges que les bandes de travail, et le morceau de Gamgee plus long pour mieux protéger du froid.

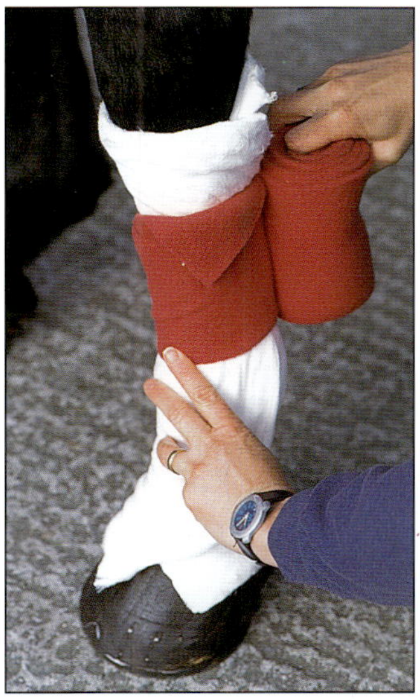

2 Ce bandage est moins serré qu'une bande de travail. Il ne doit pas y avoir de plis.

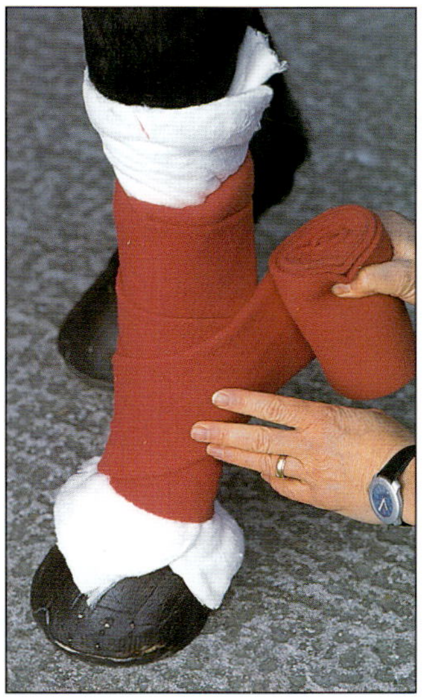

3 Descendez jusqu'à la couronne, recouvrant la moitié de la largeur de la bande à chaque tour.

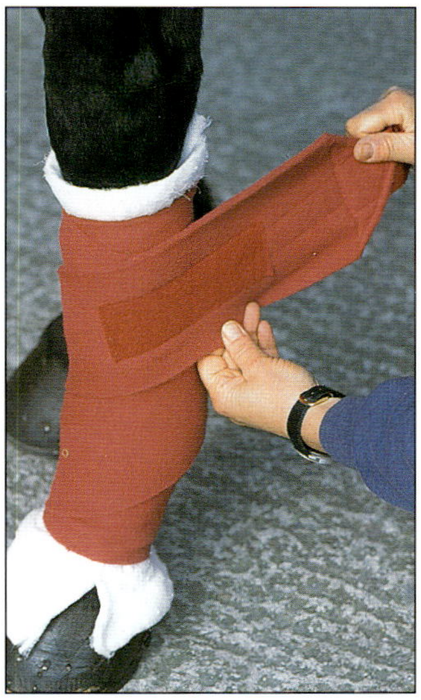

4 Terminez le bandage en haut, juste en dessous du genou ou du jarret.

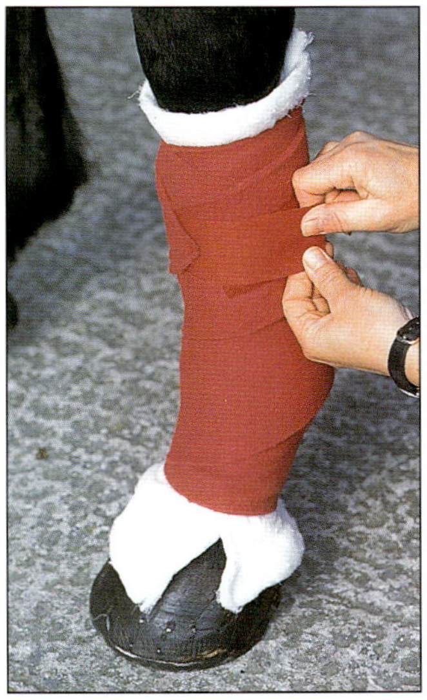

5 Le velcro est un moyen simple et rapide d'attacher les bandes de repos.

CI-CONTRE
Le moyen le plus sûr de terminer un bandage, c'est de le coudre.

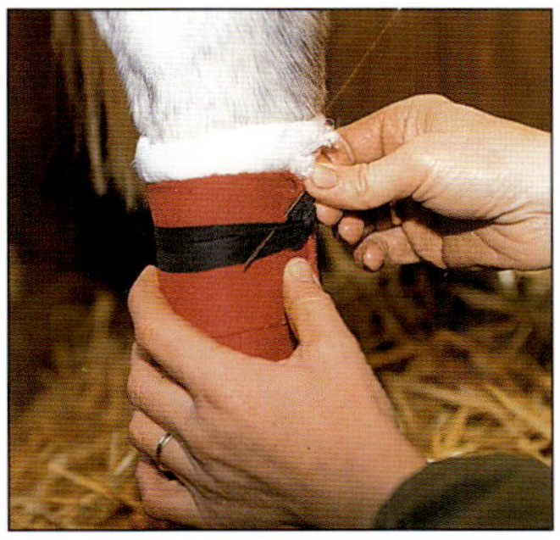

CI-CONTRE
L'autre manière d'attacher la bande, c'est de la coller avec du ruban adhésif résistant.

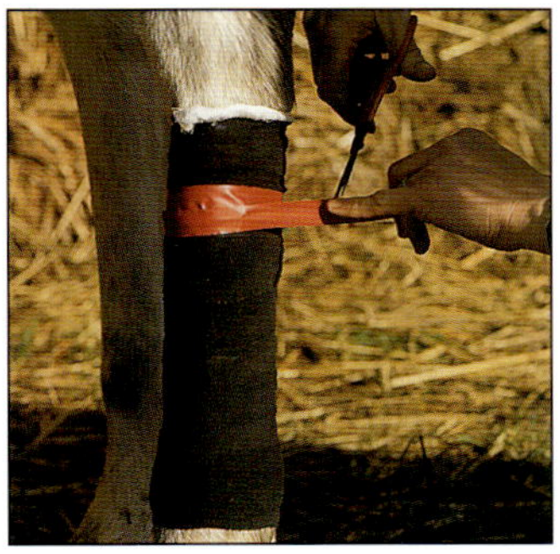

Quand un cheval a un membre blessé, on bande le membre opposé avec une bande de support (bande de type travail) car le cheval va forcément le solliciter davantage.

RÈGLES DE SÉCURITÉ

- ☛ Assurez-vous qu'il n'y ait ni terre ni sueur sur le membre avant de le bander car il pourrait y avoir frottement et plaie.
- ☛ Ayez des bandes propres mais n'utilisez pas de lessive aux enzymes car certains chevaux y sont sensibles.
- ☛ Appliquez la bande sur du Gamgee ou toute autre ouate.
- ☛ Enroulez la bande en serrant de manière uniforme
- ☛ Enroulez la bande dans le sens inverse des aiguilles d'une montre pour le membre gauche, et dans l'autre sens pour le droit.
- ☛ Attachez la bande avec du ruban cousu ou adhésif, aussi serré que la bande, mais pas plus.
- ☛ Ne mettez pas les bandes de travail trop bas – elles entravent les mouvements du cheval et ont tendance à glisser.
- ☛ Ne bandez jamais un membre sans bander le membre opposé.
- ☛ Enlevez et remettez les bandes de repos à intervalles réguliers.

Les bandes de travail doivent être assez basses pour protéger les grands sésamoïdes à l'arrière des boulets, mais pas au point d'entraver le mouvement du boulet.

À l'heure actuelle, pour la compétition, on utilise souvent des bandages adhésifs. Ceux-ci ont tendance à être plus serrés que les bandes en tissu : il faut donc faire particulièrement attention en les mettant.

Les bandes de repos servent à garder les membres du cheval au chaud, en particulier quand il a été entièrement tondu. Ces bandes font environ 11 cm de large et sont traditionnellement en laine ; de nos jours, on en trouve cependant dans différentes matières y compris thermiques. Elles doivent être enroulées autour de Gamgee (ou autre ouate) mais pas de manière trop forte car elles risqueraient de couper la circulation sanguine. Les rubans d'attache doivent toujours être sur l'extérieur, jamais à l'arrière du tendon. Attention là encore de ne pas trop les serrer. Les bandes de repos devraient être enlevées et refaites au moins deux fois par jour pour le confort du cheval.

Les guêtres

Il existe différents moyens de protéger les membres pendant les concours ou le travail quotidien. Certains chevaux ont les jambes qui se cognent pendant le travail, à cause d'un défaut de conformation. Les jeunes chevaux de selle sont particulièrement enclins aux blessures car ils ont moins d'équilibre qu'un cheval de selle expérimenté. Les chevaux fatigués, comme ceux qui approchent de la fin d'un parcours de cross, perdent parfois de leur coordination. L'état du terrain aura également un impact sur les membres du cheval : un sol dur tend à les commotionner, un sol lourd et boueux les pousse à s'atteindre en talon.

Les guêtres peuvent être en cuir avec des boucles, ou en matières synthétiques (PVC, néoprène...) plus faciles à nettoyer. La courroie élastique du haut devrait juste être serrée pour maintenir la guêtre en place, et celle du bas assez lâche pour ne pas entraver l'action du cheval.

On peut mettre des **guêtres d'avant-jambe** aux antérieurs ou aux postérieurs. Elles évitent les blessures quand les membres s'attrapent, ce qui arrive souvent au niveau du boulet. Il arrive parfois que le cheval s'atteigne un peu plus haut (« se couper à haute vitesse »), par exemple juste sous le jarret, auquel cas on les appelle **bottes de canon**.

Les **cloches** protègent les couronnes des atteintes en talon. Comme leur nom l'indique, elles sont en forme de cloche, et généralement en gros caoutchouc ou en néoprène. Les cloches à « pétales » (à sections superposées) protègent plus efficacement que les modèles classiques car elles ne se retournent pas. Les guêtres à boucles sont beaucoup plus faciles à mettre et à enlever que les anciennes guêtres à enfiler.

Les **guêtres de tendon** soutiennent les tendons et les protègent des blessures. On s'en sert en remplacement des bandes dans le cadre d'un travail rapide ou d'obstacles. Il existe toutes sortes de formes et de matières différentes, pour les antérieurs comme pour les postérieurs.

Guêtres de tendon en cuir. Elles protègent les tendons d'éventuels coups des postérieurs – la blessure peut être grave.

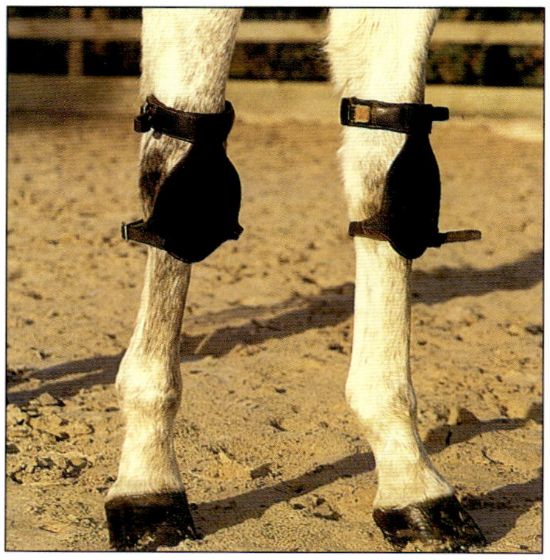

On conseille vivement les protecteurs de genoux pour travailler sur la route.

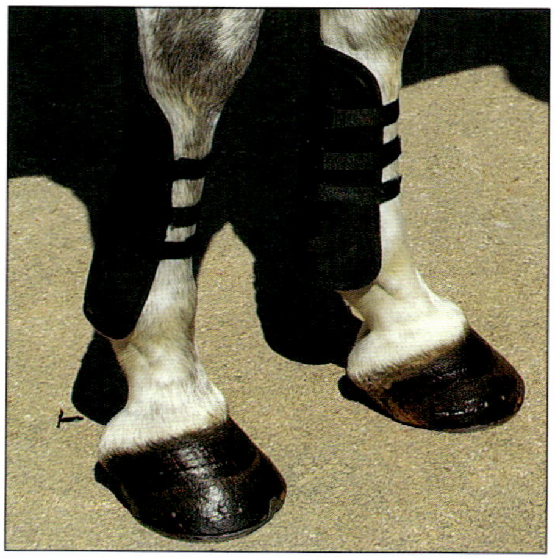

Les guêtres actuelles ont souvent des attaches en velcro ou à pinces. Elles sont plus faciles à mettre et à enlever que les modèles classiques à boucles.

Les protège-boulets assurent la protection des articulations quand les membres opposés se cognent. Il y en a différentes sortes.

CI-CONTRE
Les cloches à pétales sont faciles à mettre, ne se retournent pas, et les « pétales » abîmés se remplacent. Ils protègent les talons des antérieurs.

Équipement de voyage

Le cheval devrait toujours être protégé quand il voyage. Les parties les plus vulnérables sont les membres, en particulier les couronnes – que l'autre pied peut facilement heurter s'il y a perte d'équilibre – et la nuque. Le protège-nuque est utile au cas où il lève brutalement la tête ; c'est un morceau de cuir rembourré que l'on attache au licol.

Les guêtres de voyage spéciales protègent toute la partie inférieure du membre, c'est-à-dire les genoux, les jarrets et les couronnes. Elles s'attachent avec du velcro et sont donc simples et rapides à utiliser. Autrement les membres peuvent être protégés par des bandes bien rembourrées, avec du Gamgee par exemple. Le rembourrage doit recouvrir les couronnes, et la bande doit être uniforme et pas trop serrée. On peut également mettre des cloches et des protège-genoux.

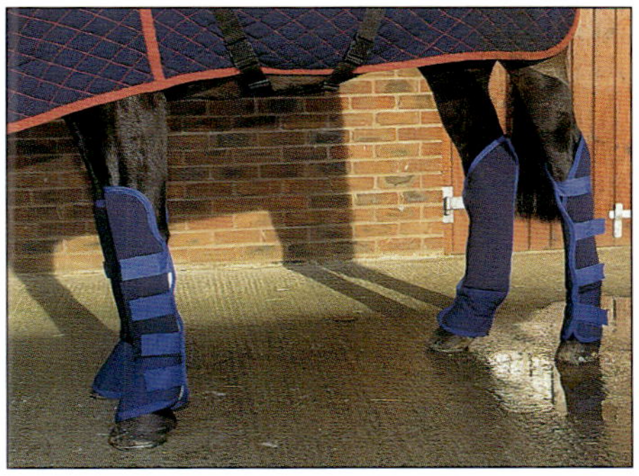

Les protège-jarrets conviennent à un cheval qui rue pendant les voyages. L'animal risque de ne pas vous laisser les lui mettre la première fois, alors faites-le à l'écurie jusqu'à ce qu'il s'y habitue.

Les chevaux devraient aussi porter un bandage de queue et un protège-queue. On place ce dernier autour de la queue (sur le bandage) et on l'attache au surfaix de la couverture. Le cheval devrait en effet porter soit une couverture soit une chemise de toile, selon le temps. Il doit avoir chaud mais pas au point de transpirer. Vérifiez souvent son état pendant le voyage, assurez-vous qu'il n'ait ni trop chaud ni trop froid.

Le cheval devra porter un licol avec une laisse en fibres tressées dont l'attache doit pouvoir s'ouvrir rapidement en cas d'urgence. Vous contrôlerez mieux votre cheval pendant la montée et la descente du camion si vous lui enfilez une bride de filet (sans muserolle) sur le licol. Vous pourrez ainsi le mener par la bride et par la laisse en même temps.

CI-DESSOUS ET EN BAS
On peut utiliser soit des guêtres de voyage spéciales, soit des bandes avec protège-genoux et protège-jarrets. Notez le protège-nuque sur la tête.

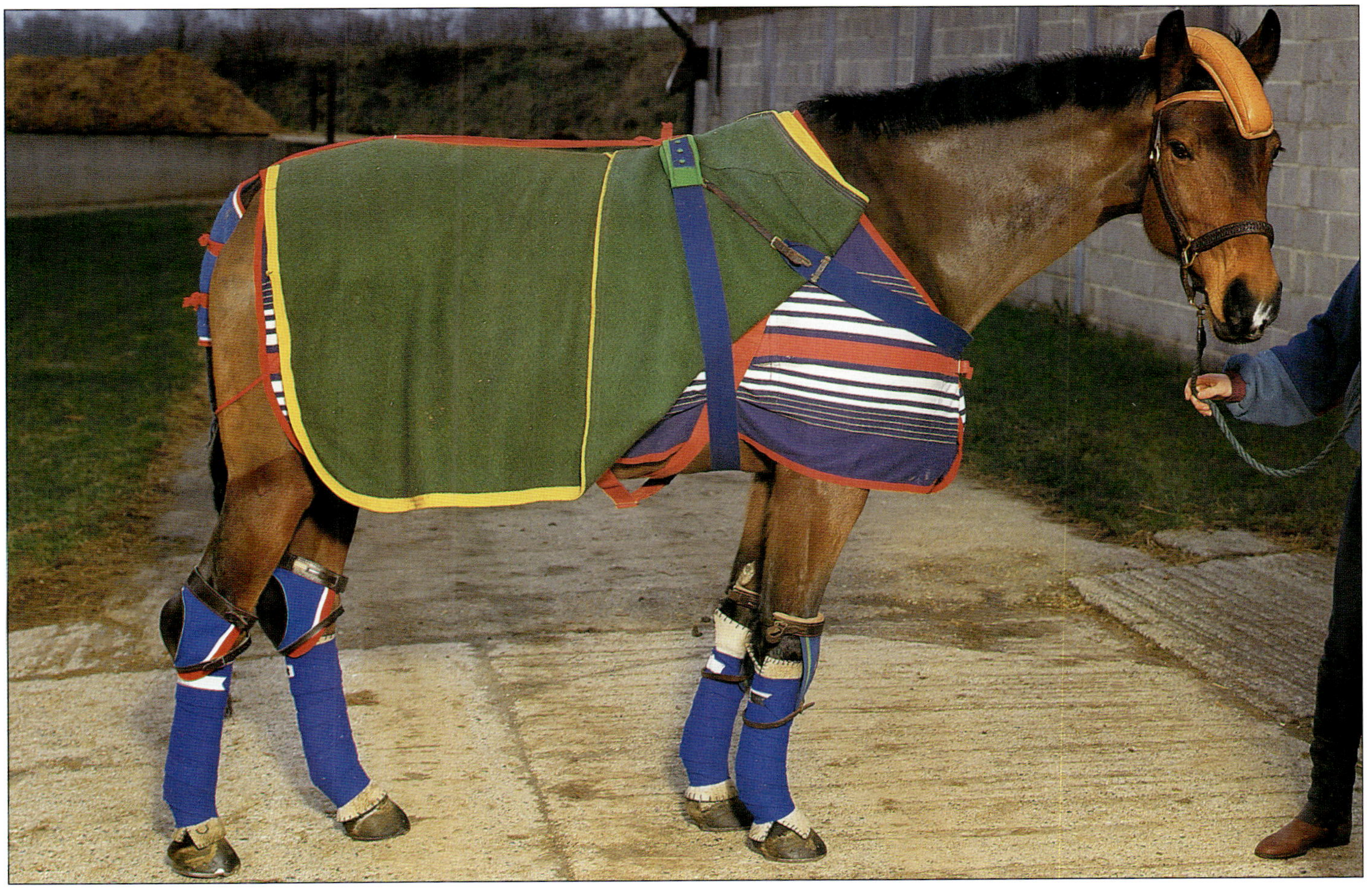

Vêtements

Quand on travaille avec des chevaux, le mot d'ordre est sécurité. Ces animaux sont grands et forts, et il y a toujours un risque de danger, aussi calmes qu'ils puissent être en temps normal. Il faut donc bien choisir ses vêtements pour les tâches quotidiennes, même si c'est juste pour enlever les crottins.

Choisissez-les simples et près du corps, mais pas trop serrés. Une chemise manches longues sous un pull-over, un pantalon confortable, un jean ou un jodhpurs sont ce qu'il y a de mieux pour travailler à l'écurie. Évitez les pantalons trop serrés car vous aurez du mal à vous baisser. Sachez que les couleurs foncées se salissent moins vite. Préférez les manches longues aux manches courtes car elles protègent des morsures.

Ce que l'on porte aux pieds est également important car un sabot mal placé peut vraiment abîmer le pied. Les tennis protègent très peu, comme la plupart des bottes souples. Les bonnes grosses bottes en caoutchouc sont cependant très bien pour nettoyer les crottins, surtout si l'on porte des chaussettes épaisses. À d'autres moments, les bottines jodhpurs en cuir sont plus sûres et plus légères. Certaines bottines actuelles ont même une protection au niveau des orteils.

Les vestes et les gilets matelassés doivent être fermés – le claquement d'une veste peut effrayer un cheval nerveux et en plus elle risque de s'accrocher à quelque chose. Certains chevaux ont peur des matières imperméables bruyantes, alors n'en portez pas dans les écuries.

Les cheveux longs doivent être attachés, là encore pour éviter qu'ils ne s'accrochent. Cela est particulièrement vrai lorsqu'il y a du vent. Ne portez pas de bijoux, bagues, boucles d'oreilles, boucles de nez et autres anneaux car ils pourraient s'accrocher et provoquer de vilaines blessures.

La plupart des chevaux bien dressés sont faciles à manipuler. Si vous avez le moindre doute quant au comportement de l'un d'eux (pour un jeune cheval par exemple), prenez des précautions : portez une bombe bien attachée au cas où il se cabre et qu'il vous allonge un coup ; des bottes pour vous protéger les pieds ; des gants.

CI-DESSUS
Le pull-over, le jodhpurs, les bottines et la bombe sont une tenue correcte pour les tâches de tous les jours.

CI-CONTRE
Des vêtements de travail confortables et professionnels vous permettent d'accomplir les tâches quotidiennes en toute sécurité.

Sécurité

L'équitation a toujours été et sera toujours un sport à risques. Cela dit, les équipements de sécurité moderne s'améliorent de jour en jour et les cavaliers devraient tous pouvoir se protéger avec une bombe, un gilet de protection et des bottes.

La partie la plus vulnérable d'un cavalier est sa tête ; c'est donc de l'irresponsabilité pure et simple que de manipuler un jeune cheval imprévisible sans porter un **casque protecteur** avec une jugulaire bien attachée. La Fédération française d'équitation vous conseillera sur les derniers standards de sécurité. Le **casque de jockey** est le plus sûr de tous, et donc le plus recommandé pour le travail rapide et le saut d'obstacles (obligatoire dans plusieurs sports). La **jugulaire** doit être bien ajustée et toujours attachée. On peut la porter comme on le souhaite : sur la pointe du menton, avec une mentonnière, ou sous le menton. L'alternative est la **bombe de chasse** à sommet souple, car le sommet dur peut causer des blessures au visage, au cou et au dos si on chute. Toutes les bombes devraient être parfaitement ajustées (demandez au vendeur de vous aider).

Les **gilets de protection** sont conçus pour protéger le torse et les épaules en cas de chute. Ils doivent être bien ajustés et confortables sans gêner les mouvements du cavalier.

Les **bottes d'équitation** et les **bottines jodhpurs** sont faites pour que le pied ne glisse pas dans l'étrier et qu'il ne reste pas coincé à l'intérieur en cas de chute – situation très dangereuse. Elles ont des semelles lisses et un petit talon bien sculpté. Les bottes en cuir protègent bien des chocs, par exemple quand on fait du cross, mais les bottes en caoutchouc conviennent très bien au travail de tous les jours. Les bottes de pluie en caoutchouc, les tennis, bref toutes les bottes et les chaussures à semelles striées ou sans talon ne doivent jamais être portées à cheval.

CI-CONTRE
Les vêtements fluorescents sont un bon moyen de protection lorsqu'on monte sur une route.

RÈGLES DE SÉCURITÉ

- À cheval, portez toujours une bombe bien ajustée avec la jugulaire attachée.
- Remplacez une bombe qui a reçu un choc violent lors d'une chute – elle risque de ne plus être aussi efficace.
- Montez toujours avec votre propre bombe – une bombe empruntée ne sera jamais parfaitement ajustée.
- Quand vous montez à cheval, soyez toujours correctement chaussé.
- Utilisez toujours la bonne taille d'étriers – environ 2,5 cm plus large que votre botte – pour que votre pied ne puisse pas s'y coincer.
- Portez des vêtements fluorescents – manchon de bombe, gilet matelassé, etc. – garnis de bandes réfléchissantes quand vous montez sur les routes, et mettez aussi des bandes très visibles à votre cheval.
- Ne montez pas sur les routes avec une mauvaise visibilité ou la nuit.
- Ne montez jamais avec des bijoux.
- Mettez toujours les épingles à cravate horizontalement ou en biais, jamais à la verticale.
- Attachez toujours votre veste.
- N'enlevez jamais une veste ou un pull à cheval – vous n'aurez pas le contrôle de votre cheval en cas de mouvement inattendu.
- Si vous ne voyez pas parfaitement, portez si possible des lentilles de contact souples. Sinon, demandez conseil à votre opticien pour avoir des lunettes sûres.

CI-CONTRE
La meilleure protection est un casque de jockey avec une mentonnière bien ajustée. Il est recouvert de soie.

CI-CONTRE
On devrait porter un gilet de protection pour sauter des obstacles fixes ou quand on en a besoin (par exemple une personne d'un certain âge, aux os fragiles).

La tenue

Les vêtements d'équitation sont conçus pour être confortables et protéger le cavalier. Seules les pièces à part, comme le haut-de-forme de dressage, sont dictées par la mode.

La plupart des vêtements sont basés sur la tenue de chasse, conçue pour protéger le cavalier de la pluie, du froid et des nombreux chocs que l'on se fait dans la campagne : longues bottes en cuir pour garder les mollets et les pieds au sec, et les protéger des chocs éventuels ; jodhpurs pour maintenir le haut de la jambe au chaud et au sec, et protéger l'intérieur des genoux des frottements de la selle ; bonne veste en tweed bien ajustée pour être au chaud et assez bien protégé de la pluie, tout en ayant une totale liberté de mouvement ; gants pour garder les mains au chaud et au sec, et également pour avoir une meilleure prise sur les rênes ; lavallière pour protéger le cou en cas de chute ; bombe maintenue par une jugulaire pour protéger la partie la plus vulnérable de toutes, la tête.

CI-CONTRE
La tenue de tous les jours devrait être simple et sûre. Les couleurs foncées sont plus pratiques que les couleurs claires de la tenue de chasse traditionnelle.

CI-DESSOUS
Les jambières sont une bonne alternative aux bottes. Ce cavalier est prêt pour le travail sur route – notez le gilet fluorescent et les guêtres de protection du cheval.

Pour l'équitation de tous les jours, il existe toutes sortes de tenues plus simples, moins chères, et qui supportent de multiples lavages en machine. Les **jodhpurs** se portent habituellement avec des bottines jodhpurs (petits talons plats et bande élastique sur le côté) ; en été, c'est une tenue plus fraîche que la culotte et les bottes. Ils existent en différentes matières, du coton léger pour les climats chauds aux matières thermiques pour les froids extrêmes. Au lieu des bottines, les jodhpurs peuvent être portés avec des **demi-jambières** (couvrent la jambe du genou jusqu'au pied) ou des **jambières** (jusqu'aux cuisses).

Les **pantalons d'équitation** près du corps sont également très bien pour monter tous les jours. Comme les jodhpurs, ils sont renforcés au niveau des genoux et des cuisses. Certains sont même pourvus d'une matière plus « agrippante » au niveau de l'assise.

Les **bottes d'équitation** en caoutchouc sont l'alternative économique aux bottes en cuir mais elles sont froides en hiver ; prévoyez une semelle ou une deuxième paire de chaussettes.

Les **vestes d'équitation** informelles (vestes, blousons et gilets matelassés ou cirés) sont parfaits pour monter tous les jours ; on peut les mettre avec une chemise et/ou un pull-over. Les matières imperméables actuelles sont confortables et très légères, et les plus chères ont l'avantage de laisser « respirer ». Ces imperméables existent en plusieurs longueurs et ont parfois aussi des collets et des poignets de tempête, une doublure ouatée et un rabat de pommeau. Évitez les matières imperméables bruyantes car les chevaux en ont souvent peur, surtout les jours de grand vent.

Il existe des **gants** pour chaque occasion, spécialement conçus pour les cavaliers : doigts des rênes renforcés, paumes antiglisse et lycra pour plus de flexibilité.

Tenues de concours

Dans la plupart des concours, la tenue classique comporte veste, culottes, bottes et chemise à col, cravate ou chemise sans col, lavallière. Les règlements de certains sports stipulent également qu'il faut porter des éperons. On voit toujours des chapeaux melon en classes de présentation et des hauts-de-forme en dressage, mais sinon la tendance est de plus en plus à la bombe de chasse (beaucoup plus sûre), et parfois même au casque de jockey. Ce dernier est généralement recouvert d'un manchon en soie de couleur foncée.

En cross-country, la veste est remplacée par un pull-over ou une chemise, qui peuvent être aux couleurs du cavalier, comme la soie du casque.

L'endurance est un domaine où la tradition se fait moins sentir, d'abord parce que c'est une discipline relativement récente, mais aussi parce qu'à très haut niveau, les cavaliers passent de longues heures à cheval, ou à courir à côté de lui pour le laisser souffler. La culotte et les bottes seraient une tenue beaucoup trop chaude et inconfortable, et c'est donc la seule discipline où les chaussures de sport sont autorisées. Cependant, par mesure de sécurité, les cavaliers doivent avoir des étriers fermés à l'avant pour empêcher le pied de glisser à travers.

CI-CONTRE
Tenue correcte des concours de dressage : haut-de-forme, queue de pie et gilet.

CI-DESSOUS
La plupart des tenues d'équitation sont basées sur une tenue développée pour la chasse.

EN BAS
En course d'endurance, la tenue est moins formelle que dans les autres disciplines équestres.

Le pansage

Fait régulièrement, c'est une partie essentielle de l'entretien des chevaux. Le but n'est pas seulement de rendre le cheval séduisant, c'est aussi de le maintenir en bonne santé en éliminant la terre, la peau et les poils morts qui encrassent les pores. En effet, le cheval élimine beaucoup d'impuretés quand il transpire au travail. Il est donc important de garder la peau propre pour que ce système fonctionne efficacement. Un bon pansage énergique sert aussi de massage, véritable tonifiant pour les muscles de l'animal. De plus, les couvertures et le harnachement restent propres, évitant ainsi différentes plaies. Le cheval à l'écurie a besoin d'un pansage avant et après le travail, alors que les chevaux au pré requièrent moins d'attention. L'endroit où sont fixées la selle et la bride doit toujours être nettoyé avant le harnachement ; ailleurs, il suffit d'éliminer en surface la graisse et la terre. Les chevaux et les poneys qui vivent à l'extérieur ont besoin de cette couche de terre et de graisse pour se protéger du froid et de la pluie. Elle est donc particulièrement importante en hiver.

Le matériel

La **brosse de chiendent** a de long poils rigides ; elle sert à brosser les membres pour éliminer la boue séchée et les taches d'écurie (quand le cheval se couche sur les crottins ou la litière mouillée). Elle est trop dure pour le reste du corps ou les crins.

La **brosse à panser** a des poils plus courts et plus fins que la première, et peut donc être utilisée sur tout le corps (et les membres). Elle a une poignée dans laquelle on glisse la main (les plus confortables sont en cuir ou en toile). Il arrive que l'on cogne le cheval pendant le pansage, alors mieux vaut avoir une brosse dont le dos est en cuir car elle fera moins mal que le bois ou le plastique. De plus, comme le cuir est plus souple et plus élastique, elle tient beaucoup mieux en main.

Pendant le pansage, passez régulièrement la brosse sur une étrille métallique pour la décrasser. Ne passez jamais l'étrille sur le corps du cheval !

On utilise la **brosse de lavage** pour mouiller les crins. Elle a généralement un dos en bois et des poils plus doux que la brosse à panser.

Il faut deux **éponges** : une pour nettoyer les yeux et les naseaux, l'autre pour l'anus et le fourreau. Elles ne doivent jamais être interverties, alors prenez deux couleurs différentes pour ne pas vous tromper. Lavez-les après chaque utilisation.

Le **cure-pieds** est un outil indispensable car il sert à nettoyer les pieds du cheval. La pointe doit être émoussée pour éviter tout accident, s'il venait à se perdre dans la litière par exemple. Atta-

CI-CONTRE
Le matériel de pansage devrait comprendre divers ciseaux et peignes de toilettage.

PAGE PRÉCÉDENTE GAUCHE
Les motifs de quartier, dernière touche à un poney de concours.

PAGE PRÉCÉDENTE
Les chevaux gris, comme ce percheron, sont plus difficiles à garder propres que les chevaux foncés.

DE LA GAUCHE VERS LA DROITE
Brosse à panser et étrille métallique ; brosse de chiendent ; brosse de lavage ; étrilles en plastique et en caoutchouc ; chiffon « cactus ».

chez un morceau de ficelle de couleur vive dans la poignée, il n'en sera que plus facile à repérer.

Le **chiffon d'écurie** ou **époussette** s'utilise légèrement humide pour faire briller la robe. On peut le remplacer par une peau de chamois ou un sac en toile de jute.

L'**étrille en caoutchouc** ou **en plastique**, qui a elle aussi une poignée, sert à éliminer la boue séchée dans la robe du cheval. Faites attention quand vous la passez sur les parties osseuses, les membres par exemple.

Le **couteau de chaleur** élimine l'excès d'eau après que le cheval a été lavé au jet. C'est une lame en caoutchouc attachée à un cadre métallique doté d'une poignée. Attention aux parties osseuses.

Le matériel de pansage comprend également un **peigne en métal**. On s'en sert principalement pour le toilettage des crins. Il a soit des dents épaisses et espacées, soit des dents plus fines et plus rapprochées.

Tout le matériel doit être rangé proprement dans une boîte spéciale. Les brosses doivent rester les poils en haut si on veut qu'elles durent longtemps. Il faut les laver régulièrement à l'eau froide car l'eau chaude risque de ramollir la colle. Plongez-les dans l'eau après chaque utilisation et faites-les sécher les poils en bas (très important pour ne pas détériorer les brosses en bois). Tous les autres outils doivent également être nettoyés.

Pour **bouchonner** votre cheval – sorte de massage qui inclut un martèlement rythmé de l'encolure, des épaules et de la croupe –, il faut un bouchon. Habituellement, c'est un bouchon de foin ou de paille enroulés. Aujourd'hui il existe des bouchons spéciaux, souvent en cuir.

Il faudra parfois laver les crins et même le corps tout entier. L'équipement se compose alors d'un seau, d'une éponge, de shampooing spécial chevaux (si nécessaire), d'un couteau de chaleur et de serviettes.

Le **pansage électrique** se fait avec un appareil qui fonctionne un peu comme un aspirateur classique ; il sert à éliminer la terre et la graisse d'un cheval qui n'a pas été tondu. Procédez doucement car c'est un appareil assez bruyant ; de plus la queue doit toujours être tressée pour éviter que les crins ne s'accrochent dans la brosse rotative, quand il y en une. Il ne faut pas s'en servir sur la tête du cheval. C'est très utile pour éliminer la terre et la poussière, mais cela ne fait pas un bon massage !

CI-CONTRE
Vous devez toujours avoir un bon cure-pieds. Le modèle bleu est doté d'une brosse qui sert à éliminer ce qui reste de saleté après le curetage.

La technique

CI-CONTRE
Un cheval très sale ou qui transpire peut être lavé au jet à condition de pouvoir le sécher rapidement (pour qu'il ne prenne pas froid !). On élimine l'excès d'eau avec un couteau de chaleur.

Le cheval, à l'écurie, a besoin d'un bon pansage quotidien. Le mieux c'est de le faire après le travail, quand il est chaud. Les pores de la peau sont alors bien dilatés et la graisse comme la terre s'éliminent plus facilement. Attachez le cheval pendant le pansage.

Chaque **pied** doit être soulevé et soigneusement curé. Faites-le du talon vers la pince pour ne pas risquer de blesser la fourchette. Mettez la terre que vous retirez dans un petit saut, pas dans la litière.

La brosse à panser sert à nettoyer le **corps** tout entier : d'abord l'encolure, puis les épaules et les antérieurs, le long du corps, la croupe et enfin les postérieurs. Tenez la brosse dans la main gauche pour le côté gauche, dans la main droite pour le côté droit. Donnez des coups de brosse fermes et énergiques, et passez-la régulièrement sur l'étrille métallique qui se trouve dans l'autre main. Nettoyez l'étrille de temps en temps en la tapotant (dans le couloir ou à l'extérieur mais pas dans la litière). Attention de ne pas cogner les os qui dépassent, sur les hanches ou les membres par exemple, et de ne pas frotter trop fort au niveau des reins. Quand vous avez terminé un côté, occupez-vous de l'autre.

La brosse à panser sert aussi pour la **tête**, mais allez-y doucement. Détachez le cheval pour cette étape au cas où il reculerait. Attachez le licol autour du cou pour libérer le chanfrein.

Brossez les **crins** avec cette même brosse en faisant attention de ne pas les casser. Tenez la queue dans la main libre (un peu éloignée du cheval) puis brossez mèche par mèche. Défaites les nœuds avec les doigts, et si la queue est trop boueuse, lavez-la. À la fin de ce

1 Commencez le pansage par un curetage des pieds, toujours du talon vers la pince.

2 Vous pouvez éliminer les restes de terre dans la fourchette avec une petite brosse.

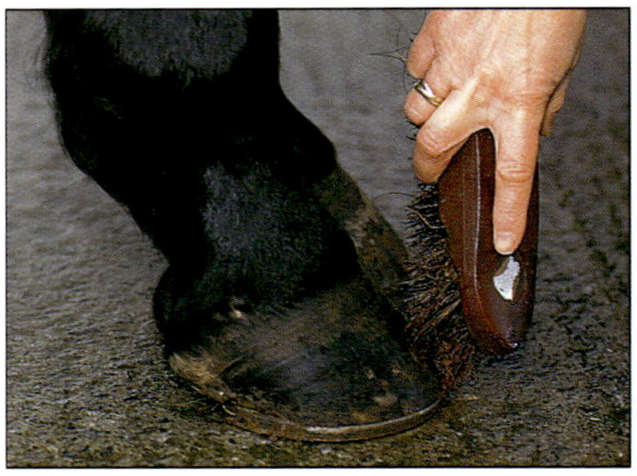

3 La paroi du sabot doit également être propre – utilisez une brosse rigide pour enlever la boue et le reste.

1 Utilisez la brosse à panser pour nettoyer vigoureusement le corps tout entier. Brossez dans le sens du poil.

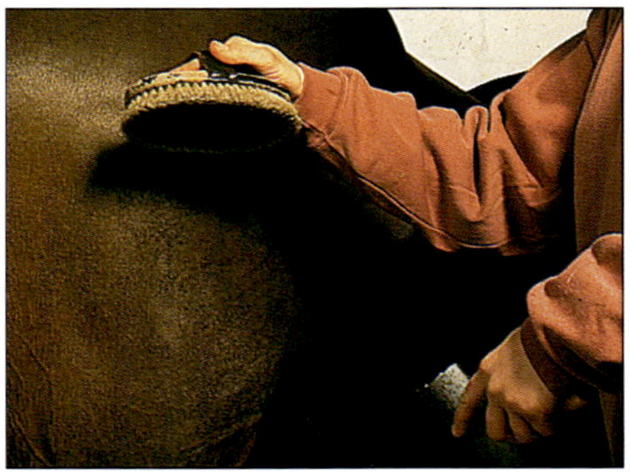

2 Tenez l'étrille dans votre main libre et nettoyez la brosse avec – ne vous en servez pas sur le cheval.

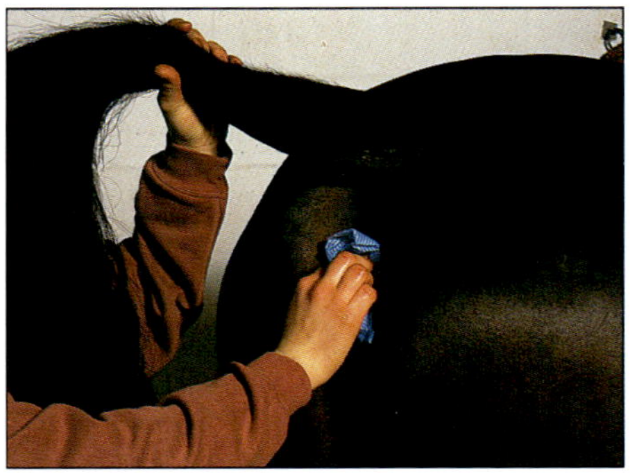

3 Passez une éponge humide sur l'anus du cheval à chaque pansage. Ce n'est pas la même éponge que pour les yeux et les naseaux.

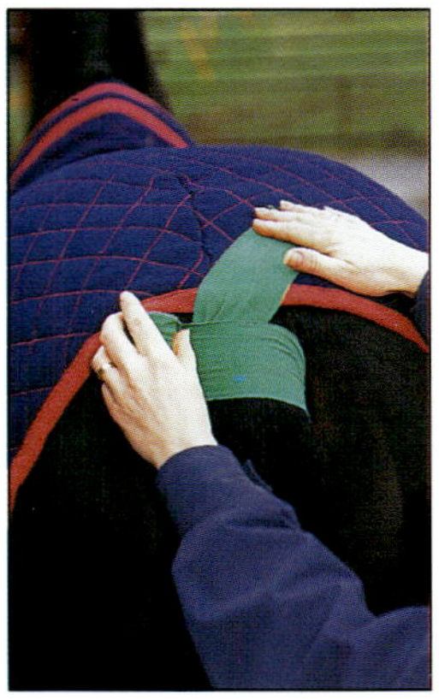

1 Les bandes de queue sont en coton élastique Elles font environ 8 cm de large sur 3 m de long.

2 Commencez le bandage aussi près que possible de la coire.

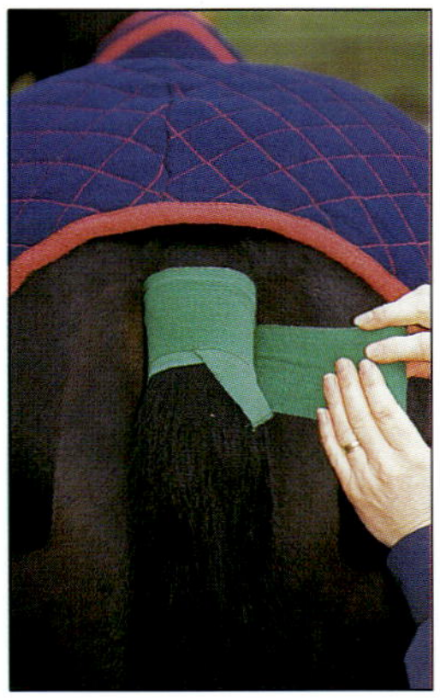

3 Rabattez le bout qui dépasse, comme pour les membres. Cela empêche la bande de glisser.

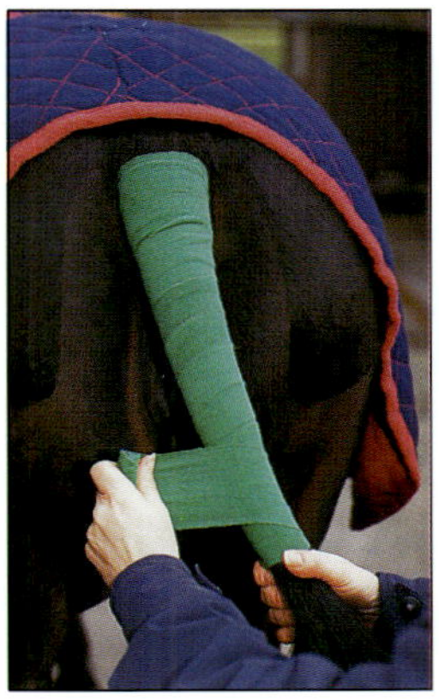

4 Descendez le long de la coire puis remontez jusqu'en haut. Ne serrez pas trop.

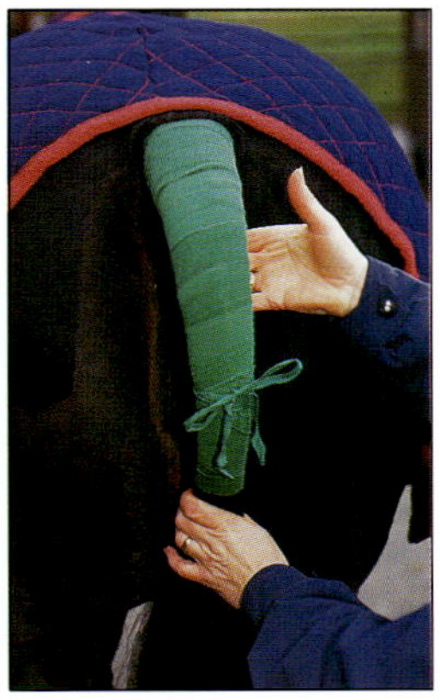

5 Attachez la bande avec un ruban et placez-la naturellement.

brossage, trempez légèrement les poils de la brosse de lavage dans de l'eau propre (pas dans le seau du cheval !) et passez-la sur la crinière pour bien la lisser. Faites de même sur la coire (base de la queue). Une queue brossée doit ensuite être bandée pendant une heure environ pour rester nette.

Utilisez une éponge humide pour laver les **yeux** et les **naseaux** du cheval, et une autre pour l'**anus**. Si c'est un hongre, il faudra se servir de cette même éponge tous les quinze jours pour nettoyer le **fourreau** ; des impuretés peuvent en effet s'y accumuler et gêner le cheval. Pour ce faire vous pouvez utiliser soit un produit spécial, soit du savon doux et de l'eau chaude, tout simplement. Le meilleur moyen de bien le laver c'est quand le cheval urine. Faites-le doucement et soigneusement – et attention aux ruades si le cheval n'est pas d'accord. Si vous n'arrivez pas à être là quand le cheval urine, insérez doucement l'éponge dans le fourreau et nettoyez tout le pourtour. Rincez abondamment et séchez avec une serviette non rugueuse.

On met la touche finale au pansage en passant une époussette humide (ou autre chiffon) sur toute la robe du cheval pour bien la lustrer. Si vous voulez bouchonner votre cheval faites-le après le pansage, car son but est de **masser** et non de nettoyer. Le bouchon de paille (ou autre) s'utilise comme une brosse classique mais avec un martèlement plus fort (pas trop quand même) sur les zones bien musclées que sont l'encolure, les épaules et la croupe. Ce procédé améliore la circulation sanguine et tonifie les muscles. Ne le faites jamais sur les parties sensibles (reins) ou osseuses (membres).

Un bon pansage prendra entre quarante-cinq minutes ou une heure, selon la propreté initiale de la peau et de la robe – et la force et la résistance de celui qui le fait ! Le pansage est plus efficace si vous vous tenez un peu à l'écart du cheval car vous pourrez peser sur la brosse.

Le « **quartering** » est un pansage un peu moins minutieux que l'on fait le matin pour préparer le cheval avant le travail. Le but est d'éliminer la saleté superficielle qui a pu s'accumuler pendant la nuit, et de rendre le cheval présentable. Détachez la couverture, rabattez-la sur les reins et donnez un rapide coup de brosse à la moitié avant du cheval ; ensuite replacez la couverture et faites de même à l'arrière. Éliminez bien toutes les taches et les marques de litière, si besoin est avec une éponge ou une brosse de lavage mouillée. Séchez les zones humides avec un chiffon d'écurie ou une serviette. Brossez bien la crinière et la queue. Curez les pieds, nettoyez les yeux, les naseaux et l'anus avec une éponge. Ce pansage dure entre dix et vingt minutes, selon la taille du cheval et son état de saleté.

CONSEILS PRATIQUES

☛ N'essayez jamais de panser un cheval qui transpire – promenez-le à la longe jusqu'à ce qu'il soit sec.

☛ Ne brossez jamais de la boue fraîche – utilisez un jet d'eau ou laissez-la sécher.

☛ Pour faire sécher un cheval qui transpire dans un box, couvrez-le d'une couverture ou d'une chemise de toile « qui respire », ou mettez une couche de paille le long du dos et de la croupe, plus une couverture.

☛ Utilisez une brosse de chiendent ou une étrille en caoutchouc pour enlever la boue séchée, mais pas trop fermement – s'il s'agit d'une zone de peau très sensible, comme l'intérieur des antérieurs, utilisez vos doigts.

☛ Quand il fait froid et que le cheval est tondu, gardez-le au chaud pendant le pansage – soulevez la couverture petit à petit au lieu de la retirer entièrement.

☛ Secouez énergiquement les couvertures une fois par semaine – il est inutile de remettre une couverture sale à un cheval propre.

☛ Ne vous tenez jamais exactement derrière le cheval.

☛ Ne vous mettez pas assis ou à genoux pour vous occuper des membres – pliez les genoux ou le dos car vous bougerez plus vite, si besoin est.

☛ Vérifiez bien qu'il n'y ait pas d'écorchures, de boutons ou de déformations, en particulier sur les membres. Cela peut en effet être le signe d'un problème de santé.

☛ Si c'est un cheval au pré, brossez à l'endroit de la selle et éliminez les taches les plus visibles. Cela suffira amplement pour qu'il ait l'air propre.

Les différentes tontes

En hiver, les chevaux ont une robe épaisse qui les protège du froid, mais cela les fait beaucoup transpirer quand ils doivent travailler dur ; résultat : ils sont mal à l'aise, ils perdent la forme et en plus ils risquent de prendre froid si on ne les sèche pas bien. On élimine donc le problème en tondant la robe ; un autre avantage à cela c'est qu'ils restent ainsi plus facilement propres et séduisants. Un cheval tondu doit toujours être muni d'une couverture, et s'il est au pré il doit avoir une couverture néo-zélandaise imperméable.

Il existe différentes façons de tondre un cheval ou un poney, en fonction de son type de robe et du travail qu'on lui demande. La **tonte complète** nécessite de tondre la robe sur tout le corps et sur les membres. Le cheval qui a une robe épaisse peut être complètement tondu la première fois, mais pas sur les membres les fois suivantes. En effet, les poils protègent des chocs. La tonte complète ne se fait qu'aux chevaux qui travaillent très dur, les chevaux de course par exemple, ou parfois sur un cheval de concours que l'on prépare pour le printemps.

La **tonte de chasse** est celle qui se pratique le plus pour les autres chevaux qui travaillent dur. Elle nécessite de laisser les poils sur les membres et sous la selle. Ainsi ces parties seront protégées. Attention de bien faire sécher les poils sous la selle après le travail.

Comme son nom l'indique, la **tonte en manteau** nécessite de ne pas tondre une partie du dos, des reins et de la croupe. On élimine les poils de l'encolure, des épaules, du ventre et d'une partie de la tête ou de la tête tout entière. Cette tonte convient à un cheval qui accomplit une bonne quantité de travail dur ou moyen.

Les chevaux au pré et à l'écurie qui ne travaillent pas beaucoup peuvent avoir une **tonte de course** basse, ce qui implique de tondre les poils sous l'encolure, entre les antérieurs, sur le ventre et sur le haut des postérieurs. Les tontes de course moyennes et hautes conviennent aux chevaux à l'écurie qui travaillent régulièrement, et impliquent de tondre davantage l'encolure et le corps.

La **tonte de steeple-chase** implique de tondre la tête, la partie inférieure de l'encolure, la poitrine, le ventre et le haut des postérieurs. Elle s'arrête juste derrière les oreilles. Comme son nom l'indique, elle est très utilisée pour les chevaux de steeple-chase. Beaucoup de pur-sang ont une robe fine et n'ont donc pas forcément besoin d'être complètement tondus, même s'ils travaillent très dur.

Il existe d'autres sortes de tontes partielles pour les chevaux qui sont au pré et qui travaillent très peu (une promenade de temps en temps) : la **tonte en bavoir** et la **tonte en tablier**. La première nécessite de tondre l'auge puis le long du dessous de l'encolure jusqu'à l'avant de la poitrine inclus. La seconde implique de tondre également une zone qui part audessus des antérieurs et s'étend en arrière sous le passage de sangle. Ces zones sont généralement les premières à transpirer avec les flancs et l'intérieur des postérieurs. Un animal robuste peut vivre dehors sans couverture avec l'un de ces deux types de tonte ; il faut cependant le couvrir si le climat devient très rude. Quand on tond la croupe, il reste un V inversé en haut de la queue. En haut des membres, les poils forment une pente vers l'arrière.

La tête du cheval est très vulnérable car le poil et la peau y sont très fins. Beaucoup ne tondent pas la tête ; parfois ils tondent seulement la moitié inférieure (l'auge) car c'est la partie qui transpire le plus, et laissent le reste de la tête protégé. La plupart des chevaux n'aiment pas du tout qu'on leur tonde la tête. Il peut y avoir plusieurs raisons à cela, comme la peur du son de la tondeuse ou la sensation désagréable qu'elle leur procure quand ils ont mal aux dents ou ont une infection aux oreilles.

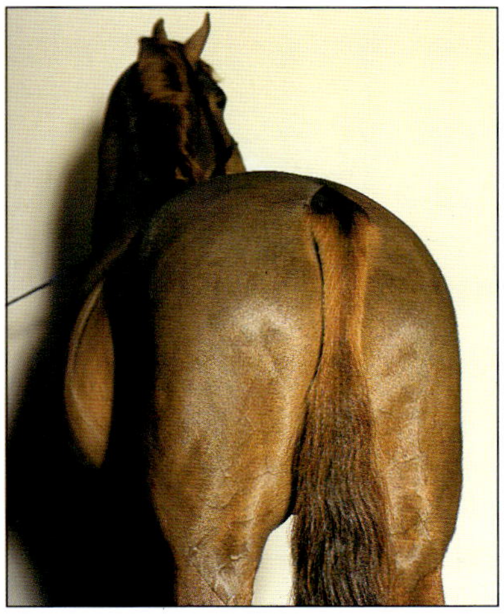

CI-DESSUS
Ce cheval a une tonte en manteau. Les lignes ont été soigneusement tracées sur l'animal au préalable, avec une craie ou un pain de savon de selle mouillé.

CI-DESSUS À DROITE
La zone au-dessus de la queue se termine très précisément en V. Attention de ne pas tondre la queue ou la crinière.

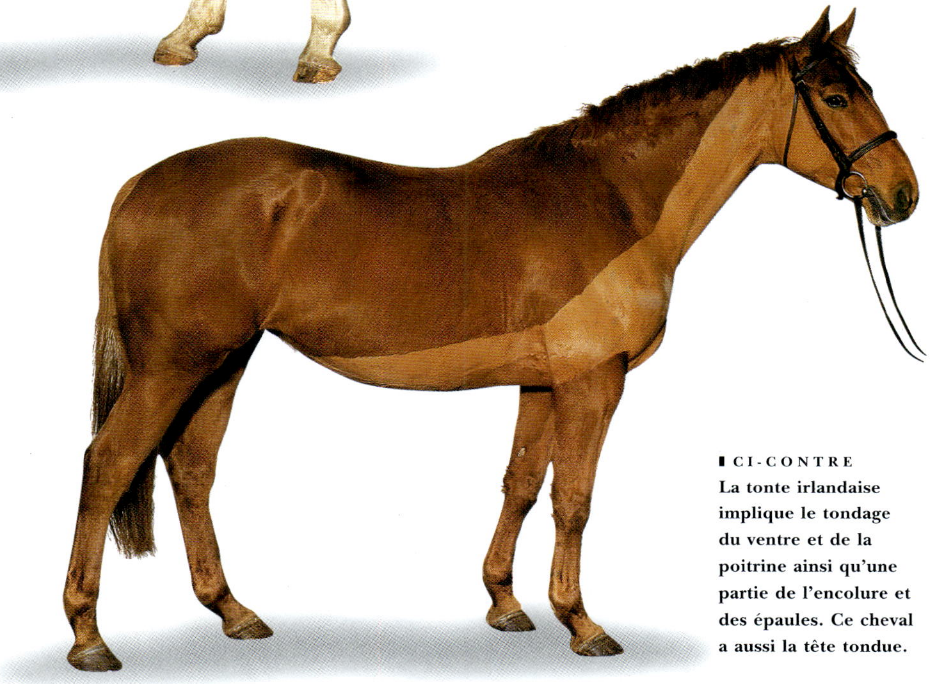

CI-CONTRE
La tonte irlandaise implique le tondage du ventre et de la poitrine ainsi qu'une partie de l'encolure et des épaules. Ce cheval a aussi la tête tondue.

CI-CONTRE
Pour le cheval qui travaille dur, le mieux est une tonte de chasse. On peut laisser toute la zone de la selle ou une partie seulement (comme ici) pour protéger le dos.

PAGE DE GAUCHE
La tonte de course convient aux chevaux à l'écurie qui ne travaillent pas beaucoup. Le corps et l'encolure peuvent être tondus plus haut ou plus bas, en fonction du travail.

Tondage et toilettage

CI-CONTRE
Matériel nécessaire pour tondre et toiletter : différentes tondeuses électriques ou à piles, lames de rechange et tournevis (pour changer les fusibles si besoin).

Le tondage est une activité difficile et parfois même dangereuse ; ne le faites jamais seul. Le débutant devrait apprendre la technique en regardant faire un expert. Si vous doutez de vous, faites faire le tondage par quelqu'un d'autre, tout au moins au début : vous regarderez comment on procède.

Une fois que vous avez décidé de la tonte que vous voulez faire, tracez toutes les lignes (par exemple sur les membres et la zone de la selle) à la craie ou avec un morceau de savon de selle mouillé. Pour la zone de la selle, prenez la selle du cheval et placez-la correctement sur son dos sans l'attacher ; tracez les contours. Faites une marque un peu plus grande pour avoir une marge d'erreur au moment du tondage. Un emplacement de selle mal fait ou mal positionné endommagera l'apparence du cheval.

Commencez le tondage à l'avant, sur l'encolure ou l'épaule, et continuez vers l'arrière, section par section. Tondez par amples mouvements rasants, à rebrousse-poil. Chaque passage de tondeuse doit être parallèle au précédent et empiéter légèrement sur lui.

Prenez garde de ne pas empiéter sur la crinière quand vous tondez l'encolure. Par contre tondez la crinière au niveau du passage de la têtière, juste derrière les oreilles d'environ 5 cm.

Tondez le corps après l'encolure et les épaules, puis terminez par la croupe. Faites particulièrement attention aux zones spéciales, comme la peau sous le grasset et entre les antérieurs. Tendez la peau du grasset avec votre main libre pour éliminer les plis.

Votre assistant devrait tenir chaque antérieur en l'air et vers l'avant pour étirer la peau. En même temps cela empêchera le cheval de remuer ou de ruer. Faites attention que le cheval n'essaie pas de ruer quand vous tondez entre les postérieurs. Réglez le problème en lui tenant la queue.

La partie la plus difficile à tondre correctement est la tête. D'ailleurs il vaut mieux ne pas le faire si le cheval a très peur de la tondeuse. Si vous le faites, enlevez le licol. Commencez où vous voulez, mais il est préférable de commencer par les joues. Posez la tondeuse, éteinte, contre l'os zygomatique pendant un moment jusqu'à ce que le cheval se soit habitué à sa présence. Ensuite, s'il ne s'y oppose pas, allumez-la et faites doucement les deux joues, la partie inférieure du menton à la gorge, puis en remontant le chanfrein et le front. La tête étant une partie très osseuse, soyez aussi léger que possible pour limiter les vibrations. Soyez particulièrement vigilant en travaillant autour des yeux.

Certaines personnes tondent les poils autour du bout du nez ; mais comme ils servent de capteurs, il serait préférable, et plus gentil, de les laisser tranquilles.

Tondez une oreille à la fois ; tenez-la de votre main libre et passez la tondeuse sur l'extérieur. N'essayez jamais

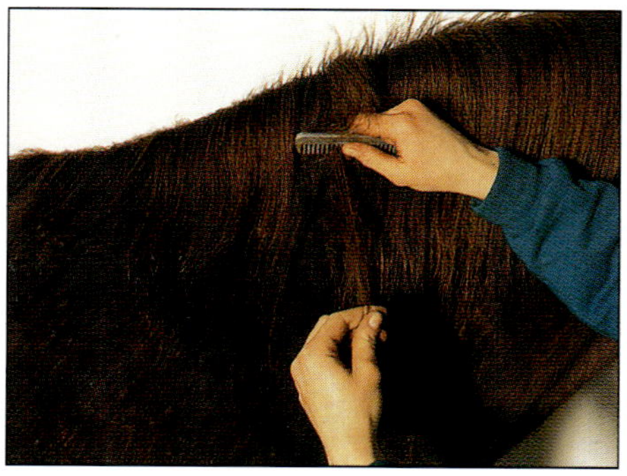

On raccourcit et désépaissit la crinière en s'aidant d'un peigne à crinière. N'arrachez que quelques crins à la fois pour éviter les blessures, puis mouillez la crinière.

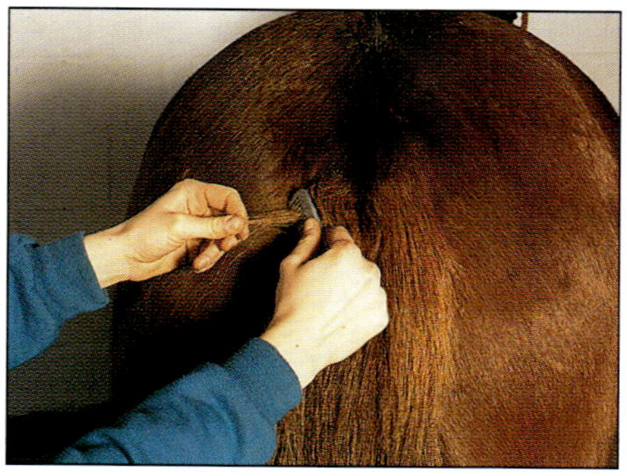

Pour toiletter la queue, arrachez les crins des côtés et du centre de la coire, de préférence quand le cheval est chaud et a les pores dilatés.

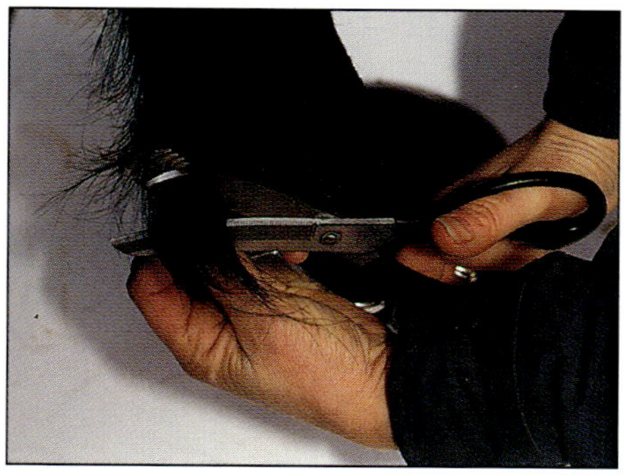

Quand les membres n'ont pas été tondus, prenez un peigne à crinière et des ciseaux à bouts ronds bien aiguisés pour toiletter les boulets et les paturons. Ne laissez pas de « marches ».

CI-CONTRE
Quand vous tenez le membre en l'air, la peau se lisse et le cheval ne peut plus remuer.

AU MILIEU
Soyez doux et léger en tondant la tête.

EN BAS
Vous empêcherez le cheval de ruer si vous lui tenez la queue. On la bande par sécurité.

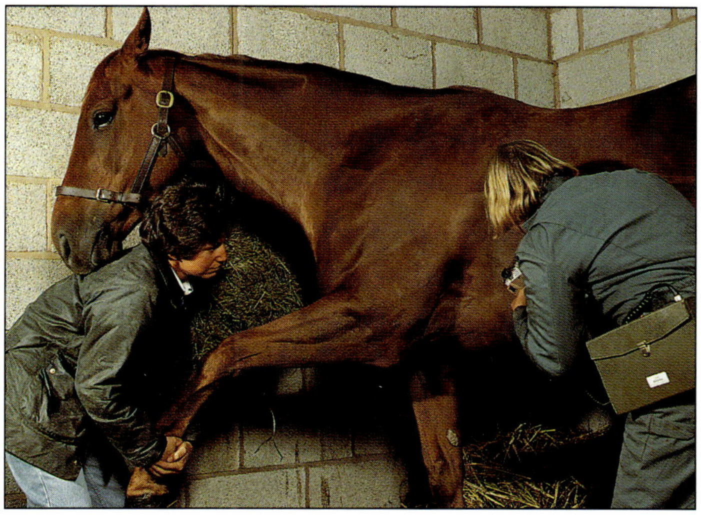

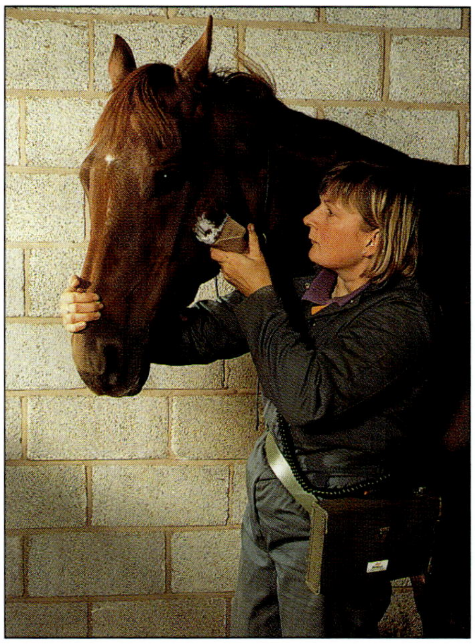

de tondre les poils de l'intérieur car ils protègent le cheval de la poussière et des insectes. Ne tondez jamais les cils. Attention de ne pas entamer le toupet en tondant le haut de la tête.

Si vous n'avez pas l'intention de tondre les membres, pensez cependant à toiletter les boulets et les paturons du cheval pour qu'il ait l'air net. Utilisez un peigne à crinière et des ciseaux à bouts ronds pour couper la pointe des fanons ; attention de ne pas faire de « marches », mais une ligne bien droite.

Si vous ne tondez pas la tête du cheval, coupez tout de même les longs poils autour de la mâchoire. Utilisez également les ciseaux pour nettoyer le bord des oreilles.

Par contre on éclaircit la crinière, c'est-à-dire que l'on arrache des touffes de crins jusqu'à ce qu'elle ait la longueur et l'épaisseur désirées. Si le cheval n'aime pas cela, prenez un peigne à éclaircir, mais ne vous risquez jamais à utiliser des ciseaux car le résultat serait très laid. Prenez votre temps pour éclaircir la crinière, faites-le sur plusieurs jours, petit à petit.

On peut également améliorer l'apparence de la queue en arrachant les crins en haut de la coire. On devrait arracher les crins des côtés, et également un peu du centre.

Faites comme pour la crinière, quelques touffes de crins par jour pour ne pas blesser le cheval. Une fois que vous avez éclairci la queue, mouillez-la avec une brosse de lavage et bandez-la pour lisser les crins (ne laissez pas le bandage toute la nuit). Il faudra ensuite régulièrement éclaircir la queue pour qu'elle reste nette. N'éclaircissez pas la queue des chevaux qui passent l'hiver dehors, car les crins en haut de la coire les protègent de la pluie et de la neige. Pour couper le bas de la queue, levez la coire pour simuler le port naturel du cheval en mouvement. Tenez le bas de la queue avec l'autre main, puis coupez la longueur nécessaire. Le bas de la queue doit être parallèle au sol quand le cheval bouge.

CONSEILS PRATIQUES

- Touchez souvent la lame de la tondeuse pour voir si elle chauffe – si c'est le cas, arrêtez et laissez-la refroidir avant de continuer.
- Nettoyez et huilez les lames toutes les dix ou quinze minutes pendant le tondage.
- Pendant le tondage, couvrez les zones déjà tondues – un cheval remue davantage quand il a froid.
- Ayez toujours beaucoup de lumière – tondez le matin.
- N'essayez jamais de tondre un cheval sale ou en sueur.
- Pour un meilleur résultat, ne tondez pas le cheval tant que sa robe d'hiver n'a pas fini de pousser.
- Pour déterminer la position et l'angle exacts des lignes sur les membres, mesurez une paume là où l'antérieur rejoint la poitrine (pour le V) et deux paumes sous le coude ; pour les postérieurs, mesurez quatre paumes sous le haut du grasset et deux paumes au-dessus de la pointe du jarret.
- Habituez un cheval nerveux à la sensation de la tondeuse électrique en utilisant d'abord une tondeuse manuelle.
- Faites régulièrement réviser la tondeuse et raffûter les lames.
- Demandez à votre vétérinaire d'administrer un sédatif au cheval s'il est vraiment dangereux à tondre.
- Éclaircissez les crins quand le cheval est chaud – les crins viennent plus facilement quand les pores sont dilatés. Ce sera plus facile pour vous et plus confortable pour l'animal.
- Quand c'est possible, arrachez les crins sous la crinière – elle pourra plus facilement s'aplatir.

Touche finale avant le concours

Un cheval ou un poney seront particulièrement séduisants avec une **crinière tressée**, surtout s'ils doivent se montrer en public et que la crinière n'a pas été toilettée. Dans certaines classes de concours, on exige que le cheval soit tressé. Dans d'autres, pour les poneys britanniques et les chevaux arabes par exemple, on ne le fait jamais. Une crinière toilettée sera plus facile à tresser – une crinière épaisse et inégale donnera d'horribles tresses irrégulières.

La crinière est d'abord divisée en touffes égales, puis chacune d'elles est mouillée, tressée, retournée et enfin attachée près de la crête de l'encolure avec des élastiques ou du fil et une aiguille. Les tresses cousues sont plus solides, et conviennent donc mieux aux chevaux qui travaillent longtemps, en chasse ou en concours complet par exemple. Les élastiques conviennent pour les concours de saut d'obstacles où la crinière n'a pas besoin de rester tressée longtemps.

Les tresses doivent être suffisamment serrées pour tenir et pour donner une impression de netteté, mais attention de ne pas trop les serrer. Cela pourrait gêner le cheval, surtout s'il est amené à allonger l'encolure (travail rapide, saut d'obstacles, etc.).

Un toupet tressé embellit la tête. Les tresses doivent être assez serrées pour tenir mais pas au point de gêner le cheval.

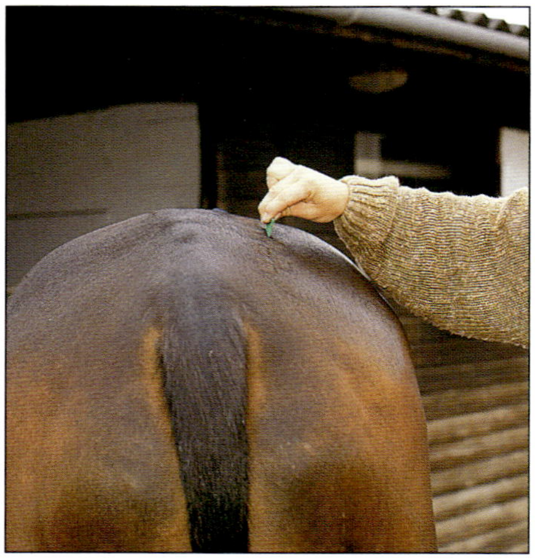

Les motifs de quartier terminent le poney ou le cheval bien pansé. On peut faire un motif quadrillé avec un pochoir et un peigne à crinière.

On peut vraiment améliorer l'allure du cheval par un tressage habile : en faisant des tresses plus grosses dans le creux de l'encolure, on peut masquer une encolure de cerf ; un nombre limité de tresses raccourcira l'encolure un peu trop longue ; inversement, une encolure courte aura l'air plus allongée avec beaucoup de petites tresses. Une crinière désordonnée peut être améliorée si on la rase complètement. La crinière rasée sied mieux à un cheval assez robuste, comme un cob – en Grande-Bretagne, les cobs apparaissent toujours la crinière rasée. Les crinières doivent être rasées tous les quinze jours car elles repoussent très vite.

Il n'est pas si difficile de **tresser la queue** une fois que l'on a un peu de pratique. Pour que la tresse soit réussie, la queue doit avoir de longs crins à la base – on ne peut pas tresser une queue éclaircie. Les crins doivent être propres, bien brossés et mouillés avant de commencer. Quand la tresse est terminée elle doit être soigneusement mouillée avec une éponge, puis protégée avec un bandage. Au moment de le retirer, déroulez le bandage au lieu de le faire glisser, pour ne pas abîmer la tresse.

Quand il y a beaucoup de boue, par exemple quand on monte dans la cam-

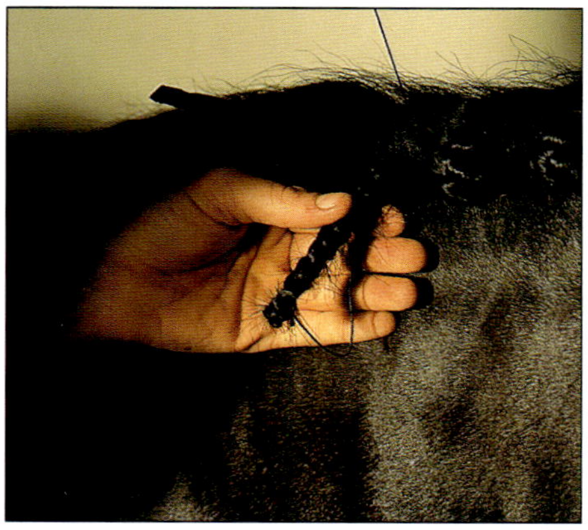

1 Tresser la crinière avec du fil et une aiguille : la fin de chaque tresse est cousue.

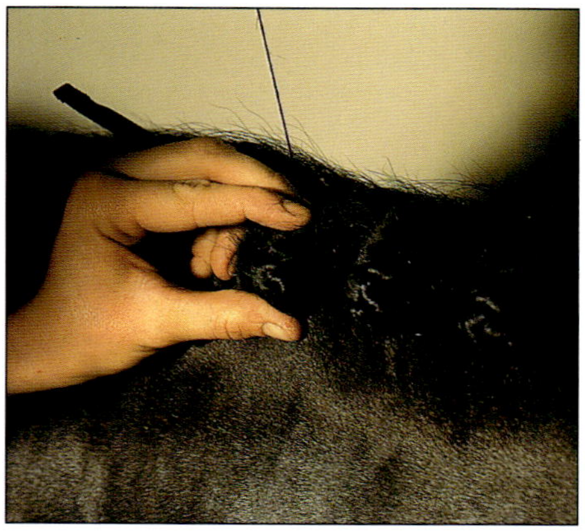

2 La tresse est roulée ou pliée jusqu'à la crête de l'encolure puis solidement cousue.

3 Les tresses doivent être de la même taille. On peut faire des tresses plus fines ou plus grosses pour masquer un défaut d'encolure.

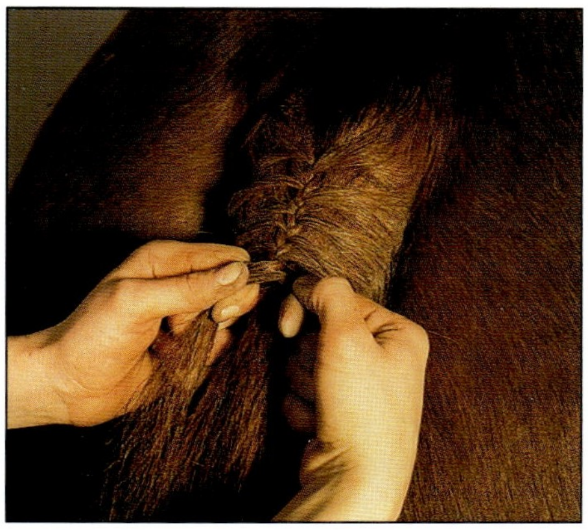

1 Pour tresser la queue, commencez tout en haut, en prenant une touffe de crins de chaque côté et une au milieu.

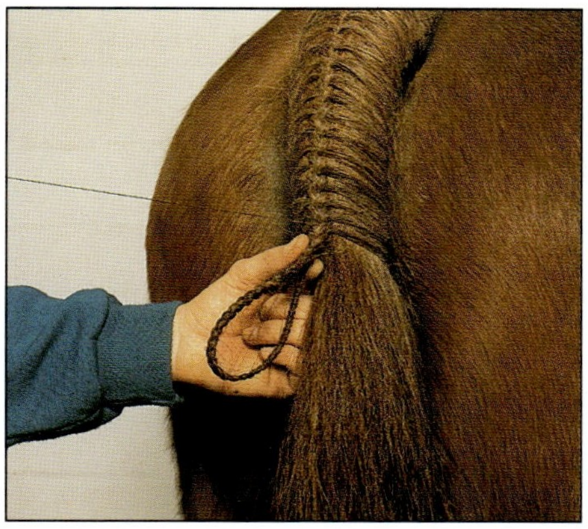

2 Tressez jusqu'au bout de la coire en prenant des touffes fines d'un côté puis de l'autre en alternance.

3 Une fois au bout de la coire, arrêtez de prendre des crins sur les côtés et finissez de tresser les longs crins.

pagne par temps de pluie, le cheval sera plus à l'aise avec la queue remontée car elle ne se salira pas. Pour remonter la queue commencez à tresser en partant du haut, comme d'habitude. En arrivant à la fin de la coire, divisez le reste de la queue en trois, et terminez de tresser les longs crins. Attachez le bout de la queue avec un élastique ou du fil et une aiguille. La queue tressée est ensuite enroulée sous la coire et soigneusement cousue en place.

Pour les grandes occasions, comme les concours ou la course, on peut décorer la robe du cheval avec des **motifs de quartier**. On les fait sur l'arrière-main avec un peigne, une brosse ou un pochoir en plastique. Dans les trois cas, il s'agit de dessiner des motifs sur la robe en brossant les poils dans différentes directions.

Il y a d'autres astuces du métier pour rendre un cheval de concours plus séduisant : brosser de la craie sur les balzanes, ou sur les taches d'une robe grise pour les gommer (en particulier lorsqu'on n'a pas le temps de laver et de sécher le cheval avant sa classe) ; passer un peu de crème pour bébé ou de vaseline autour des yeux et des naseaux (la tête n'en sera que plus belle) ; laquer la crinière rebelle avec une laque à cheveux classique ; donner un dernier coup de lustre à la robe avec un vernis spécial robe.

CI-CONTRE
La fin de la tresse est attachée avec du fil et une aiguille, puis retournée et cousue en place pour plus d'élégance.

Index

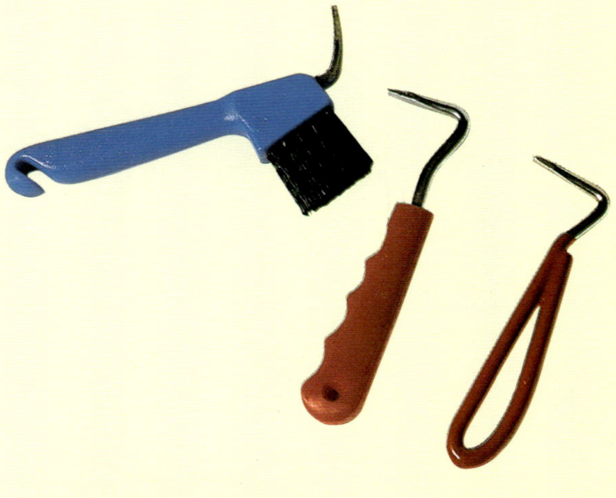

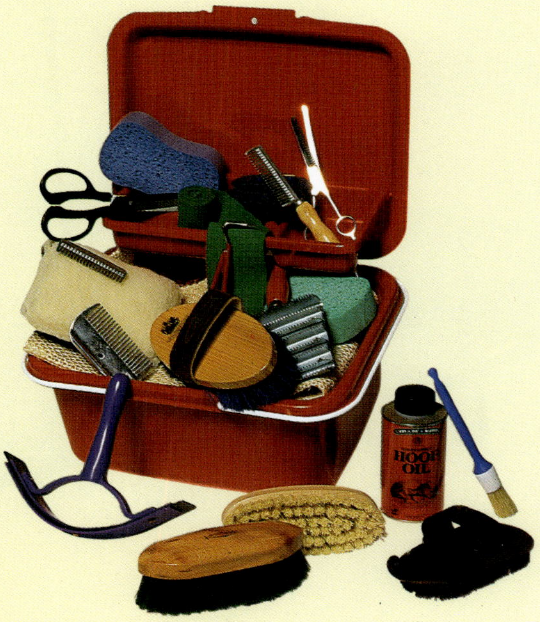
HOOF OIL

Remerciements

L'auteur tient à remercier les nombreuses personnes et sociétés d'élevage qui ont eu la gentillesse de lui fournir les informations pour le chapitre sur les races, et en particulier : The American Morgan Horse Association, Inc ; The American Paint Horse Association ; The American Saddlebred Horse Association, Inc ; The British Spotted Pony Society ; Vivienne Burdon ; The Cleveland Bay Horse Society ; The Clydesdale Horse Society of Great Britain and Ireland ; The Exmoor Pony Society ; The Hackney Horse Society ; The Haflinger Society of Great Britain ; The Highland Pony Society ; The Irish Draught Horse Society (GB) ; Sylvia Loch (auteur de l'ouvrage *The Royal Horse of Europe*, J.A. Allen, 1986) ; The Lusitano Breed Society of Great Britain ; The Palomino Horse Association of America, Inc. ; The Pinto Horse Association of America, Inc ; Valerie Russell ; The Suffolk Horse Society ; The Walkaloosa Horse Association ; The Walking Horse Owners' Association of America, Inc ; The Welsh Pony and Cob Society.

Nous remercions également les personnes ou établissements ci-dessous pour nous avoir permis de photographier leurs chevaux, leurs poneys ou leurs écuries :

RACES

Arabe – Sariah Arabians, Dorking, Surrey, GB
Barbe – Haras Régional de Marrakech, Maroc
Pur-sang – Mme M Blackburn, c/o Catherston Stud, Whitchurch, Hampshire, GB
Anglo-arabe – Haras de Woodlander, Raglan, Gwent, GB
Danois à sang chaud – Haras de Catherston, Whitchurch, Hampshire, GB
Ariégeois – Bob Langrish, photographe
Camargue – Laurent Serre, Camargue
Cob normand – Haras national Le Lion d'Angers, Loire
Selle français – Haras national Le Lion d'Angers, Loire
Trotteur français – Haras national Le Lion d'Angers, Loire
Breton – Haras national Le Lion d'Angers, Loire
Percheron – Haras national Le Lion d'Angers, Loire
Hanovrien – Mme S Bray, Nuneaton, Warwickshire, GB
Oldenbourg – I Brendel, Trenthide, Dorset
Westphalien – Marlow Building Co Ltd, Marlow, Buckinghamshire, GB
Hackney – Georgina Turner, Ipswich, Essex, GB
Shire – Lingwood Shire, Brentwood, Essex, GB
Suffolk – Randy Hiscock, Shaftsbury, Dorset, GB
Islandais – Edda Hestar, Salisbury, Wiltshire, GB
Frison – Harrods, Londres, GB
Gelderland – Mr Luetzow, Wokingham, Berkshire, GB
Holstein – Mr Luetzow, Wokingham, Berkshire, GB
Hollandais à sang chaud – Mme C Hugues, Doncaster, GB
Shagya – Sonia Lindsay, Okehampton, Devon, GB
Akhal-Teke – Vicomtesse Bury, Plumpton, Sussex, GB
Boudienny – Mme Marcus, Beoley, Redditch, Hereford & Worcester (en action)
Cheval du Don – Russian Horse Society, Epsom, Surrey, GB (en pied) ; Mme June Connolly, Droitwich, West Midlands, GB
Kabardin – Mme June Connolly, Droitwich, West Midlands, GB
Trotteur d'Orloff – George Bowman Jnr, Penrith, Lancashire, GB
Vladimir – Russian Horse Society, Epsom, Surrey, GB
Suédois du Nord – Jan Gyllensten, photographe, Suède

USA

Morgan – Betty Gray, Orange Lake, Floride
Quarterhorse – Ferme de Quiet Oaks, Ocala, Floride & Ferme de Derby Daze, Ocala, Floride
Saddlebred – Centre équestre de Boca Raton, Del Ray Beach
Standardbred – David McDuffee & Tom Walsh Jr, South Florida Trotting Center
Missouri Fox Trotter – Sandy Hart, Winter Haven, Floride
Tennessee Walking Horse – Mme Carol Worsham, Dunnellon, Floride
Poney des Amériques – Cynthia Bunnell, Eustis, Floride
Palomino – Holmes Quarter Horses, Brandon, Floride
Appaloosa – Classic Acres Farm, Ocala, Floride
Cheval pie – Brooke Hamlin, Ocala, Floride
Shetland américain – Caroline Proctor, Ocala, Floride
Mustang – Cindy Bowman, Dunnellon, Floride
Ambleur péruvien – Annette Ward, Alachua, Floride

PONEYS

Haflinger – Haras de Millslade Farm, Bridgwater, Somerset, GB
Exmoor – Mme J Freeman, Wareside, Hertfordshire, GB
Shetland – M et Mme E House, Bincombe Shetlands, Bridgwater, Somerset, GB
Dales – Mme B Powell, Farnham, Surrey, GB
New-Forest – Shirley Young, Salisbury, Wiltshire, GB
Connemara et Welsh sec B – Mlle S Clark, Dorking, Surrey, GB
Fjord – Mme Murray, Ottery St Mary, Devon, GB
Caspien – Henden Caspian Stud, Chippenham, Wiltshire, GB
Knabstrup – Mme Ann Peruzzi-Smith, Diss, Norfolk, GB

ENTRETIEN DES ÉCURIES

Haras de Catherston, Whitchurch, Hampshire, GB
Ferme d'élevage de Stretcholt, Bridgwater, Somerset, GB